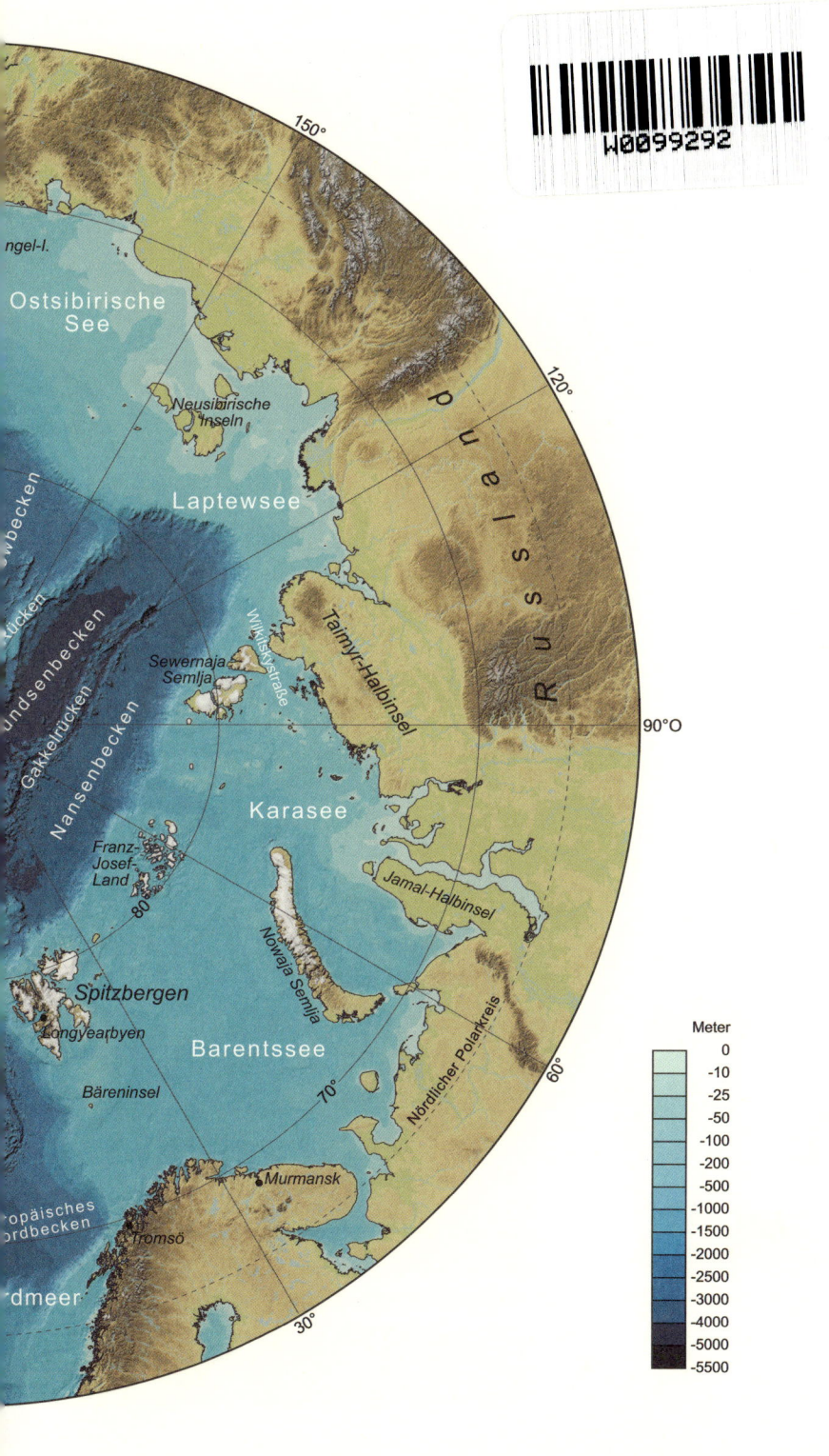

Christoph Seidler
Arktisches Monopoly

Christoph Seidler
Arktisches Monopoly
Der Kampf um die Rohstoffe der Polarregion

Deutsche Verlags-Anstalt

*Meinen Eltern
und Kareen*

Inhaltsverzeichnis

Einleitung
7 Wem gehört eigentlich der Nordpol?

Kapitel Eins
11 Der erste Wettlauf – historische Arktisexpeditionen

Kapitel Zwei
32 Eine Tauchfahrt als Startschuss zum zweiten Wettlauf

Kapitel Drei
51 Eine explosive Mischung aus Geografie und Völkerrecht

Kapitel Vier
68 Wie der Klimawandel die Arktis verändert
72 Das Meereis verschwindet
82 Der Permafrost taut
88 Die Gletscher ziehen sich zurück
93 Die Tier- und Pflanzenwelt verändert sich

Kapitel Fünf
100 Was gibt es zu holen?
104 Erdöl und Erdgas: Wie viel gibt es wirklich?
143 Neue Schifffahrtsrouten

Kapitel Sechs
162 Wer will was? Die Mitspieler beim Arktischen Monopoly
166 USA
176 Kanada
188 Grönland/Dänemark
199 Norwegen
214 Russland

- **234** Die Inuit
- **239** Der Arktische Rat
- **242** Deutschland
- **246** Die Europäische Union
- **252** China

Kapitel Sieben
- **254** Wie geht das Arktische Monopoly aus?

Anhang
- **273** Dank
- **276** Tabelle über Interessenskonflikte
- **278** Quellen
- **284** Bildnachweis

Einleitung
Wem gehört eigentlich der Nordpol?

Es war ein PR-Stunt in vier Kilometern Tiefe, der die Öffentlichkeit aufschreckte. Im Sommer 2007 tauchten zwei Mini-U-Boote auf den Boden des Nordpolarmeeres und deponierten dort eine russische Fahne. Die Fernsehbilder der Expedition gingen um die Welt: Im Scheinwerferlicht stellte ein schwarzer Roboterarm das Hoheitszeichen aus Titan am Ozeanboden ab und markierte damit Terrain in einem Wettstreit besonderer Art. Von einem Tag auf den anderen wurde ein Ort zum globalen Thema, für den sich in den Jahrzehnten zuvor nur eine Handvoll Wissenschaftler, Abenteuertouristen und vielleicht noch einige Diplomaten interessiert hatten: der Nordpol. Nach dem russischen Tauchgang und seinem enormen medialen Nachhall bewegten die Welt zwei Fragen: Warum interessiert sich auf einmal jemand für dieses abgelegene Gebiet? Und wem gehört der Nordpol eigentlich? Dieses Buch befasst sich mit dem Wettrennen um das Nordpolargebiet und will Antworten auf diese Fragen geben.

Wer die Gegenwart verstehen will, der muss sich zunächst der Vergangenheit zuwenden. Denn Anfang des 20. Jahrhunderts fand schon einmal ein Kampf um den Nordpol statt. Damals waren es Abenteurer, die in einer Art sportlichem Wettstreit gegeneinander antraten. Wie die Russen heute wurden auch sie oft von nationalistischen Motiven angetrieben. Das erste Kapitel dieses Buchs gibt einen Überblick über geglückte und gescheiterte Expeditionen zum nördlichsten Punkt der Erde. Glaubt man seinen Aufzeichnungen, dann war der Amerikaner Robert Peary der Sieger dieses ersten polaren Wettrennens. Am 6. April 1909 nahm er »im Namen des Präsidenten der Vereinigten Staaten von Amerika förmlich von der ganzen Gegend und Umgebung« am Pol Besitz – ohne dass das in irgendeiner Weise

Einleitung

praktische Folgen gehabt hätte. Der Nordpol gehörte weiterhin allen und keinem zugleich.

Dieser Zustand wird sich jedoch bald ändern: Eine Reihe von Interessenten streiten derzeit um den Besitz der hohen Arktis. Sie sind angetreten zu einem zweiten Wettlauf um den Pol, der durch die russische Tauchfahrt im Sommer 2007 wenn nicht ausgelöst, so doch entscheidend beschleunigt wurde. Um diese denkwürdige Expedition geht es im zweiten Kapitel. Die Kontrahenten des gegenwärtigen Rennens um den Pol unterscheiden sich vor allem in einem Punkt vom Wettstreit vor rund einhundert Jahren: Heute sind es Staaten, keine Individuen, die um die Vorherrschaft ringen. In den Medien ist immer wieder vom »Großen Spiel«, dem »Great Game«, in der Arktis die Rede. Mit dieser Formulierung greifen die Journalisten einen Begriff aus dem 19. Jahrhundert auf, der das Ringen Großbritanniens und Russlands um die Vorherrschaft in Zentralasien bezeichnete. Nun haben gleich mehrere Länder Ansprüche auf die hohe Arktis angemeldet: Russland, Kanada und Dänemark, das die außenpolitischen Interessen Grönlands vertritt, aber auch Norwegen und die USA sind wichtige Mitspieler beim Arktischen Monopoly.

Die Staaten, die Gebiete im hohen Norden einfordern, stützen sich auf das Völkerrecht. Regierungen, die das Uno-Seerechtsübereinkommen ratifiziert haben, können bei einer speziellen Uno-Kommission eine Ausweitung ihres Territoriums einfordern. Dabei müssen diese Länder zeigen, dass sich – vereinfacht gesagt – ihr Staatsgebiet unter Wasser bis in die betreffende Meeresgegend erstreckt. Bei der Beweisführung werden Wissenschaftler zu Rate gezogen; diese klagen jedoch darüber, dass sich die völkerrechtlichen Kriterien für Gebietsgewinne nicht mit wissenschaftlichen Kriterien decken. Im dritten Kapitel wird deswegen die explosive Mischung aus Geografie und Völkerrecht nachgezeichnet, welche die Situation in der Arktis besonders kompliziert macht.

Wem gehört eigentlich der Nordpol?

Das vierte Kapitel beschäftigt sich mit dem Auslöser für all das, was sich derzeit rund um den Nordpol abspielt: die rasende Veränderung der Arktis. Diese Region vollzieht sozusagen eine Turbo-Metamorphose. Schuld daran ist der Klimawandel, denn nirgends wirkt er sich so massiv aus wie im hohen Norden. Das Gebiet ist von den stetig steigenden Temperaturen am stärksten betroffen – und feuert seinerseits die Aufheizung unserer Erde zusätzlich an. Das Meereis verschwindet, die Permafrostböden in vielen Teilen der Arktis tauen, und Grönlands Eispanzer schmilzt ab. Ökosysteme erfahren gravierende Veränderungen: Typische Lebewesen der Arktis sind bedroht, gleichzeitig rüsten sich neue Arten für eine Einwanderung in den hohen Norden. Wissenschaftler produzieren laufend neue Meldungen über die Transformation der Arktis und verschärfen die Diskussion über Besitzansprüche unter denen, die sich einen Nutzen davon versprechen.

Das plötzliche Interesse an der Arktis ist auch der Tatsache zuzuschreiben, dass nicht alle Veränderungen in dem Gebiet zwangsläufig negative Folgen haben. Im fünften Kapitel stehen daher jene Dinge im Mittelpunkt, die von den Staaten in der tauenden Arktis begehrt werden. Da wären zunächst die vermuteten Lagerstätten von Energierohstoffen. Aktuelle Zahlen des Geologischen Dienstes der USA gehen davon aus, dass sich fast ein Viertel der unentdeckten aber technisch erreichbaren Öl- und Gasvorkommen der Welt in der Arktis befinden. So verspricht diese Region eine doppelt attraktive Lösungsmöglichkeit für die Industriestaaten, denen langfristig steigende Ölpreise zu schaffen machen: Preisstabilität und größere Unabhängigkeit von politisch eingeschränkt verlässlichen Handelspartnern. Außerdem öffnen sich im tauenden Eismeer neue Verkehrswege. Deren Kontrolle ist ein weiterer Kernstreitpunkt zwischen den Anrainern. Denn Routen wie die Nordost- oder die Nordwestpassage könnten Einsparungen von mehreren tausend Kilometern pro Schiffsreise zwischen Europa und Asien ermöglichen – von Fahrten direkt über einen eisfreien Pol ganz zu schweigen.

Einleitung

Im sechsten Kapitel geht es um die Einzelinteressen der wichtigsten Mitspieler im Arktischen Monopoly, das heißt der USA, Kanada, Grönland/Dänemark, Norwegen und Russland. Neben diesen fünf Nordpolanrainern spielen aber auch die Inuit, der Arktische Rat, die Europäische Union im Allgemeinen und Deutschland im Besonderen eine Rolle. Sogar China hat ein Auge auf die Arktis geworfen, weswegen auch Pekings Absichten näher beleuchtet werden. Doch das Rennen der Staaten um den Nordpol treibt den Geostrategen Sorgenfalten auf die Stirn. Das Streitobjekt hat binnen kürzester Zeit für diplomatische Verwerfungen erster Güte gesorgt, die in Zukunft noch an Schärfe zunehmen werden. Denn die Gegend um den Nordpol ist nicht durch ein internationales Abkommen geschützt, die Weltgemeinschaft konnte sich nie auf einen Vertrag einigen. Es fehlen die politischen Instrumente, um zu verhindern, dass es in der immer wärmer werdenden Arktis nicht auch im übertragenen Sinne heiß wird. Russische Bomber etwa nehmen seit einiger Zeit wieder regelmäßig Kurs auf den Nato-Luftraum im hohen Norden, selbst nahe der Küste des US-Bundesstaates Alaska drehen Moskaus Militärflugzeuge ihre Runden. Die westliche Verteidigungsallianz löst dann Luftalarm aus und lässt Abfangjäger aufsteigen. Erst kurz vor dem Nato-Luftraum drehen die Russen ab. Auch wenn der deutsche Außenminister Frank-Walter Steinmeier warnt, man habe »einen Kalten Krieg am Nordpol zu vermeiden«, zeigt allein dieses Beispiel: Der Kalte Krieg in der Arktis hat längst begonnen.

Kapitel Eins
Der erste Wettlauf – historische Arktisexpeditionen

»Schar auf Schar stürmte gen Norden,
aber nur um Niederlage auf Niederlage zu erleiden.
Neue Reihen standen bereit,
um über ihre gefallenen Vorgänger hinweg vorzurücken.«
Fridtjof Nansen, In Nacht und Eis, *1897*

Kraftlos und benommen von der Kälte schaufelte der Mann mit klammen Händen ein Loch in den Schnee. Gerade hatten seine fünf Begleiter ein dreifaches »Hoch!« gerufen und sich gegenseitig die Hände geschüttelt. Nun galt es, die Glasflasche mit der handgeschriebenen Botschaft im Eis zu versenken: »Ich habe heute die Staatsflagge der Vereinigten Staaten an dieser Stelle gehisst, die nach meinen Berechnungen die nordpolare Achse der Erde ist. Ich habe im Namen des Präsidenten der Vereinigten Staaten von Amerika förmlich von der ganzen Gegend und Umgebung Besitz ergriffen. Ich hinterlasse diese Urkunde und die Flagge der Vereinigten Staaten als Besitzzeichen. Robert E. Peary von der Marine der Vereinigten Staaten.« Der ehrgeizige US-Amerikaner, der die Botschaft feierlich vergrub, betrachtete sich am 6. April 1909 unzweifelhaft als Sieger des Wettlaufs zum Nordpol. Zusammen mit seinem dunkelhäutigen Begleiter Matthew Henson und den vier Inuit Utäh, Etschingwäh, Sieglu und Uquiäh hatte er seines Erachtens den nördlichsten Punkt der Erde erreicht – und damit nach gut zwanzig Jahren fortlaufender Expeditionen in den hohen Norden endlich jenen Plan verwirklicht, den er von Anfang an gehegt hatte: als erster Mensch am Pol zu sein. Seine fünf Begleiter sah Peary dabei bloß als nützliche Werkzeuge an: »Endlich am Pol. Der Preis von drei Jahrhunderten. Mein Traum und Ziel seit zwanzig Jahren. Endlich mein!«

Kapitel Eins

Peary war jedoch nur der vermeintliche Sieger im Wettstreit um den Nordpol. Jenes Rennen, das vor ziemlich genau einhundert Jahren die Welt in Atem hielt, war damit noch nicht entschieden. Und derzeit findet eine Neuauflage statt. Die Situation damals weist erstaunlich viele Parallelen zur gegenwärtigen Lage auf – aber auch einige Unterschiede. Vor hundert Jahren ging es beim Kampf um den Nordpol in erster Linie um Prestige. Daran hat sich bis heute nichts geändert. Im späten 19. und frühen 20. Jahrhundert hatte sich das Interesse der industrialisierten Länder immer stärker den Polarregionen zugewandt. Angeheizt durch sensationslüsterne Medien, gierten die Massen nach Heldengeschichten aus den eisigen hohen Breiten. Man wollte demjenigen zujubeln, der einen der beiden mythischen Punkte, um die die Welt rotiert, als Erster erreichte. Jenen eigenartigen Ort, an dem die Sonne ein halbes Jahr nicht untergeht, im Winter jedoch monatelang Finsternis herrscht. Den Ort der Leere, an dem es keine Farben, sondern nur verschiedenste Varianten von Weiß gibt; an dem das Auge keine Orientierungspunkte in der Landschaft finden kann, weil es schlicht keine gibt. Den Ort voll Kälte, wo frieren genauso gefährlich ist wie schwitzen; wo im einen Fall abgestorbene Gliedmaßen drohen und sogar der Tod, im anderen Fall Schweiß in Sekundenschnelle zu Eis wird und sich in der Kleidung der Polarabenteurer sammelt. Daunenschlafsäcke verklumpen im hohen Norden wegen jener Feuchtigkeit, Kompasse sind sinnlos, und metallische Werkzeuge können wegen Materialversprödung brechen wie Glas. Das Eis vermag jeden Tag seine Form zu verändern, sich aufzutürmen und zu zerbrechen. Es ist der Ort, an dem Wasserflächen zwischen den Eisschollen wie kleine Flüsschen erscheinen und doch todbringende Spalten sind, die in die über viertausend Meter tiefe Unendlichkeit des Polarmeeres führen.

Beim ersten Wettlauf zum Nordpol gab es allerdings einen entscheidenden Unterschied zur heutigen Lage: Nicht Staaten

Der erste Wettlauf – historische Arktisexpeditionen

traten dabei gegeneinander an, sondern mutige Individuen; Abenteurer, die wild entschlossen waren, sich selbst und der Welt zu beweisen, dass das scheinbar Unmögliche möglich war. Vor dem Amerikaner Peary hatten bereits viele andere versucht, den Nordpol zu erreichen. Einer von ihnen, Frederick Albert Cook, behauptete sogar, schon vor Peary da gewesen zu sein – ein Streit, von dem noch die Rede sein wird. Interessanterweise hatte das Wettrennen zum Nordpol, das vor hundert Jahren mit furioser Geschwindigkeit ausgetragen wurde, zunächst sehr langsam angefangen.

Seit jeher nimmt der nördlichste Punkt der Erde in der Gedankenwelt der Menschen einen festen Platz ein. Viele Zivilisationen, von China über Indien bis nach Europa, hatten eine recht genaue Vorstellung davon, was sich am Pol findet. Brahmanische Hindus und Buddhisten glauben zum Beispiel auch heute noch, dass sich das Zentrum der Erde im hohen Norden befindet. Auf einem unerreichbaren Kontinent liegt demnach der feste Punkt, um den die Erde rotiert. Und in der Antike prägte das Bild von Thule die Vorstellungswelt der Menschen, einem mythischen Land weit im Norden, in dem die Sonne für einen bestimmten Zeitraum nicht untergeht. So berichtete der Seefahrer und Geograf Pytheas von Massalia im vierten Jahrhundert vor Christus, er sei von Britannien aus nach Norden gesegelt und nach sechs Tagen auf Land und »träges und geronnenes Meer«, also vermutlich Treibeis, gestoßen.

Dennoch wollte lange Zeit niemand tatsächlich Fuß auf den nördlichsten Punkt der Erde setzen. Die Wikinger zog es nach Grönland und Neufundland, aber nicht darüber hinaus. Reisende im Mittelalter wagten sich ebenfalls nach Norden vor, doch der Pol lag viel zu weit entfernt, um ihn tatsächlich ins Visier zu nehmen. Zumal viele Seefahrer Angst vor dem mythischen Magnetberg hatten, den es dort geben sollte und der angeblich die Nägel aus den Planken der Schiffe zog. Es war der Flame Gerhard Mercator, der die erste eigenständige Karte des Nord-

Kapitel Eins

polgebietes erschuf – ohne jemals dort gewesen zu sein. Auf einer Nebenkarte zu Mercators berühmter Weltkarte von 1569 (»Septentrionalium Terrarum descriptio«) erscheint der »Polus Arcticus« lediglich als Fels inmitten eines von vier Flüssen gespeisten Binnenmeeres hoch im Norden. Schließlich interessierten sich auch jene zahllosen Entdecker, die glücklos nach der Nordwest- und Nordostpassage suchten, nicht für den Pol an sich, sondern wollten vielmehr den Seeweg nach Ostasien abkürzen. Einer der ersten Abenteurer, die spezifisch den Nordpol im Blick hatten, war im 19. Jahrhundert der Brite William Edward Parry. Auf seinen Reisen in die Arktis unternahm er alles, um seine Mannschaft in der öden Polarnacht bei Laune zu halten: Sport, Laienschauspiel und sogar eine eigene Zeitung (»North Georgia Gazette and Winter Chronicle«) gab es an Bord. Im Jahr 1827 startete Parry mit seinem Schiff »Hecla« einen Vorstoß zum Pol und gelangte immerhin bis 82 Grad, 45 Minuten nördlicher Breite; eine Position, die für mehr als fünfzig Jahre unübertroffen bleiben sollte. Als bekanntester – und tragischster – Held der Arktis galt lange Zeit der Brite Sir John Franklin. Zusammen mit rund 130 Männern an Bord der beiden Schiffe »Erebus« und »Terror« brach er im Frühling 1845 zur Nordwestpassage auf – und war kurze Zeit später spurlos verschwunden. Um die 40 Expeditionen begaben sich in den Jahren zwischen 1848 und 1859 auf die Suche nach den glücklosen Reisenden. Nach und nach wurden die grausigen Details bekannt: Die Besatzungen hatten ihre vom Eis eingeschlossenen Schiffe im September 1846 aufgegeben und waren zu einem mörderischen Treck über Land aufgebrochen, den niemand überlebte. Kälte, Hunger und Bleivergiftung, verursacht durch unsachgemäß verschlossene Konservendosen, rafften die Seeleute dahin; Franklin selbst starb im Juni 1847. Solche Bilder kursierten fortan im Unterbewusstsein der Öffentlichkeit, wenn es um Streifzüge in die Arktis ging: Entbehrungen, größte physische und psychische Belastungen und drohender Tod als Preis für die Chance

Der erste Wettlauf – historische Arktisexpeditionen

auf Entdeckerruhm. Ein brisanter Cocktail, der das allgemeine Interesse an Berichten und Erfolgsmeldungen aus dem hohen Norden stetig wachsen ließ.

Der Norweger Fridtjof Nansen konnte das bereits spüren. Als der studierte Zoologe im Jahr 1893 zu einer Expedition gen Norden aufbrach, jubelte ihm sein Heimatland geschlossen zu; der König hatte das Vorhaben großzügig unterstützt. Im Jahr 1888 war es Nansen gelungen, Grönland auf Skiern von Ost nach West zu durchqueren, im Anschluss richtete sich sein Interesse auf den Pol. Mit einer Expedition dorthin wollte der Norweger eine Theorie beweisen, die er einige Zeit vor seinem Grönlandabenteuer entwickelt hatte. Die Inspiration dazu lieferte ein Artikel aus dem norwegischen »Morgenbladet«: Zur allseitigen Überraschung waren an der Südwestküste Grönlands, in der Nähe des Ortes Julianehaab, Überreste des im Jahr 1881 vor Sibirien vom Eis zermalmten Expeditionsschiffes »Jeanette« aufgetaucht. Damals hatte der US-Amerikaner George Washington De Long erfolglos versucht, per Schiff den Pol zu erreichen, mit Unterstützung des Zeitungskönigs James Gordon Bennett junior, dem Herausgeber des »New York Herald«. De Long und mehr als die Hälfte seiner gut dreißig Mann starken Besatzung kamen bei der Expedition ums Leben. Nun waren eine Proviantliste, ein Verzeichnis der Boote der »Jeanette«, eine Hose und ein Mützenschirm gefunden worden. Nansen brachte das auf eine Idee. Seine These: Es müsse eine Meeresströmung geben, die über den Nordpol führt, und zwar von Sibirien über den gesamten Arktischen Ozean bis nach Grönland.

Um diese Idee vom transpolaren Meeresstrom zu überprüfen, startete Nansen zu seiner Polarexpedition. Er hatte sich dafür von Colin Archer, einem norwegischen Schiffbauer mit schottischen Vorfahren, ein ganz besonderes, dampfunterstütztes Segelschiff bauen lassen: Die »Fram«, zu Deutsch »voran«, war benannt nach dem Boot in Jules Vernes Roman »Abenteuer des Kapitän Hatteras«, in dem die Geschichte einer fantastischen

Kapitel Eins

Nordpolfahrt erzählt wird. Das Schiff war nicht auf Geschwindigkeit oder Seetüchtigkeit hin optimiert, doch seine besondere Rumpfform ermöglichte das Überwintern im Packeis. Der Rumpf der »Fram« war rund und erinnerte an eine Nussschale. So konnte der Schoner dem Druck der Schollen nach oben ausweichen. Nansen lud genug Vorräte für fünf Jahre und machte sich mit einer Mini-Crew von gerade einmal einem Dutzend Männern auf nach Norden, wo er das Schiff im Herbst 1893 im Packeis festfrieren ließ. Damit der Mannschaft nicht langweilig wurde, hatte der weitsichtige Expeditionsleiter 600 Bücher in der Bordbibliothek verstaut. Passenderweise befanden sich darunter auch die »Abenteuer des Kapitän Hatteras«.

Ganze drei Jahre saß Nansens Schiff im Eis fest. Wie erhofft, konnten die Eismassen der »Fram« nichts anhaben, und tatsächlich driftete sie durch den Arktischen Ozean. Allerdings hatte sich Nansen, wie sich herausstellte, bei der Stärke der Strömung verschätzt. Bald wurde klar: Die Route würde nicht über den Nordpol führen. Also machten sich Nansen und sein Kollege Hjalmar Johansen im März 1895 mit Skiern, Hundeschlitten und Kajaks zu Fuß auf den Weg zum Pol. Doch kamen sie in der unwegsamen Eislandschaft nicht recht voran, und bei 86 Grad 13 Minuten nördlicher Breite mussten beide umkehren. Immerhin, die Expedition war so weit nach Norden vorgedrungen wie kein Mensch je zuvor. Vor allem konnte Nansen einen sensationellen wissenschaftlichen Erfolg vorweisen: Die im Eis eingefrorene »Fram« bewies, dass die transpolare Drift tatsächlich existierte. Außerdem fand der Norweger bei Messungen mit einem Lot heraus, dass das Nordpolarmeer rund 4000 Meter tief ist. Die »Fram«, die später Nansens Landsmann Roald Amundsen zur Antarktis brachte, ist heute in Oslo zu sehen, in einem eigens für sie eingerichteten Museum auf einer Insel vor dem Stadtzentrum. Dass er selbst den Pol am Ende nicht erreichte, störte Nansen nicht, kehrten doch, bis auf die Hunde, alle Teilnehmer wohlbehalten zurück. »Wir sind nicht hinausgezogen, um den

Der erste Wettlauf – historische Arktisexpeditionen

mathematischen Punkt, der das nördlichste Ende der Erdachse bildet, zu suchen – denn diesen Punkt zu erreichen, hat an und für sich nur geringen Wert.«

Fridtjof Nansen wurde zum entscheidenden Wegbereiter für die Erforschung des Nordpols – obwohl er selbst nie dort war. Er machte den hohen Norden unter seinen Zeitgenossen populär und bereitete den Boden für die Nordpolhysterie der kommenden Jahre. Denn bei Nansens triumphaler Rückkehr nach Norwegen war eines klar geworden: Polarfahrer waren die am stürmischsten gefeierten Helden der Welt. Wer auch immer den Pol tatsächlich erreichte, würde sich unsterblich machen.

Das Tempo im Wettlauf zum Pol steigerte sich nun rasch. Zahlreiche weitere Expeditionen formierten sich – und schlugen fehl. So ließen der technikverliebte schwedische Ingenieur Salomon August Andrée und seine zwei Gefährten für den Traum vom Pol ihr Leben. Sie machten sich im Juli 1896 auf zu einem schier waghalsigen Abenteuer, finanziert vom schwedischen König Oskar und dem Industriellen Alfred Nobel: Ein riesiger, mit 4500 Kubikmetern Wasserstoff gefüllter Freiballon namens »Örnen« (»Adler«) sollte sie von der Däneninsel im Spitzbergenarchipel zum Nordpol tragen. Doch bereits kurz nach dem Start im Juli 1897 gab es Probleme mit der Lenkbarkeit durch die Schleppseile und kondensiertem Eis auf der Ballonhülle. Bei 82 Grad und 56 Minuten nördlicher Breite war die Luftreise zu Ende. In Panik hatte Andrée auf den letzten Kilometern Ballast abgeworfen, um das Sinken noch zu verhindern; auch Lebensmittel gingen so über Bord. Doch die Gondel kollidierte immer wieder mit dem Treibeis. Die Abenteurer irrten nach ihrer Bruchlandung tagelang durch das Eis und erreichten Ende September 1897 die Insel Kvitøya im Nordosten Spitzbergens. Dort kam das Ende für Andrée und seine Mitreisenden: Sie starben offenbar durch parasitenverseuchtes Eisbärenfleisch. Lange Zeit war die einzige Nachricht, die von Andrées dramatischer Expedition bekannt war, der Bericht, den eine Brieftaube,

Kapitel Eins

abgeschossen von einem norwegischen Fischer, transportiert hatte: Er enthielt eine kurze Darstellung des Expeditionsverlaufs und die aktuelle Position. Mehr wusste die Welt nicht. Erst 1930 entdeckte eine norwegische Forschungsexpedition, die mit dem Robbenfänger »Bratvaag« Richtung Franz-Joseph-Land fuhr, zwei der drei Leichen. Das dritte Opfer wurde kurz darauf von einem schwedischen Journalisten gefunden. Bei den Überresten der unglücklichen Polarfahrer fanden sich auch belichtete Filme sowie Tagebuchaufzeichnungen, die später in einem Buch veröffentlicht wurden.

Die Menschen verschlangen solche Geschichten, und die Medien wurden zur treibenden Kraft des Wettlaufs um den Pol. Titel wie »Harper's Magazine« oder »National Geographic« legten bereitwillig große Summen Geld auf den Tisch, um sich die Exklusivrechte an Reisebeschreibungen der Polarfahrer zu sichern. Die »New York Times« und ein Club reicher Sponsoren zahlten für die Expedition von Robert Peary, der am Morgen des 6. April 1909 als Erster auf dem Nordpol gestanden haben will. Nach nur 30 Stunden am Pol ging es wieder in Windeseile zurück, denn Peary wollte der Welt möglichst schnell von seinem Erfolg berichten. 16 Tage später war er bereits zurück an seinem Expeditionsschiff. Die »Roosevelt« war nach dem US-Präsidenten benannt, der die Reise ebenfalls mitfinanziert hatte; das Bildnis seines ranghöchsten Gönners zierte neben dem Sternenbanner Pearys Kabine.

Fünf Tage bevor der patriotische Abenteurer die Erfolgsnachricht aus Labrador nach Hause kabeln konnte, hatte allerdings sein Landsmann Frederick Albert Cook mit einer sensationellen Meldung für Aufsehen gesorgt. Er habe, so sagte Cook, fast ein Jahr vor seinem Konkurrenten, am 21. April 1908, den Nordpol erreicht; begleitet nur von den beiden jungen Inuit Aapilaq und Ittukusuk. Cook hatte sich von der Axel-Heiberg-Insel im Norden Kanadas auf den Weg gemacht. Ob Cook, der Sohn deutscher Einwanderer, indes tatsächlich am Pol war, lässt sich nur schwer sagen. Wahrscheinlich war er aber nicht dort. Besonders die Anhänger von Robert Peary gaben sich alle Mühe, Cooks vermeintliche Beweise in möglichst schlechtem Licht erscheinen zu lassen. Und dies war kein Kunststück, denn Cook fehlten wichtige Dokumente. Er behauptete, sie bei dem US-Jäger Harry Whitney in Grönland zurückgelassen zu haben. Als Whitney dann ausgerechnet mit dem Schiff von Edward Peary nach Hause zurückkehren wollte, stimmte dieser erst zu, als sich Whitney verpflichtete, Cooks Habseligkeiten in Grönland zu lassen. Seitdem hat sie niemand mehr gesehen. Später präsentierte Cook dann noch ein Tagebuch, das allerdings in außergewöhnlich sauberer Schrift abgefasst war und dadurch Zweifel weckte. »Nicht bewiesen«, urteilte deswegen eine Sonderkommission der Königlich Geographischen Gesellschaft in Kopenhagen über die Schilderung Cooks.

Doch auch um Pearys Aufzeichnungen wurde gestritten, jahrzehntelang. Manche Beobachter hielten die Dokumente für präzise, anderen hingegen waren sie nicht genau genug. Pikant war in jedem Fall der Umstand, dass sich die Kontrahenten Peary und Cook sehr gut kannten. Beide waren im Jahr 1891 gemeinsam auf einer Expedition in Nordgrönland gewesen, und bevor die Gruppe ihr Ziel in Grönland erreichte, hatte Cook als Schiffsarzt den schwerverletzten Expeditionsleiter Peary versorgt. Dieser hatte sich bei der rauen Überfahrt zwei Knochenbrüche am Bein zugezogen.

Beim Wettlauf um den Pol war jedoch von Cooks einstigen Meriten nicht mehr die Rede: Der ehrgeizige Peary wollte den Ruhm um jeden Preis für sich allein. Die »New York Times« stand natürlich auf seiner Seite. Zusätzlich bekam Peary Unterstützung durch den Kongress sowie die »National Geographic Society«. Doch es gab auch öffentliche Zweifel an seiner Darstellung, und zwar von keinem Geringeren als der Polarlegende Fridtjof Nansen. Niemand, so sagte Nansen, könne täglich fünfzig Kilometer über Packeiswälle bewältigen. Genau das hatte Peary

Kapitel Eins

seinen Aufzeichnungen zufolge aber auf den letzten Etappen geschafft. Später sagte auch Pearys Begleiter Matthew Henson aus, er habe damals den Eindruck gehabt, dass es sein Chef bei der Expedition mit der Wahrheit nicht so genau nehme. Als den Teilnehmern ein ganzes Stück vom Pol entfernt die Nahrungsvorräte auszugehen drohten, habe Peary plötzlich vorgegeben, einen Fehler in den bisherigen Messungen gefunden zu haben. In Wirklichkeit, so argumentierte er damals auf einmal, sei man sozusagen direkt vor dem Ziel.

Der Streit ist bis heute nicht entschieden. In den Augen der meisten Zeitgenossen war wohl Peary der Sieger. Cook wurde weitestgehend diskreditiert, als sich eine seiner früheren Erfolgsmeldungen als definitiv falsch herausstellte. Bergsteiger fanden im Jahr 1910 heraus, dass Cook nicht wie von ihm behauptet vier Jahre zuvor den Gipfel des Mount McKinley in Alaska erreicht hatte. Das öffentliche Urteil lautete daher: Wer beim höchsten Berg Nordamerikas flunkert, der nimmt es auch beim Nordpol mit der Wahrheit nicht so genau. Dennoch gibt es bis heute Menschen, die Cook die Stange halten. Eine »Frederick A. Cook Society« versucht das Andenken an die vermeintliche Pioniertat zu pflegen. Andere gehen zum Angriff auf Peary über. So machte der schottische Polarforscher Wally Herbert seine Kritik an Peary 1988 in einem Artikel für die amerikanische »National Geographic Society« unter anderem an Pearys privaten Aufzeichnungen fest, während der US-Forscher Dennis Rawlins aufgrund eines Dokumentes zu Pearys Positionsbestimmungen aus dem Nationalarchiv in Washington Zweifel formulierte. Die »Foundation for the Promotion of the Art of Navigation« aus Rockville im US-Bundesstaat Maryland wiederum nahm, bezugnehmend auf alte Fotos sowie Messungen zur Ozeantiefe, Partei für Peary.

Unter Wissenschaftlern, Journalisten und Dokumentarfilmern gilt der Streit zwischen den Polarhelden mittlerweile als Klassiker, immer mal wieder für eine Veröffentlichung gut, in

Der erste Wettlauf – historische Arktisexpeditionen

der sich die Autoren entweder auf die eine oder auf die andere Seite schlagen.

Mit der Schlammschlacht zwischen Cook und Peary war das Rennen um den Nordpol noch nicht zu Ende. In der Zwischenzeit machten sich Flugexpeditionen auf den Weg, und es wurde vermutlich munter weiter betrogen. So ist bis heute nicht klar, wer als Erster zum Nordpol geflogen ist, wem also – wenn Peary und Cook tatsächlich gelogen haben – der Titel des ersten Menschen am Nordpol zusteht. Auch für diese Ehrung gibt es, zumindest im Prinzip, mehrere Kandidaten. Zum einen wären da die US-Flieger Richard Evelyn Byrd und Floyd Bennett, zum anderen ein Team, angeführt vom norwegischen Abenteurer und Südpolbezwinger Roald Amundsen, dem US-Ingenieur und Millionärssohn Lincoln Ellsworth und dem Italiener Umberto Nobile. Sicher ist: Sowohl Bennett und Byrd als auch das Luftschiffteam von Amundsen, Ellsworth und Nobile waren im Frühjahr 1926 in Ny-Ålesund auf Spitzbergen. Dieses einsame Örtchen am Ende der Welt war im Jahr 1916 von einer privaten Gesellschaft zur Kohleförderung gegründet worden. Beide Gruppen wählten Ny-Ålesund, weil es so nah am Nordpol lag wie kein anderer einigermaßen erreichbarer Ort, und wollten von hier ihre Flugabenteuer starten: Byrd, ein Nachfahre der berühmten Indianerin Pocahontas, mit einer dreimotorigen Fokker F.VIIa/3m. Nobile und seine Kollegen waren mit dem Luftschiff »Norge« vor Ort, für das extra ein riesiger Hangar und ein Haltemast gebaut wurden. Der Mast steht übrigens noch heute dort.

Unstrittig ist, wer von beiden Teams eher abflog. Es waren Byrd und Bennett, die sich am 9. Mai 1926, genau um ein Uhr fünfundvierzig morgens, auf den Weg machten. Nobile und seine Kollegen konnten erst zwei Tage später, am 11. Mai 1926, starten. Da waren Navigator Byrd und sein Pilot Bennett schon wieder zurück. Gut 15 Stunden hatten sie nach eigener Auskunft für die 2600-Kilometer-Mammut-Tour von Spitzbergen zum Pol und zurück gebraucht. Sie wollen den Pol am 9. Mai morgens um

Kapitel Eins

neun Uhr und zwei Minuten erreicht und mehrmals umkreist haben. Die Erfolgsmeldung ging um die Welt. Byrd wurde vom US-Militär zum Commander befördert.

Doch auf den Erfolgsbericht der beiden Flieger fiel schon bald ein Schatten: Auslöser war die Autobiografie des Norwegers Bernt Balchen, die kurz nach Byrds Tod erschien. Balchen war ein Mitglied des Amundsen-Nobile-Teams, der aber auch gute Kontakte zu Byrd und Bennett hatte. In seinem Manuskript beschrieb er ein aufschlussreiches Gespräch. Er habe Bennett nach der Landung auf den Kopf zugesagt: »In den fünfzehneinhalb Stunden könnt ihr nicht am Pol gewesen sein.« Worauf Bennett geantwortet habe: »Waren wir auch nicht.« Balchens Buch durfte allerdings nicht mit diesem vermeintlichen Bekenntnis auf den Markt kommen. Byrds Bruder, der US-Senator Harry Flood Byrd, verhinderte eine Veröffentlichung. Erst eine Version ohne Bennetts angebliche Aussage durfte erscheinen.

Archivare der Ohio State University bestätigten Jahre später Balchens Variante. Sie hatten Byrds Aufzeichnungen, vor allem die geschriebenen Dialoge, mit denen sich beide Flieger im lauten Cockpit verständigt hatten, unter die Lupe genommen und schlussfolgerten »nach gründlichster Untersuchung«, dass beide »mit an Sicherheit grenzender Wahrscheinlichkeit« niemals den Nordpol erreicht hatten.

Was sagten die Zeitgenossen, allen voran der Hauptkonkurrent Amundsen? Er war bemüht, zumindest nach außen hin, sich nicht in einen Streit mit Byrd zu verstricken. In seinem Buch schrieb Amundsen, dass es Byrd und seinen Leuten nur um den Pol gegangen sei, während er mit Kollegen an einer kompletten Überquerung der Arktis gearbeitet hätte. Nach der Landung von Byrd habe er diesen sogar auf die Wange geküsst. Gleichwohl verwies Amundsen einigermaßen süffisant darauf, dass er den Konkurrenten nach seiner triumphalen Rückkehr ausdrücklich nicht danach gefragt habe, ob dieser denn tatsächlich am Pol gewesen sei. Denn schließlich sei sein Kollege nach dem langen

Der erste Wettlauf – historische Arktisexpeditionen

Flug so müde gewesen, dass er ihn nicht mehr habe behelligen wollen.

Letzten Endes ist es wohl so, dass Nobile, Amundsen und Ellsworth die ersten Menschen am Nordpol waren – oder zumindest unmittelbar darüber. Der Flug dorthin war für den Berufsabenteurer Amundsen eine Genugtuung. Denn eigentlich wollte der Norweger bereits im Jahr 1909 zum Nordpol. Mit dem Expeditionsschiff »Fram« bereitete er eine Fahrt in die Arktis vor, als ihn die Nachricht von Cooks und Pearys angeblichen Erfolgen erreichte. Spontan und unter Geheimhaltung änderte der erfolgshungrige Amundsen daraufhin seinen geplanten Kurs nach Süden. Solcherart angestachelt und auf der Suche nach Ruhm bezwangen Amundsen und seine vier Expeditionskollegen am 14. Dezember 1911 den Südpol. Dabei lieferten sie sich einen inzwischen legendären Wettlauf mit dem Team von Robert Falcon Scott, der für den Briten und dessen Mannschaft tödlich ausging.

Amundsen interessierte sich auch nach seinem Triumph in der Antarktis weiterhin für den Nordpol. Zusammen mit Lincoln Ellsworth versuchte er sich im Mai 1925 zum ersten Mal an einer Pol-Expedition mit zwei Dornier-Flugbooten. Ellsworths reicher Vater hatte für das Unterfangen 85 000 Dollar lockergemacht – unter der Bedingung, dass sein Sohn zuvor das Rauchen aufgäbe. Doch die Expedition erreichte ihr Ziel nicht: Bei 87 Grad 14 Minuten nördlicher Breite machte eines der beiden Flugzeuge schlapp und nach einer Notwasserung retteten sich die Insassen in die verbliebene Maschine. 25 Tage später, am 15. Juni 1925, ging die Fahrt zu Ende, als der Tank leer war: Der norwegische Pilot Hjalmar Riiser-Larsen setzte das Flugzeug nahe Spitzbergen in den Ozean, doch die Besatzung konnte in Sicherheit gebracht werden.

Kaum von einem Fischtrawler aufgefischt, nahmen Ellsworth und Amundsen ihr Flugprojekt wieder auf. Diesmal wollten sie es mit einem Luftschiff versuchen. Für 75 000 Dollar – Ellsworth

Kapitel Eins

junior übernahm als frischer Erbe die Rechnung – kauften sie 1926 in Italien die »N1«, ein gebrauchtes Fluggerät. Für die beiden Abenteurer war es zweifellos eine gute Wahl: Im Vergleich zu einem Flugzeug war das wasserstoffgefüllte Luftschiff sicherer und konnte größere Distanzen ohne allzu viel zusätzlichen Treibstoff überwinden. Außerdem konnte die »N1« auf der Stelle schweben. Ein unbestreitbares Plus, falls die Expedition auf ihrem Weg zum Pol doch noch Land entdecken sollte, das die Expeditionsteilnehmer abgeseilt dann als Erste hätten betreten können. Bei allen Vorteilen gab es für Ellsworth und Amundsen bei ihrem Geschäft in Italien, wie sich später herausstellen sollte, ein nicht zu unterschätzendes Problem, das die Wahl ihres Flugkapitäns betraf. Sie entschieden sich für Oberst Umberto Nobile, einen kleinen, stolzen Italiener, der auf seinen Reisen stets von dem aufmerksamkeitshungrigen Terrier Titina begleitet wurde. Allerdings hatte sich Nobile nicht als Pilot einen Namen gemacht, sein Ruhm ging vielmehr auf die Konstruktion von Luftschiffen zurück.

Der Italiener brachte Amundsen und Ellsworth unter anderem dadurch gegen sich auf, dass er ihnen auf der Reise zum Pol verbot, ihre speziell gefertigte Wärmeschutzkleidung zu tragen. Sie sei, so Nobile, zu schwer auf dem Flug, bei dem jedes überflüssige Gramm Gewicht vermieden werden müsse. Gleichzeitig kam er selbst in einem dicken Pelz an Bord. Die zerstrittene »Norge«-Expedition überflog den Pol am 12. Mai 1926, um 1.25 Uhr mitteleuropäischer Zeit. Aus einer Höhe von rund 200 Metern wurden drei Fahnen abgeworfen: zuerst die norwegische, dann die US-amerikanische und schließlich die italienische. Alle Fahnen landeten mit dem Fuß zuerst und bohrten sich ins Eis, obwohl die Konditionen laut Amundsen wenig spektakulär waren: »Das Eis am Pol war stark aufgebrochen, und eine große Menge von kleinen Eisschollen war zu sehen.« Amundsen hatte offiziell den Auftrag, das Land für die norwegische Krone in Besitz zu nehmen. Doch wie er enttäuscht feststellen musste,

Der erste Wettlauf – historische Arktisexpeditionen

war am Pol weit und breit kein Land zu sehen. Das Luftschiff flog weiter und landete zwei Tage später, nach fast 71-stündiger Reise, in Teller, Alaska.

Noch immer aber hatte niemand mit Sicherheit das Gebiet am Pol *betreten*. Das Rennen ging also weiter. Nun stieg die Sowjetunion ein: Am 21. Mai 1937 schickte Moskau eine russische Forschertruppe unter dem Kommando von Iwan Papanin zum Pol. »Sewernij-Poljus-1« (»Nordpol-1«) hieß die Expedition. Eine orangefarbene Tupolew TB-3, ein umgebauter, mit Skiern ausgestatteter Bomber, war das erste Fluggerät, das am Pol landete. Die Expeditionsmitglieder errichteten ein Camp auf dem Eis, und die sowjetische Arktislegende Otto Schmidt und »Prawda«-Reporter Lazar Brontman spielten direkt am Pol eine Partie Schach. Innerhalb von fünf Tagen folgten drei weitere Flugzeuge, die am Pol landeten. Die dort errichtete Station, an der drei Fahnen flatterten – eine der Sowjetunion, eine der sowjetischen Hauptverwaltung für den Nördlichen Seeweg (GUSMP) und eine mit Stalins Konterfei –, blieb bis zum Februar 1938 bestehen. Inspiriert von Nansens »Fram«-Reise drifteten vier Forscher auf einer immer kleiner werdenden Scholle vom Pol bis zur grönländischen Küste, wo die Polarabenteurer nach 274 Tagen von zwei russischen Schiffen aufgelesen wurden. Der Kreml sah das Projekt, wie der Arktisforscher Witali Wolowitsch später eingestand, als »Kundschafteraktion hinter den feindlichen Linien«. Immerhin trieb die Scholle rund 200 Kilometer an Grönland vorbei, weit außerhalb der russischen Hoheitsgewässer. Doch die Männer auf der schwimmenden Eistafel betrieben auch Forschung. Die Sowjets können somit nicht nur die erste Flugzeuglandung am Pol für sich verbuchen, sondern – und das ist weit wichtiger – auch die Errichtung der ersten Nordpolstation, der bis heute fast vierzig driftende Stationen folgten.

In den Hauptstädten Europas und Amerikas machte sich allerdings langsam eine gewisse Ernüchterung breit. Aus geo-

25

Kapitel Eins

strategischer und wirtschaftlicher Sicht waren die Reisen an den Pol wenig sinnvoll gewesen. Am »Großen Nagel«, wie die Inuit ihn nennen, gab es nichts von Bedeutung: kein Land, um das es sich zu streiten gelohnt hätte, keine Schätze, keine Geheimnisse. Nur das ewig gleiche Eis, das den Polarabenteurern – sofern sie nicht mit dem Flugzeug kamen – für Hunderte Kilometer eine beschwerliche Reise rbescherte. Mit der Eroberung des Nordpols war nichts bewiesen, außer dass Menschen die Kreuzung von selbstgeschaffenen Koordinaten irgendwo im Eis des Nordpolarmeers erreichen konnten. Dennoch musste die Arktis in der Zeit des Kalten Krieges als militärischer Aufmarschplatz und als Schauplatz von PR-Aktionen herhalten, mit denen die großen Blöcke ihre technische Dominanz beweisen wollten.

Die Amerikaner flogen am 3. Mai 1952 zum Pol. Es landete dort eine C-47, aus der Airforce-Leutnant Joseph Fletcher und sein Kollege William Benedict stiegen. In der Nähe des Pols richteten sich die Amerikaner auf einem riesigen, 950 Quadratkilometer großen schwimmenden Eisblock (»Fletchers Eisinsel«) dauerhaft ein. Die Tafeleisplatte war offenbar von der Ellesmere-Insel losgebrochen und diente den Amerikanern nun als wissenschaftlicher Beobachtungsposten; eine zwischenzeitlich geplante Nutzung als schwimmender Bomberstartplatz wurde verworfen. Sechs Jahre später, als der Schock über den Start des sowjetischen »Sputnik«-Satelliten und Moskaus damit bewiesene Leistungsfähigkeit auf diesem Feld die Führungsschicht der USA erfasste, schickte Washington ein U-Boot zum Pol. So wollte man technische Ebenbürtigkeit beweisen und dem Kreml außerdem signalisieren, dass das US-Militär im Zweifelsfall Atomwaffen unbemerkt bis vor die Haustür der Sowjets transportieren konnte. Die »USS Nautilus«, das erste atomgetriebene U-Boot der Welt, war ein Gigant der Meere. Fast 100 Meter lang, beinahe 3200 Tonnen schwer und mit allem Komfort für die Besatzung: eine Bibliothek mit 600 Bänden, Solarien, ein Kinosaal und zwölf Verkaufsautomaten für Cola, Kaffee und Eis befanden sich mit

Der erste Wettlauf – historische Arktisexpeditionen

an Bord; die Matrosen durften wegen des modernen Luftfiltersystems sogar überall rauchen. Durch die kalten und dunklen Wassermassen des arktischen Ozeans konnte das urangetriebene Gefährt mit satten 20 Knoten, das sind 37 Stundenkilometer, pflügen. Allerdings glückte der »Nautilus« ihr polares Abenteuer erst im dritten Anlauf. Ursprünglich war die Fahrt zum Pol schon für den Sommer 1957 geplant gewesen, als Teil einer Nato-Großübung. Beim Stopp in einer Eisspalte wurde die »Nautilus« damals aber schwer beschädigt. Der zweite Versuch schlug fehl, weil das Schiff Probleme mit dem Kreiselkompass hatte. Und so machte sich die »Nautilus« im Sommer 1958 mit einer Extraportion Motivation – und einer Panzerhaube am Turm, um neuerliche Schäden zu verhindern – ein weiteres Mal auf in die Kälte der Arktis. »Sunshine« lautete der Codename der streng geheimen Operation. Am 1. August tauchte das mit 116 Mann besetzte Boot im Barrow Sea Valley in den Arktischen Ozean ab. In rund 130 Metern Tiefe unterm Eis ging die Reise nach Norden, und diesmal konnte die Besatzung tatsächlich einen Erfolg nach Washington funken. Am 3. August 1958 kurz vor Mitternacht war der geografische Pol erreicht. Nach 96 Stunden beziehungsweise über 3000 Kilometern tauchte das Boot nordöstlich von Grönland wieder auf. Die USA jubelte. »Gratuliere. Gut gemacht. Eisenhower«, bedankte sich der US-Präsident für die Erfolgsmeldung vom Pol.

Die Reise der »Nautilus« orientierte sich an einem historischen Vorbild. Bereits im Jahr 1931 beschloss der Australier George Hubert Wilkins, unter dem Eis zum nördlichsten Punkt der Erde zu tauchen. Wilkins war 1928 mit einem Flugzeug über die Arktis geflogen, im Anschluss daran plante er seine Tauchfahrt. Unterstützung bekam er von Amundsens einstigem Luftschiffkollegen Lincoln Ellsworth. Für sein unterseeisches Abenteuer hatte Wilkins die »O-12«, ein 55 Meter langes U-Boot der US-Marine gekauft, das zuvor in den warmen Gewässern am Eingang des Panamakanals herumgeschippert war. Eigentlich

Kapitel Eins

sollte das Boot nach dem ersten Weltkrieg verschrottet werden, doch Wilkins konnte es retten und benannte es um. Wie schon im Falle Nansens stand der Romancier Jules Verne Pate, der in seinem 1869 erschienen Buch »20 000 Meilen unter dem Meer« von den waghalsigen Abenteuern des Universitätsprofessors Pierre Aronnax und des legendären Kapitäns Nemo geschrieben hatte: Die O-12 hieß fortan »Nautilus«, wie das märchenhafte U-Boot Kapitän Nemos. Wegen der Prohibition wurde Wilkins' Schiff mit einem Eimer voll Eiswürfeln statt einer Champagnerflasche getauft. Möglicherweise war das ein schlechtes Omen. Schon auf ersten Testfahrten zwischen Grönland und Spitzbergen gab es Wassereinbrüche an verschiedenen Stellen des U-Bootes. Auch das Sehrohr wurde beschädigt. Trotzdem gab Wilkins nicht auf, fuhr mit seiner »Nautilus« bis zum Packeisrand und unternahm dort sogar einen Tauchversuch unters Eis. Am Erfolg hinderte ihn unter anderem der Umstand, dass die Ruderanlage des Tauchboots unter mysteriösen Umständen zerstört wurde, Gerüchte von Sabotage machten die Runde. Bis zum Pol kamen Wilkins und seine Männer jedenfalls nicht, man kehrte stattdessen nach Bergen zurück, wo das beschädigte Boot am Ende der Reise in einem 350 Meter tiefen Fjord versenkt wurde.

Erst nach seinem Tod gelangte Wilkins ans Ziel seiner Träume. Im März 1959 wurde seine Asche, ganz wie er es sich gewünscht hatte, in einer Urne am Pol versenkt, von der Besatzung des US-amerikanischen U-Bootes »Skate«. Die U-Boot-Fahrer waren zuvor am Pol von unten durch das Eis gebrochen. In jenen Jahren waren U-Boot-Fahrten alles andere als Spielerei. Zu Hochzeiten des Kalten Krieges hatten sie einen ernsthaften militärischen Hintergrund: Unter dem Eis der Arktis ließen sich am schnellsten und effektivsten atomare Waffen in die Nähe des Feindes tragen. Und wer auftauchen konnte, der konnte auch schießen. Das war der Grund, weshalb die Sowjets ihr erstes Atom-U-Boot, die »Leninski Komsomol« (K-3), im Jahr 1962

Der erste Wettlauf – historische Arktisexpeditionen

zum Nordpol schickten. Zahlreiche Messdaten zu Eisdicke und -beschaffenheit, die noch heute von Klimaforschern genutzt werden, stammen von U-Booten der Supermächte, die damals nach geeigneten Transportrouten für ihre tödliche Fracht suchten. Im Sommer 1970 kreuzte zum Beispiel das amerikanische U-Boot »Queenfish« unter Führung von Kapitän Alfred McLaren in den flachen Gewässern unmittelbar vor der sowjetischen Küste auf Spähfahrt. Auf Höhe von Sewernaja Semlja waren die Amerikaner so nah am Feindesland, dass sie die Küste mit dem Periskop erkennen konnten. Ihre Aufgabe: Eine Karte der besten U-Boot-Routen vor der russischen Haustür zu erstellen, um im Ernstfall Moskaus Unterwasserflotte abzuschießen, bevor diese ihre tödlichen Raketen überhaupt starten könnten.

Weitere polare Rekorde, die in den folgenden Jahren aufgestellt wurden, hatten einen weniger martialischen Hintergrund. Im Jahr 1968 etwa fuhr der abenteuerhungrige Versicherungsvertreter Ralph Plaisted aus Minnesota mit einem Schneemobil zum Pol. Wie sehr die Begeisterung seitens der Öffentlichkeit zu dieser Zeit abgekühlt war, kann man exemplarisch daran erkennen, dass die New York Times die Meldung über Plaisteds Tour lediglich auf Seite 68 brachte. Ein Jahr später gab es einen weiteren historischen Besucher am Pol. Es war der Schotte Wally Herbert, von dem bereits im Zuge des Streits um Cook und Peary die Rede war. Wenn diese beiden Abenteurer tatsächlich niemals den Pol erreicht haben sollten, dann waren Herbert und seine drei Kameraden die Ersten, die im April 1969 mit Hundeschlitten den nördlichsten Punkt der Welt erreichten – wenige Monate, bevor Menschen auf dem Mond landeten.

Unterdessen drängte auch die sowjetische Führung in Moskau auf neue Erfolgsmeldungen aus dem hohen Norden. Immerhin waren noch einige Titel zu vergeben, unter anderem der für die erste Reise eines Überwasserschiffes zum Nordpol. Diese Trophäe ging an den Atomeisbrecher »Arktika«, der am 17. August 1977 gegen vier Uhr Moskauer Zeit den Pol erreichte. Zwei Atom-

Kapitel Eins

reaktoren mit einer Leistung von 75 000 PS hatten den Eisbrecher ans Ziel gebracht. Der doppelwandige Rumpf des gut 23 000 Tonnen schweren Schiffes hatte meterdicke Eisschollen zermalmt. Mithilfe eines Krans versenkten die Russen eine Metallplatte im Nordmeer. Sie sollte an die Oktober-Revolution erinnern, ihr Text: »UdSSR. Sechzig Jahre Oktober. Atomeisbrecher Arktika.« Mit einem Saugrüssel pumpten Wissenschaftler außerdem mehrere Zentner Ton und Gestein vom Ozeanboden am Pol nach oben. Wer wollte, konnte sich ein Souvenir mitnehmen. Heute ist es übrigens möglich, als zahlungskräftiger Tourist mit russischen Atomeisbrechern zum Nordpol zu fahren: Für das Jahr 2009 hat der Betreiber der Schiffe, die russische Staatsfirma Atomflot, ein halbes Dutzend Ausflüge dieser Art in Aussicht gestellt. Wer die teure Reise mitmacht, kann allerdings nicht mehr auf der »Arktika« fahren, die ist seit 2008 stillgelegt.

Schließlich gibt es auch einen Rekord mit deutscher Beteiligung. Denn eines der ersten beiden konventionell angetriebenen Schiffe am Nordpol stammt aus Deutschland: die 1982 in Dienst gestellte »Polarstern«. Das fast 120 Meter lange Schiff kann bis zu anderthalb Meter dickes Eis knacken und selbst mehrjähriges Eis und Presseisrücken durch gezieltes Rammen brechen. Zusammen mit dem schwedischen Eisbrecher »Oden« erreichte die »Polarstern« am 7. September 1991 den Nordpol. Insgesamt 53 Wissenschaftler aus sieben Ländern waren an der Expedition beteiligt, die wissenschaftlich überaus erfolgreich war. Die »Polarstern«-Crew sammelte Daten zu der Klima- und Vereisungsgeschichte des Nordmeers und holte zehn Tonnen Sedimentproben vom Meeresboden hoch, darunter auch eine Probe direkt vom Nordpol. Daher rührt die kuriose Situation, dass ein Teil des Nordpols in Deutschland liegt, in einem gekühlten Sedimentkernarchiv des Alfred-Wegener-Instituts in Bremerhaven. Polarforscher Hannes Grobe betreut dort die geologische »Bibliothek« der »Polarstern«. Mitten unter zahlreichen Schätzen, die bei vier Grad Celsius in grauen, dachrinnenähnlichen Plastikröhren gelagert werden, befindet sich der Nordpol. Versehen mit der Archivnummer »PS 21/90/4« liegt in Grobes Archiv der Ozeanboden vom nördlichsten Punkt der Erde.

In den 1990ern sowie in der ersten Hälfte des aktuellen Jahrzehnts interessierte sich die Welt nicht besonders stark für den Pol. Doch das änderte sich schlagartig, als im Sommer 2007 eine denkwürdige Reisegruppe aus Russland den Weg nach Norden antrat – zu einer Fahrt, die den zweiten Wettlauf um den Pol einläuten sollte.

Kapitel Zwei
Eine Tauchfahrt als Startschuss zum zweiten Wettlauf

»Den Boden in einer solchen Tiefe zu berühren,
das ist wie der erste Schritt auf dem Mond.«
Artur Tschilingarow, russischer Polarabenteurer, im August 2007

Viele Expeditionen der Polargeschichte hatten trotz aller Unterschiede eines gemeinsam: Fast immer wurden sie von einem einzelnen, extrem motivierten Menschen vorangetrieben, der ganz persönliche Gründe für die Strapazen im Eis hatte. Das gilt auch für die Expedition, die im Mittelpunkt dieses Kapitels steht. Im August 2007 fuhren zwei russische Tauchboote zum Meeresboden direkt am Pol und lösten damit den zweiten großen Ansturm auf den Pol aus. Doch neben privatem Abenteurertum gab es diesmal eine politische Komponente. Denn die Fahrt fand zu einem Zeitpunkt statt, als Russland unter Bezug auf ein unterseeisches Gebirge, den Lomonossow-Rücken, bei der Uno riesige arktische Gebiete beanspruchte – und andere Arktisanrainer im Begriff waren, ähnliche Anträge zu stellen.

Wer den denkwürdigen Tauchgang verstehen will, kommt um einen Mann nicht herum, der jahrelang für diese Fahrt gefochten hat: Artur Tschilingarow, ein grauhaariger, energischer Mann mit tief in die Stirn eingegrabenen Falten. Der bärtige Brillenträger mit armenischen Vorfahren ist ein russischer Polarheld. Seine tiefe Stimme gebraucht er mit dem Selbstbewusstsein von jemandem, dem selten widersprochen wird, und wenn, dann bestenfalls von seiner ebenfalls sehr von sich selbst überzeugten Tochter Xenija, die als Society-Girl einer der Lieblinge russischer Hochglanzmagazine ist.

Tschilingarow, 1939 in Leningrad geboren, machte in der Sowjetunion akademisch Karriere, zu Zeiten, als es für das Land in der Polarforschung gut lief: Er studierte am Leningrader Marine-

Institut und diente sich als Ingenieur im nordsibirischen Hafen von Tiksi nach oben. Später leitete er Forschungsstationen, die mit dem Packeis am Nordpol vorbei durch die Arktis drifteten, sowie die Bellingshausen-Station in der Antarktis. Und er wurde mit Orden behängt: Held der Sowjetunion, Leninorden, Rotbannerorden und andere mehr. Im Sommer 1977 war er an Bord der »Arktika«, als dieser Eisbrecher als erstes Überwasserschiff der Welt den Nordpol erreichte.

Politisch war der ehrgeizige Polarforscher zu Sowjetzeiten ein eher kleines Licht, so agierte er in Jakutsk als Gebietsführer der Partei-Jugendorganisation Komsomol. Doch nach der Wende startete er richtig durch: 1993 zog er ins russische Parlament, die Duma, ein; unter Präsident Boris Jelzin war er Mitglied des Verteidigungsausschusses. Heute ist Tschilingarow Vizechef des Parlaments und vertritt die Kreml-Partei »Einiges Russland«, deren Wappentier übrigens ein Eisbär ist.* Der begeisterte Fußballer ist mit einflussreichen Politikern wie Ministerpräsident Wladimir Putin und Moskaus langjährigem Oberbürgermeister Jurij Luschkow persönlich befreundet. Auch dem Ölmagnaten Wagit Alekperow, Chef und Großaktionär des Ölkonzerns Lukoil, ist er freundschaftlich verbunden.

Schließlich engagiert sich Tschilingarow als Präsident der Russischen Vereinigung der Polarforscher und als Berufsabenteurer. 2002 machte er Schlagzeilen, als er mit einem einmotorigen Flugzeug vom Typ An-3T zum Südpol flog – einer Fortentwicklung des im russischen Volksmund »Kukurusnik«, also »Maisarbeiter«, genannten Landwirtschaftsflugzeuges. Genau genommen schaffte Tschilingarow allerdings nicht wegen des Fluges an sich den Sprung in die Weltpresse, sondern wegen eines Motorschadens, den er und seine sieben zahlenden Mitreisenden am Pol hatten: Die Maschine sprang einfach nicht

---

* Im November 2005 wurde der Braunbär, der bis dahin das Parteiwappen geziert hatte, durch den Eisbären ersetzt, als Zeichen der Neuorientierung.

Kapitel Zwei

mehr an. Nur weil die Besatzung der nahe gelegenen US-Forschungsstation Amundsen-Scott ihm kollegial beistand, geriet die Unternehmung nicht vollends zum Desaster. Die Wissenschaftler nahmen Tschilingarows gestrandete Reisegesellschaft auf und sorgten dafür, dass die Truppe mit einer US-Maschine ausgeflogen wurde – angeblich für 80 000 Dollar, eine Zahl, die der Russe jedoch bestritt.

Daheim angekommen, rüffelte Tschilingarow die Journalisten gehörig: Diese sollten sich weniger um finanzielle Details kümmern, sondern mehr über Patriotismus schreiben. Das ist das Leitmotiv Tschilingarows. Immer wieder hat er sich in der Vergangenheit dafür eingesetzt, dass Russland seine Interessen in der Arktis besser pflegt, der Vaterlandsliebe wegen und aus Erinnerung an die guten, alten polaren Zeiten der Sowjetära. Auch auf dem sechsten Parteitag der Kreml-Partei im November 2005 mahnte er eindringlich, Partei und Regierung müssten sich viel intensiver mit der Arktis befassen. Doch es dauerte lange, bis sich in Russlands herrschender Klasse irgendjemand für Tschilingarows polare Visionen begeistern konnte – bis zum Jahr 2007.

Am 10. Juli 2007 begann nahe der Stadt Sankt Petersburg in aller Stille der zweite Wettlauf zum Pol: Das Forschungsschiff »Akademik Fjodorow« lief mit 80 Mann Besatzung zur Expedition »Arktika 2007« aus. Das rot-weiße Schiff unter Kapitän Michail Koloschin stammt ursprünglich aus Finnland und ist das Prunkstück der russischen Polarforschung: 140 Meter lang, robuste Schiffshülle der Eisklasse, sogar einen Hubschrauberlandeplatz gibt es. An Bord waren illustre Gäste wie Scheich Ibrahim Scharaf, ein Polarenthusiast, der normalerweise in der Hitze der Vereinigten Arabischen Emirate lebt.

Offizieller Organisator des Unternehmens war das Ozeanologische Institut der Russischen Akademie der Wissenschaften. Doch möglich wurde die Fahrt erst durch die Hilfe potenter Sponsoren, allen voran der australische Abenteurer Mike

McDowell und der schwedisch-deutsche Pharmaunternehmer Frederik Paulsen. Diese ließen sich den Trip in die ewige Finsternis unter dem Eis einiges kosten: Drei Millionen Dollar sollen sie pro Ticket bezahlt haben. Beide Gäste kennen die Russen schon seit Jahren: McDowell charterte mit seiner Firma Quark Expeditions gleich nach der Wende russische Atomeisbrecher, um gutbetuchte Abenteuertouristen zum Nordpol zu bringen. Über die Jahre war er nach eigener Aussage ein Dutzend Mal dort. Mit den Russen arbeitete McDowell bei den Dreharbeiten zu James Camerons Eismeerschmonzette »Titanic« zusammen, als man gemeinsam spektakuläre Aufnahmen des Wracks aus fast 4000 Metern Tiefe lieferte. McDowells neue Firma Deep Ocean Expeditions hatte den Tauchgang vermittelt. Zusammen mit den amerikanischen U-Boot-Veteranen Don Walsh und Alfred McLaren hatte McDowell auch die Idee für den Tauchgang am Pol entwickelt, an einem wodkaschwangeren Abend auf dem russischen Atomeisbrecher »Sowjetski Sojus« im Jahr 1997. Wegen interner Streitigkeiten waren die beiden anderen allerdings aus dem Projekt ausgestiegen – oder eher, wurden zum Ausstieg gedrängt. Das zumindest behauptet McLaren heute.

Auch der zweite Financier, Frederik Paulsen, Chef des von seinem Vater gegründeten Pharmakonzerns Ferring, war den Russen schon lange verbunden. Er trägt sogar den Titel eines »Ehrenpolarforschers Russlands«. Neben den reichen Geldgebern aus dem Westen beteiligten sich auch russische Firmen wie die Messegesellschaft MwK an den Kosten der Expedition. Die zwei Tauchboote waren gepflastert mit den Logos von acht Sponsoren. Weitere finanzielle Details der Reise wollte Tschilingarow nicht verraten, das US-Magazin »Vanity Fair« kommentierte: »Der Kreml stand zu 100 Prozent hinter dieser Expedition, in jeder Hinsicht, bis auf die Bezahlung.«

Ziel der »Fjodorow« war der Nordpol, wo Russland mit einem Tauchgang zweier Mini-U-Boote symbolisch seinen Anspruch

Kapitel Zwei

auf das Gebiet markieren wollte – einen Anspruch, von dem außerhalb von Fachkreisen bis dahin kaum jemand etwas wusste. Aber das sollte sich bald ändern. Zunächst ging die Fahrt in Richtung Kaliningrad. Kurz vor der Stadt, im Hafen Baltijsk, einem wichtigen Stützpunkt der russischen Ostseeflotte, nahm das Schiff zwei Tauchboote an Bord: die »Mir 1« und die »Mir 2«. Die fast acht Meter langen, orange-weiß lackierten Boote sind legendär. Sie sind zwei von nur wenigen Fahrzeugen, mit denen Menschen in die Tiefsee reisen können. Die »Mir«-Boote können bis zu 6000 Meter tief tauchen, genauso weit wie die französische »Nautile«. Nur ein einziges Tauchboot auf der Welt, die japanische »Shinkai 6500«, erreicht noch 500 Meter tiefer gelegene Meeresregionen.

Die Sowjetische Akademie der Wissenschaften hat sich die beiden Boote bereits vor mehr als zwei Jahrzehnten zugelegt. Interessant ist, dass die Technologie dafür im Westen gekauft wurde. Anfang der Achtziger klopften die Sowjets zunächst bei Unternehmen in Kanada und Frankreich an. Die Order aus Moskau hatte es in sich, die Titanhüllen für die Boote sollten einen Druck von 600 bar aushalten. Das Problem dabei: Im Westen waren vielen Firmen die Hände gebunden. Kanada, Frankreich, aber auch Deutschland beteiligten sich am US-Embargo »CoCom«, das den Verkauf von Hightechgütern an Moskau verbot. In Washington hatte man Angst, dass die Sowjets mithilfe der Tiefseeboote das amerikanische U-Boot-Entdeckungssystem im Nordatlantik lahmlegen wollten.

Der Deal platzte – und die Sowjets mussten sich nach neuen Partnern umsehen. Die fanden sie in Finnland, wo die Regierung aus Rücksicht auf den mächtigen großen Nachbarn nicht den US-Boykott gegen Moskau unterschrieben hatte. Die finnische Firma Rauma-Repola Oceanics baute aus Stahl die von den Sowjets bestellten Boote. Doch die ingenieurtechnische Meisterleistung brachte dem 1983 gegründeten Unternehmen kein Glück. Denn kurz nach der Auslieferung der beiden Tauchboote an die Sowjetunion im Jahr 1987 musste Rauma-Repola Oceanics schließen. Offiziell hieß es damals, die flaue Auftragslage sei schuld am Aus. Doch offenbar war das eine vorgeschobene Erklärung. Denn Firmenchef Tauno Matomäki berichtete mehr als 15 Jahre später in einem Interview, in Wahrheit sei der US-Geheimdienst CIA für das Ende seiner Firma verantwortlich gewesen: »Wir wurden mitten im Flug abgeschossen.« In der Tat hatte es massiven Druck aus Washington gegeben. Matomäki berichtete, dass er und andere Manager seiner Firma mehrmals von Pentagon-Beamten zur Rede gestellt wurden. Und der damalige finnische Präsident Mauno Koivisto bemerkt in seinen Memoiren, US-Staatschef George Bush senior habe ihm wegen des U-Boot-Verkaufs einen bösen Brief geschrieben. Auch der US-Botschafter und der Vizeaußenminister aus Washington sollen sich für ein Ende des Deals eingesetzt haben.*

Normalerweise sind die beiden russischen Tauchboote auf einem speziellen Trägerschiff, der »Akademik Mstylaw Keldysch«, untergebracht. Wie die »Fjodorow« und die »Mir«-Boote kommt es aus Finnland: Das Schiff lief 1980 auf der Hollming-Werft in Rauma vom Stapel. Für die Nordpolreise vom Sommer 2007 wäre die »Keldysch« aber nicht robust genug gewesen. Deswegen mussten die Tauchboote auf die »Fjodorow« wechseln. Eigens für die Nordpolfahrt waren sie technisch verfeinert worden: Zusätzliche seitliche Schubdüsen sowie Frostschutzmittelzusatz im Ballasttank sollten eine effiziente Navigation unter dem Eis möglich machen.

In Murmansk, ganz im Nordwesten Russlands, bekam die Expedition weitere Hilfe. Die Stadt, einst Russlands stolzes Tor

---

* Das war eine Situation, die übrigens auch deutsche U-Boot-Bauer damals nur allzu gut kannten. So machten die USA 1987 Druck, weil die Firma Bruker das zivile Tauchboot »Seahorse I« an Nordkorea verkauft hatte. Die Auslieferung des Schwesterschiffes »Seahorse II« wurde auf Betreiben der Amerikaner verhindert.

zum Nordpolarmeer, bietet heute in weiten Teilen ein trostloses Bild: Seit dem Zerfall der Sowjetunion sind mehr als 140 000 Einwohner weggezogen; viele Wohn- und Hafengebäude rotten vor sich hin. Doch bei aller Agonie ankert in Murmansk ein nach wie vor wichtiger Machtfaktor Russlands: die Atomeisbrecherflotte. Ihr Betriebsgelände liegt einige Kilometer nördlich des Stadtzentrums. Die Sicherheitsvorkehrungen sind hoch. Marineboote sichern die Wasserzugänge am nördlichen und westlichen Rand des Gebietes. Im Osten und Süden versperren Zäune mit Wachtürmen und Einbruchsmeldesystemen den Zugang. Hier liegen nämlich große Mengen an Nuklearmaterial: neuer und gebrauchter Brennstoff für die Schiffsreaktoren, strahlende Maschinenteile, flüssiger Atommüll. Der Stolz der Betreiber ist eine blaue Lagerhalle, die mit britischer Hilfe im Jahr 2006 fertiggestellt wurde. Hier lagern gebrauchte Brennelemente einigermaßen sicher in Containern.

Derzeit verfügen die Russen über sechs aktive Atomeisbrecher: »Rossija« (Baujahr 1985), »Taimyr« (Flusseisbrecher, 1988), »Sowjetski Sojus« (1989), »Waigatsch« (Flusseisbrecher, 1990), »Jamal« (1992) und die erst im Jahr 2007 in Dienst gestellte »50 Let Pobedy«. Nachdem die mächtigen Boote mehrere Jahre von einem halbstaatlichen Unternehmen, der Murmansk Shipping Company, betrieben wurden, gehören sie nun wieder zur staatlichen Holding Rosatom.

Um die »Fjodrow« auf ihrer Expedition zu unterstützen, stach am 25. August 2007 der orange-schwarz gestrichene Atomeisbrecher »Rossija« vom Atomflot-Pier in die eisige See. Der Kurs: Nord, genauer gesagt das Gebiet zwischen den Neusibirischen Inseln und dem Nordpol. Die »Rossija« sollte sicherstellen, dass die »Fjodorow«, die zwar selbst Eis von bis zu 1,8 Metern Dicke brechen kann, auf jeden Fall dort ankam. Doch schon wenige Stunden nach dem Start kehrte Ernüchterung ein, die »Fjodorow« funkte eine Schadensmeldung. Weil es Probleme an einem Lager der Antriebswelle gab, driftete das Schiff antriebslos in der

Barentssee. Die »Rossija«, zu diesem Zeitpunkt bereits zwanzig Stunden voraus, musste umdrehen, um dem Havaristen zu Hilfe zu eilen. Nach rund neun Stunden Arbeit gelang es den Technikern auf der »Fjodorow« jedoch, das Problem zu lösen; die Reise konnte weitergehen.

Für weitere Aufregung sorgte ein viermotoriges Propellerflugzeug, das am 27. Juli am Himmel über dem Schiffskonvoi auftauchte. Die Bootsbesatzungen glaubten darin ein US-Spionageflugzeug zu erkennen. Einen offiziellen Beleg für diese Annahme gibt es bis heute nicht, doch für die russische Presse war der Vorfall ein gefundenes Fressen: Die Amerikaner, so hieß es etwa in der Zeitung »Rossiiskaja Gaseta«, hätten die russische Expedition »unters Mikroskop« genommen.

Zwei Tage später fand der entscheidende Testlauf statt, gut 70 Kilometer nördlich von Franz-Joseph-Land. Von dort zum Pol sind es noch ungefähr 800 Kilometer. Die »Mir«-Boote, die später zum Meeresboden am Nordpol tauchen sollten, wurden ein letztes Mal auf Herz und Nieren geprüft. Ein Spezialkran ließ die beiden 18,6 Tonnen schweren Tauchgefährte von Bord der »Fjodorow« ins Wasser. Eine Panne war zwar unwahrscheinlich, schließlich gelten die »Mir«-Zwillinge als gut in Schuss. Trotzdem sollten unter Führung der Piloten Anatolij Sagalewitsch und Jewgenij Tschernjajew noch einmal alle Systeme gecheckt werden. In einem Eisloch tauchten beide »Mir«-Boote für insgesamt vier Stunden bis auf 1311 Meter ab. Alles ging glatt.

Nach dem Test ging die Reise nach Norden weiter. Die »Rossija« zerdrückte mit ihrem Gewicht die rund zwei Meter dicken Eisschollen, die mittlerweile den Weg versperrten. So räumte das Schiff eine schmale Fahrrinne für die »Fjodorow«, die möglichst dicht hinter dem Atomeisbrecher fuhr. Wenn der Abstand zu groß wurde, trieben Eisschollen in die frisch gebahnte Fahrrinne zurück, und die »Fjodorow« musste anhalten. Mehrmals nötigte dies die »Rossija« zum Umkehren, um die hinderlichen Eisstücke noch einmal aus dem Weg zu räumen. Zwischen den beiden

Kapitel Zwei

Schiffen pendelte stets ein orange-gelber Mi-8-Hubschrauber der Sankt Petersburger Firma Spark Plus. Tschilingarow und Paulsen wohnten auf der »Rossija«, Sagalewitsch und McDowell waren auf der »Fjodorow« untergebracht.

Am 2. August 2007, nur vier Tage nach dem Testlauf, fand der eigentliche Pol-Einsatz statt. Zur Vorbereitung hatte ein Team mithilfe des Hubschraubers im Umkreis von 100 Kilometern das Eis gesichtet und ein Loch gefunden, das den »Mir«-Booten auf 89 Grad 59 Minuten nördlicher Breite eine Möglichkeit zum Abtauchen bot. Mit 125 Metern Länge und 10 Metern Breite war die Öffnung nicht riesig, würde aber vermutlich ausreichen. Am Pol schien die Mitternachtssonne; die gesamte Unternehmung fand also – zumindest über Wasser – im Hellen statt. Das Wetter war günstig: schwacher Wind und gute Sichtbedingungen. Und gerade hatte die Deckwache einen Eisbären gesichtet und fotografiert. Es war das erste Mal, dass ein solches Tier am Pol beobachtet worden war.

Für die Crews der beiden Tauchboote wurde es nun ernst: »Ich habe Angst, und ich verstecke es nicht«, gestand Artur Tschilingarow in einem Fernsehinterview unmittelbar vor dem Tauchgang. Sein Kollege Wladimir Grusdew witzelte hingegen: »Niemand weiß, was da unten ist. Was ist, wenn wir dort Atlantis finden?« Kaum waren die mitgereisten Journalisten mit knackigen Statements versorgt, stiegen die Passagiere durch die 60 Zentimeter-Luke auf der Oberseite der Tauchboote ein und verschraubten die Einstiegsöffnungen mit einem weißen Handrad. Anschließend wurden die Boote zu Wasser gelassen, wo die Mini-Schlepper »Koresch« (»Kumpel«) und ein rotes Schlauchboot sie erwarteten. Von diesem Schlauchboot sprang ein mutiger Mann, der im Schiffsjargon »Cowboy« heißt, auf die Oberseite der Tauchkapseln. Verpackt in einen roten, kältesicheren Tauchanzug, löste er dort den Haken des Krans und sprang anschließend zurück auf das heftig schaukelnde Schlauchboot. Nun konnte die Fahrt in die Tiefe endgültig losgehen.

Eine Tauchfahrt als Startschuss zum zweiten Wettlauf

Je ein Pilot und zwei Passagiere bilden in der Regel die Besatzung der beiden Mir-Boote. Sie müssen sich auf engstem Raum drängen, denn der Crew-Raum hat kaum mehr als zwei Meter Durchmesser. Die Passagiere sitzen in U-Form, ihre Knie stoßen aneinander. Der mittlere Platz mit den drei Steuerknüppeln und dem großen runden Kompass ist dem Piloten vorbehalten. Die »Mir 1« wurde von Anatolij Sagalewitsch gesteuert. Der zurückhaltende, grauhaarige Brillenträger ist Leiter des Labors »Bemannte U-Boote« am Ozeanologie-Insitut der Russischen Akademie der Wissenschaften. Er kennt die »Mir«-Zwillinge wohl besser als jeder andere, schließlich war er zusammen mit seinem damaligen Chef Igor Michalzew schon an ihrer Erprobung vor gut zwanzig Jahren beteiligt. An Bord seines U-Bootes befanden sich am 2. August außerdem Artur Tschilingarow und Wladimir Grusdew, die auf den blauen, gepolsterten Sitzen Platz nahmen.

Tschilingarow war der geistige Vater der Operation, der Ex-Geheimdienstler Grusdew dagegen zahlender Gast. Der smarte Vierziger mit einer Art jungenhaftem Charme war früher Offizier der Auslandsaufklärung. Nach dem Zusammenbruch der Sowjetunion machte er mit der Supermarktkette »Sedmoi Kontinent« (»Siebter Kontinent«) mehrere Millionen, weil er als Erster europäische Produkte nach Russland karrte, nach denen die Elite dort lechzte. Französischer Käse, deutsches Bier oder spanischer Schinken verhalfen ihm zu einem Riesenvermögen. Wie Tschilingarow betätigt auch er sich politisch: Für die Kreml-Partei »Einiges Russland« sitzt Grusdew in der Staatsduma.

Boot Nummer zwei wurde gesteuert von Jewgenij Tschernjajew, ihn begleiteten die bereits erwähnten Financiers Mike McDowell und Frederik Paulsen. Zuerst startete Sagalewitsch. Als die »Mir 1« 300 Meter Tiefe erreicht hatte, ging auch Tschernjajew auf Tauchfahrt. Ein Moment der Unruhe entstand, als sein Boot im Moment des Abtauchens von einem großen Eisblock gestreift wurde, den die »Fjodorow« unabsichtlich in seine Richtung abgelenkt hatte. Größere Probleme entstanden jedoch nicht.

41

Kapitel Zwei

Von einem speziell eingerichteten Kontrollraum auf dem Achterdeck der »Fjodorow« aus wurde die Aktion überwacht. Die Reise in die Tiefe ging recht langsam vonstatten, mit 20 bis 40 Metern pro Minute sanken die »Mir«-Boote Richtung Ozeanboden. Der gesamte Abstieg dauerte etwa drei Stunden. Währenddessen drehte oben der Atomeisbrecher seine Runden, um das Eisloch freizuhalten. Nur so hatten die Tauchboote überhaupt eine Chance, zurück an die Oberfläche zu kommen.

Die Tauchbootpassagiere konnten lediglich in den ersten Minuten etwas sehen. Ab 200 Metern war alles um sie herum schwarz, weil Tageslicht nicht tiefer ins Wasser vordringen kann. Dann und wann schalteten die Piloten allerdings kurz die Außenbeleuchtung der Boote ein, um nach Tiefseelebewesen Ausschau zu halten. Nur eine 4 Zentimeter starke Wand aus einer Nickel-Stahl-Legierung trennte die Bootsbesatzungen von dem zerstörerischen Wasserdruck in der Ozeantiefe. In der Mitte der »Mir«-Boote gibt es eine Plexiglasscheibe mit einem Durchmesser von 20 Zentimetern. Sie hilft dem Piloten beim Navigieren am Boden. Unmittelbar daneben sind zwei weitere, kleinere Fenster angebracht. Sie messen 12 Zentimeter und sind für die beiden Gäste gedacht. Diese Sichtfenster sind immerhin 18 Zentimeter dick, um dem gigantischen Wasserdruck standzuhalten.

Abgesehen von der Enge, die an eine Raumstation erinnert, ist es in den Tauchbooten im Prinzip nicht unbequem. Die Innentemperatur liegt bei etwa 20 Grad. Während des Tauchgangs wird der Passagierraum mit reinem Sauerstoff geflutet. Ein Lithium-Hydroxid-Filter fischt das ausgeatmete CO_2 aus der Luft; eine Technologie, die aus der Raumfahrt bekannt ist. Offiziell reichen die Lebenserhaltungssysteme an Bord für genau 246 Mannstunden. Das bedeutet, dass das Boot bei voller Besetzung dreieinhalb Tage unter Wasser bleiben kann. Der Luftdruck ist genauso hoch wie an der Meeresoberfläche. Allerdings herrscht im Boot wegen der reinen Sauerstoffatmosphäre akute Brandgefahr. Rauchen ist deswegen strengstens verboten.

Eine Tauchfahrt als Startschuss zum zweiten Wettlauf

Kompliziert wird es, wenn einer der Bootsfahrer während des Tauchgangs zur Toilette muss. Denn die gibt es aus Platzgründen nicht, so dass spezielle Tüten zur Erleichterung herhalten müssen. In ihnen wird der Urin mithilfe eines Granulats in einem geruchlosen Gel gebunden. Mit einer Art Duschvorhang kann man sich während des Toilettengangs ein Mindestmaß an Privatsphäre verschaffen. Allerdings sind nur »kleine Geschäfte« vorgesehen. Damit das nicht zum Problem wird, wird für die Tauchbootbesatzungen bereits 12 bis 18 Stunden vor dem Start das Essen streng rationiert.

Um 8 Minuten nach 12 Uhr Moskauer Zeit kam die »Mir 1« auf dem Ozeanboden an, knapp neben dem geografischen Nordpol. Das Schwesterschiff »Mir 2« folgte exakt 27 Minuten später. Durch aufgewirbeltes Sediment war die Sicht äußerst schlecht – weshalb beide Bootsführer die Anweisung bekamen, sich einander nicht weiter als nötig zu nähern, da eine Kollision in jener Tiefe tödlich verlaufen wäre.

Einmal auf dem Boden des Nordpolarmeeres angekommen, konnten sich die Boote mit etwa fünf Knoten fortbewegen. Ein großer Propeller am Heck treibt die »Mir«-Zwillinge deutlich schneller an als vergleichbare andere Tauchboote. Zwei kleinere Propeller an den Seiten helfen bei der Lagekontrolle. Durch ein Ballastsystem, das mithilfe von Hochleistungspumpen Wasser hin und her schaufelt, kann der Pilot das Boot um 25 Grad nach oben oder unten neigen, wie eine Art Unterwasserhelikopter. Angetrieben wird der 10-Kilowatt-Motor der »Mir«-Boote von einer ölgefüllten Nickel-Kadmium-Batterie mit 100 Kilowattstunden Kapazität.

Artur Tschilingarow lobte sich selbst als neuen Neil Armstrong: »Den Boden in einer solchen Tiefe zu berühren, das ist wie der erste Schritt auf dem Mond.« Dann funkte er an den Kontrollraum, welches Bild sich ihm bot: »Auf dem Meeresgrund liegt gelblicher Kies. Da unten ist kein einziges Lebewesen zu sehen.« Allerdings erwähnte das Expeditionsteam später in einem 18-sei-

Kapitel Zwei

tigen Bericht an den berühmten New Yorker »Explorers Club« einige Seeanemonen, Krebstiere und einen Fisch, die man am Meeresgrund beobachtet habe.

Die Orientierung am Ozeanboden ist recht kompliziert: Die Signale des Navigationssystems GPS sind unter Wasser nicht zu empfangen, deswegen müssen die Tauchboote auf ein eigenes Navigationsnetz ausweichen. Normalerweise werden vor den Tauchgängen in dem betreffenden Gebiet orangefarbene hydroakustische Transponder ausgelegt, deren Position anschließend mithilfe des GPS-Systems genau bestimmt wird. Die Transponder sind dann die Orientierungspunkte der »Mir«-Boote. Am Pol wurden die Wegmarken jedoch nicht am Meeresboden installiert, sondern hingen an 90 Meter langen Seilen, die über Löcher im Eis zu Wasser gelassen wurden. Drei der elektronischen Signalgeber wurden in jeweils 800 Metern Abstand von der »Fjodorow« platziert, ein viertes hing zusammen mit mehreren kräftigen Leuchtstrahlern direkt unter dem Schiff. Hätte es am Ozeanboden Probleme gegeben, so würde dies einen langsameren Aufstieg der »Mir«-Boote bedeutet haben. Um den Vorgang nötigenfalls etwas zu beschleunigen, können die Piloten bei Bedarf Nickelgewichte mit einem Gesamtgewicht von 350 Kilogramm abwerfen, um einen kleinen Extraschub herbeizuführen.

Jedes Tauchboot hat zwei Greifarme, die insgesamt sieben verschiedene Funktionen ausführen können. Mithilfe dieser Greifarme entnahmen die beiden Crews »Proben des Meeresgrundes und der Tierwelt«, wie es offiziell hieß. Doch nicht nur Sammeln stand auf der To-do-Liste der Bootsbesatzungen, beide wollten ihrerseits auch Gegenstände am Meeresboden hinterlassen. »Mir 1« hatte die politische Fracht an Bord: eine russische Fahne aus rostfreiem Titan, deren Bild um die Welt gehen würde. Um genau 13 Uhr 33 Moskauer Zeit stellte Sagalewitsch das rund einen Meter hohe und zehn Kilogramm schwere Hoheitszeichen in einer Tiefe von 4261 Metern ab. Das Sediment stob leicht nach oben, als der Fuß der Fahne den Meeresboden berührte.

Eine Tauchfahrt als Startschuss zum zweiten Wettlauf

Dann folgte die unterarmdicke Metallkapsel »der russischen Staatsbürger«. Sie enthält Tschilingarow zufolge eine Nachricht, die zukünftigen Findern von der heroischen Tauchfahrt und der internationalen polaren Forschungskooperation berichten soll. Anschließend deponierte die Truppe noch einen Talisman der Jugendbewegung »Himmlische Odyssee«* und die Flagge der Kreml-Partei »Einiges Russland«. Die Hinterlassenschaften des zweiten Bootes waren weit weniger politisch: In 4301 Meter Tiefe legte McDowell eine Platinplakette ab – angeblich näher am Nordpol als Tschilingarows Russland-Fahne. Die Inschrift war denkbar simpel: »Mike McDowell, Australia«.

Nach anderthalb Stunden am Ozeanboden begann der langsame Aufstieg. Mittlerweile war es in den Booten nur noch eingeschränkt bequem. Kondenswasser aus der Atemluft hatte sich an der Decke sowie der Unterseite der Fenster gesammelt. Hinzu kam, dass beide Tauchboote für einige Zeit den Kontakt zum Mutterschiff verloren, was vor allem daran lag, dass das Navigationssignal der unterhalb der »Fjodorow« befestigten elektronischen Wegmarke nicht aufgefangen werden konnte. Allerdings wurde diese Information zunächst geheim gehalten. Erst nach seiner Rückkehr plauderte Ehrenpolarforscher Frederik Paulsen dieses hochbrisante Detail aus: »Es ist eine besondere Erfahrung, da unten zu kreisen, ohne zu wissen, ob man das Schiff wiederfindet.« Doch die erfahrenen Schiffsführer lösten das Problem, obwohl das Eisloch mit der »Fjodorow« und der »Rossija« durch die Drift des arktischen Eises ständig seine Position änderte.

Als »Mir 1« wieder in die Nähe der Wasseroberfläche kam, dauerte der Einsatz bereits acht Stunden, doch auch die letzten Minuten zerrten noch einmal kräftig an den Nerven. Mindestens dreimal versuchte Pilot Sagalewitsch vergeblich, die Mission

---

* Diese Organisation hatte bereits am Südpol für Furore gesorgt, als einige ihrer Mitglieder im Jahr 2005 das Wort »Frieden« mit roten Stoffbahnen auf dem ewigen Eis der Antarktis auslegten.

Kapitel Zwei

zum Abschluss zu bringen. Beim ersten Anlauf war er zu weit vom Mutterschiff entfernt; der Kran konnte das Tauchboot nicht erreichen. Weil die »Mir 1« nicht für Überwasser-Navigation gebaut ist, hieß es noch einmal ansetzen. Doch auch diesmal hatte Sagalewitsch kein Glück. Er kam der »Fjodorow« beim Auftauchen gefährlich nahe und landete schließlich auf der falschen Seite. Außerdem kollidierte sein Tauchboot – ob mit dem Schiff oder einem Eisblock, blieb ungeklärt – und zog eine schimmernde Ölspur im Wasser hinter sich her. Mit kaputtem Tauchboot wagte der frustrierte Sagalewitsch schließlich einen dritten Anlauf. Und diesmal gelang es ihm, sich im richtigen Abstand zur »Fjodorow« zu positionieren. Die Prozedur vom Start des Tauchgangs mit dem »Cowboy« in der Hauptrolle wiederholte sich, diesmal nur in umgekehrter Reihenfolge. Die »Mir 1« wurde aus dem Wasser gehoben und schwebte angeseilt aufs Bootsdeck. Dort wurde eine Leiter angelegt, die Luke geöffnet, und die drei Polarabenteurer konnten endlich aus dem Tauchboot klettern. Noch halb in der Luke bekamen sie als Erstes ihre Schuhe gereicht: zuerst Tschilingarow und Sagalewitsch, dann Grusdew, während die Besatzung der »Fjodorow« ein dreifaches »Hurra« schrie. Die Szene barst vor nationalem Pathos. Tschilingarow schwenkte eine russische Fahne, später fassten die beiden anderen Tauchbootfahrer mit an. Er glaube nicht, sagte Sagalewitsch, dass irgendjemand in näherer Zukunft zum Meeresboden am Pol tauchen werde. Und wenn doch, dann fände er dort eine russische Fahne.

Dann hieß es warten, denn noch war »Mir 2« nicht zurückgekehrt. Rund eine Stunde später, um 21.03 Uhr, kam die Nachricht: »Beide Tiefseetauchgeräte vom Boden des Nördlichen Eismeeres aufgetaucht«. Champagner machte die Runde. Paulsen und McDowell, die zahlenden Gäste, strahlten in die Fernsehkameras und lobten das Können ihres Bootsführers. »Ich würde jederzeit wieder mit ihm tauchen«, sagte McDowell und reckte die Faust zur Bekräftigung nach oben. Wenig später klingelte das Schiffstelefon: Der damalige Präsident Putin wollte seine persönlichen Glückwünsche überbringen. Auch Boris Gryslow, der Sprecher der Staatsduma und damit gewissermaßen Tschilingarows Chef, griff zum Telefonhörer.

Die Bilder von der Tauchfahrt gingen in Windeseile um die Welt. Dumm war allerdings, dass der Nachrichtenagentur Reuters, die das Material an TV-Stationen rund um den Globus verteilte, ein peinlicher Fehler unterlaufen war. Ein Fehler, der zuerst von einem 13-jährigen Finnen entdeckt wurde. Als Waltteri Seretin zu Hause in Kemi die Bilder von den U-Booten in der Dunkelheit des Ozeans im Fernsehen sah, wurde er stutzig. Er glaubte, genau diese Einstellungen schon einmal gesehen zu haben. Und tatsächlich, im heimischen Videoarchiv wurde er schnell fündig: Die Aufnahmen stammten aus dem Film »Titanic«, bei dessen Dreh die beiden »Mir«-Boote zum Einsatz gekommen waren. Das russische Staatsfernsehen RTR hatte Bilder aus dem Film ordentlich gekauft und verwendet, um seine Vorberichterstattung für die Tauchfahrt am Pol zu illustrieren, mit dem korrekten Hinweis, dass es sich um Ausschnitte aus »Titanic« handele. Bei Reuters, wo man die Bilder übernahm, fiel die Textzeile allerdings wegen Schlamperei weg. Und so wurden die »Titanic«-Schnipsel zu Unrecht als Originalmaterial vom Nordpol versendet – bis Waltteri Seretin auf den Plan trat. Als Erstes berichtete die Provinzpostille »Ilta-Sanomat« über den Fall, dann nahmen die internationalen Medien die Sache auf, und Reuters musste sich entschuldigen.*

Währenddessen zelebrierte Russland das große Ereignis. Bereits kurz nach der Tauchfahrt wurden die Besatzungen der

---

* Es war eine besonders peinliche Panne für die weltbekannte Nachrichtenagentur, die bereits im August 2006 die Verbreitung eines gefälschten Fotos einräumen musste. Damals hatte ein Fotograf auf einem Bild von israelischen Luftangriffen auf den Libanon nachträglich Rauchsäulen eingefügt, um die Szene dramatischer erscheinen zu lassen, als sie es tatsächlich war.

Kapitel Zwei

beiden Boote über Spitzbergen nach Moskau ausgeflogen, wo die offiziellen Feierlichkeiten stattfanden. »Ein Triumph der Tapferkeit«, titelte die Zeitung »Iswestija«, und die »Rossiiskaja Gaseta« hoffte, dass die Aufteilung der Arktis den »Beginn einer neuen Aufteilung der Welt« bedeute. Hunderte von Menschen, unter ihnen viele Mitglieder der berüchtigten Kreml-Jugendgruppe »Naschi«, bereiteten den Polarhelden am Hauptstadtflughafen Wnukowo einen rauschenden Empfang mit Jubelrufen, Champagner, Blumen und Plüscheisbären. Sogar die russischen Kosmonauten auf der ISS reihten sich mit einer Fernsehbotschaft virtuell in die begeisterte Menge ein und äußerten ihre Hoffnung, dass die Heldentat am Nordpol »jüngere Generationen inspirieren« möge. Der mittlerweile verstorbene russische Patriarch Alexij II. sinnierte in einem Glückwunschbrief an Tschilingarow, dass Russland wegen dieser bedeutenden Fahrt »mit gutem Recht als eine große Polarmacht« gelte. Artur Tschilingarow selbst diktierte in die Mikrofone der Weltöffentlichkeit sein altbekanntes Sprüchlein, »Die Arktis war immer russisch, und sie wird russisch bleiben«, bevor er weiterpolterte: »Wir geben keinen Pfifferling darauf, was ausländische Personen darüber denken.« Man habe beweisen wollen, dass Russland noch immer eine polare Großmacht sei. »Wenn das irgendjemandem nicht gefällt, so soll er selbst versuchen, dort hinunterzufahren und etwas aufzustellen.« Im Kreml, wo man den Großmachtstatus von einst wiederzuerlangen sucht, werden Äußerungen dieser Art gern gehört. Offiziell hatte die Regierung für den Tauchgang zwar kein Geld gegeben, aber gegen den Willen von Tschilingarows Freund Wladimir Putin hätte die Aktion gewiss nicht stattgefunden.

Die Moskauer Politiker kommunizierten nach der Tauchfahrt auf zwei verschiedenen Ebenen. Während die Aktion innenpolitisch massiv ausgeschlachtet wurde – immerhin stand der Präsidentschaftswahlkampf des Jahres 2008 vor der Tür –, agierte man auf internationalem Parkett deutlich zurückhaltender. Zwar wollte man den russischen Machtanspruch auf die Arktis demonstrieren, aber wenn möglich nicht allzu offensiv. Die Konkurrenz in Washington, Ottawa und anderswo war wegen des unangekündigten Tauchgangs ohnehin dünnhäutig. Russland bemüht sich derzeit bei der Uno um große Gebiete in der Arktis. Wie das dritte Kapitel dieses Buches zeigen wird, sind für diesen Anspruch vor allem wissenschaftliche Beweise nötig – und keine waghalsigen Abenteuer unterm Eis. Auf Fragen nach den Aufgaben der russischen Forschungsexpedition am Nordpol sagte Außenminister Sergej Lawrow deswegen: »Das Ziel der Expedition ist es nicht, Russlands Rechte festzuzimmern. Sie soll beweisen, dass sich unser Schelf bis zum Nordpol erstreckt.« Er hoffe aber, dass die Tauchaktion geholfen habe, »zusätzliche wissenschaftliche Beweise dafür zu bekommen, was wir nachweisen wollen«.

Deutlich weniger diplomatisch klangen die Äußerungen in der innerrussischen Diskussion. Die ehemalige Parlamentsabgeordnete Natalija Narotschnizkaja, die heute als Politologin bei der Stiftung »Historische Perspektive« arbeitet, lobte, dass sich Russland zum ersten Mal seit der Sowjetzeit »wie eine Welt- und nicht wie eine Regionalmacht« verhalten habe. Und Michail Margelow – er sitzt für die Kreml-Partei »Einiges Russland« im Föderationsrat, der zweiten Parlamentskammer – pries den PR-Wert der Aktion, vor allem für seine eigene Partei: »Die ganze Expedition ist eine exzellente Gelegenheit, die Umfragewerte von ›Einiges Russland‹ vor der Wahl zu steigern.«

Kritische Stimmen, sofern es sie innerhalb Russlands überhaupt gab, befassten sich bestenfalls mit Details der Expedition; gegen Moskaus arktischen Gebietshunger schien niemand im Land ernsthafte Bedenken zu tragen. So beklagte der Ozeanforscher Alexander Gorodnizki lediglich, dass die Expedition schlafende Hunde geweckt habe und Länder wie die USA den Russen nun die Butter vom Brot nehmen könnten: »Im Vergleich zu uns haben sie unvergleichlich mehr Geld, vor allem aber besitzen sie

Kapitel Zwei

einmalige Bohrausrüstungen und die modernsten Apparaturen für alle notwendigen Forschungen.«

Am 7. August lud der damalige Staatschef Putin Tschilingarow und Sagalewitsch zur Audienz auf seinen Amtssitz in Nowo-Ogarjowo vor den Toren Moskaus. Am linken Revers trug Tschilingarow einen goldenen Stern, seinen Orden »Held der Sowjetunion«. Der Präsident gratulierte seinen beiden Gästen, die Fahrt sei »nicht nur für die Wissenschaft wichtig, sondern auch geopolitisch, vom Standpunkt der Interessen Russlands in diesem Teil der Welt«. Für die internationalen Beobachter bemühte sich Putin indes weiterhin demonstrativ um Zurückhaltung: »Was die Fortsetzung unseres Schelfs angeht, so muss das natürlich mit den Kollegen diskutiert und vor den internationalen Organisationen bewiesen werden«, sagte er fast kühl. Entsprechend betonte die russische Politik in der Folge stets den vermeintlich wissenschaftlichen Erfolg der Tauchmission. Das Ministerium für Naturressourcen erklärte im Herbst 2007 immer wieder, die Ergebnisse der Fahrt zeigten eindeutig, dass der Lomonossow-Rücken zu Russland gehöre. Zwischenergebnisse bestätigten, dass »die Struktur der Kruste des Lomonossow-Rückens den weltweit bekannten Analogien der Kontinentalkruste entspricht und somit Teil des Festlandsockels der Russischen Föderation ist«. Mit den Belegen werde man nun vor die Uno treten. »Wir werden um dieses Meeresgebiet kämpfen«, bellte Ressourcenminister Jurij Trutnjow. Kein Wunder, schließlich vermuten die Russen dort fünf Milliarden Tonnen Öläquivalent.

Kapitel Drei
Eine explosive Mischung aus Geografie und Völkerrecht

»Die völkerrechtlichen Regeln sind idiotisch.«
Julian Dowdeswell, britischer Polarforscher, im November 2007

Russland mochte sich nach außen hin bescheiden geben, der Westen reagierte dennoch pikiert auf den Moskauer Kraftakt: »Wir sind nicht im 15. Jahrhundert. Man kann heute nicht einfach um die Welt reisen, eine Flagge hissen und sagen: ›Wir erheben Anspruch auf dieses Gebiet‹«, giftete der damalige kanadische Außenminister Peter MacKay. Er befand sich zur Zeit der russischen Tauchfahrt auf einer Klausurtagung seiner Konservativen Partei im beschaulichen Städtchen Charlottetown auf Prince Edward Island und musste eilig im Holzfällerhemd vor die Fernsehkameras treten. Die Arktis, so räsonierte MacKay, sei kanadisch: »Sie ist unser Eigentum. Unser Meer.« Er erinnerte an die kanadische Nationalhymne, in der es einen direkten Bezug zur Arktis gibt: »Dies ist der wahre Norden, frei und stark.« Die Russen würden »sich selbst etwas vormachen«, wenn sie glaubten, eine Flagge auf dem Meeresboden werde daran irgendetwas ändern: »Niemand kann die kanadischen Hoheitsgebiete in der Arktis infrage stellen. Wir haben das eindeutig klargemacht. Wir haben seit langem festgelegt, dass dies kanadische Hoheitsgewässer sind und mithin kanadisches Eigentum.«

Doch genau das ist der Knackpunkt. Denn neben Russland und Kanada haben auch die USA, Dänemark und Norwegen Interesse an arktischen Gebieten. All diese Länder arbeiten ebenfalls an Expeditionen, mit denen sie ihrerseits beweisen wollen, dass die Gegend um den Nordpol alles andere als russisch ist, sondern vielmehr zum eigenen Staatsgebiet gehört. Aus Washington wurde der Nordpoltauchgang mit hämischen Worten bedacht. »Ich weiß nicht genau, ob sie eine Metallflagge, eine Gummi-

Kapitel Drei

flagge oder ein Bettlaken auf dem Meeresboden abgelegt haben«, ätzte US-Außenamtssprecher Tom Casey. »So oder so hat es keinerlei rechtliche Bedeutung oder Wirkung.« Die Russen hätten zur Not auch ihre Fahne mit Sprühdosen auf die entsprechenden unterirdischen Gebiete malen können, donnerte er weiter: »Das würde kein Jota Unterschied machen.« Auch aus Dänemark gab es kritische Stimmen. Wissenschaftsminister Helge Sander, der die Vorbereitungen für dänische Gebietsforderungen in der Arktis koordiniert, nannte die Tauchfahrt eine Sommerlochgeschichte. Und Peter Taksoe-Jensen, Völkerrechtsexperte im Außenministerium, erklärte, sein Land habe die Aktion mit einem Lächeln aufgenommen; Einfluss auf Gebietsforderungen in der Arktis werde sie nicht haben.

Bei dieser Einschätzung war man sich außerhalb Russlands also im Wesentlichen einig. »Es bedeutet wenig, wenn es spektakuläre Aktionen gibt«, sagte auch Deutschlands Außenminister Frank-Walter Steinmeier. Und doch: Der kecke patriotische Vorstoß der Tschilingarow-Expedition stellte mehr als bloß eine unter vielen polaren Episoden dar. Die Reise hatte innerhalb kürzester Zeit die ungelösten Gebietsforderungen in der Arktis weit oben auf der politischen Agenda platziert. Seit dem Tauchgang wissen nicht nur Insider, dass der zukünftige politische Status der Nordpolregion umstritten ist. Selbst zwischen Staaten wie Kanada und den USA, die sich sonst vergleichsweise nahestehen, gibt es bezüglich der Arktis gewaltige Interessenunterschiede. Im hohen Norden kämpft jeder für sich allein – und alle gegen Russland. So verwundert es nicht, dass sich Außenminister Steinmeier wenige Tage nach seiner ersten, eher moderaten Reaktion zu drastischeren Worte genötigt sah: Ein »Kalter Krieg am Nordpol« müsse unbedingt verhindert werden, sagte er bei einem Klimakongress in Berlin. »Wir können im hohen Norden, wie bei der Klimapolitik insgesamt, nur gemeinsam gewinnen, oder wir werden alle zusammen zu Verlierern.« Doch von Gemeinsamkeit kann nicht die Rede sein. Eine komplizierte Mischung

Eine explosive Mischung aus Geografie und Völkerrecht

aus Geologie und Völkerrecht macht die Staaten mit polaren Ambitionen zu Einzelkämpfern. »DER SPIEGEL« schrieb sogar von einem »letzten globalen Kolonialisierungsakt«: »123 Jahre nach der Berliner Konferenz, auf der Afrika aufgeteilt wurde, rüstet sich die Staatenwelt für die Parzellierung des verbliebenen, des allergrößten Kontinents und seiner Schätze« – auch wenn die umstrittene Region gar kein Kontinent ist.

Geht man von der reinen Lehre des Völkerrechts aus, zählt das Gebiet am Nordpol bis heute zur »Hohen See«. Diese ist ein völkerrechtliches Konstrukt, das der Niederländer Hugo Grotius entwickelt hat. Seine 1609 zunächst anonym erschienene Schrift mit dem Titel *Mare Liberum* (»Das freie Meer«) kam einer juristischen Revolution gleich: Die Meere, schrieb Grotius, ganz im Gegensatz zur bis dahin herrschenden Meinung, seien internationale Gewässer. Das heißt, alle Nationen hätten das gleiche Recht, sie zur Schifffahrt zu nutzen. Sein Landsmann Cornelis van Bynkershoek nahm davon lediglich einen schmalen Streifen vor den Küsten aus, der den jeweiligen Staaten zufallen sollte. Er sollte drei Seemeilen breit sein, was der theoretischen Maximalreichweite einer Kanone entsprach. Nur in diesem engen Meereskorridor, in dem ein Staat militärische Kontrolle ausüben konnte, sollte dessen Souveränität gelten. Die Idee setzte sich im 18. Jahrhundert durch, und im Grundsatz gilt das rechtliche Konstrukt der »Hohen See« bis heute. Da der Nordpol bislang unter diese Bestimmung fällt, gehört er keinem und allen zugleich. Allerdings hat das Konzept über die Jahre einige Veränderungen erfahren, die auch für den Nordpol wichtig sind. So etwa ist der Küstenstreifen, der noch zum Staatsgebiet gerechnet wird, heute deutlich breiter als zu Bynkershoeks Zeiten.

Wichtig für die Neufassung des Seerechts ist ein internationales Abkommen der Uno, das im Jahr 1982 verabschiedet wurde und seit 1994 in Kraft ist: das Seerechtsübereinkommen. Durch diesen Vertrag gelten folgende Regeln:

Kapitel Drei

❋ Das Nationale Küstenmeer umfasst 12 Seemeilen (ca. 22,2 Kilometer). Hier hat der Küstenstaat unumschränkt das Sagen, muss aber Schiffen anderer Nationen das Recht der »friedlichen Durchfahrt« gewähren – solange diese sich an die Regeln des Völkerrechts und die Gesetze des Küstenstaates halten.

❋ Für die wirtschaftliche Nutzung ist die sogenannte Ausschließliche Wirtschaftszone (AWZ) maßgeblich. Von der Niedrigwasserlinie reicht sie bis zu 200 Seemeilen (ca. 370 Kilometer) ins Meer hinein. Diese Zone gehört zwar nicht direkt zum Staatsgebiet – andere Länder dürfen hier zum Beispiel Pipelines verlegen oder das Gebiet mit Flugzeugen überfliegen. Doch der betreffende Küstenstaat hat in diesem Bereich exklusiven Zugriff auf alle Ressourcen wie die Fischbestände oder Öl-, Gas- und Erzvorkommen am Meeresboden.

Der Nordpol und seine Umgebung sind so weit von jedweder Küste entfernt, dass auch das umfassendere Konzept der Ausschließlichen Wirtschaftszone nicht ausreichen würde, um diese Gefilde unter nationale Kontrolle zu bringen. Selbst wenn man die Ausschließlichen Wirtschaftszonen aller Arktisanrainer auf einer Landkarte einzeichnet, bleibt im Nordpolarmeer

Maritime Zonen laut Seerechtskonvention der Uno

❶ Schelf
AUSSCHLIESSLICHE WIRTSCHAFTSZONE
Hoheitliche Rechte zur Erforschung und wirtschaftlichen Nutzung des Meeres sowie des Meeresbodens; 200 Seemeilen

❷ Kontinentalabhang
350-MEILEN-ZONE
Wirtschaftszone, erweiterbar auf maximal 350 Seemeilen

❸ Tiefsee
INTERNATIONALES GEWÄSSER
Gemeinsames Erbe der Menschheit

Seemeilen: 0 – 100 – 200 – 300 – 400 – 500

Eine explosive Mischung aus Geografie und Völkerrecht

ein recht großes Gebiet um den Pol übrig, auf das niemand Anspruch erheben kann. Für Bodenschätze im Bereich der Hohen See hat das Seerechtsübereinkommen im Übrigen eine einfache Regelung: Sie gehören zum gemeinsamen Erbe der Menschheit.

Die Staaten, die trotzdem meinen, ein besonderes Anrecht auf diese Zone zu haben, argumentieren mit einer speziellen Bestimmung des Vertrages. In ihr ist geregelt, dass den Staaten ein sogenannter Festlandsockel zusteht, auf dem sie natürliche Ressourcen erforschen und ausbeuten dürfen. Im Prinzip liegt die äußere Grenze des Festlandsockels oder Kontinentalschelfs bei 200 Seemeilen, doch in Ausnahmefällen kann diese Linie überschritten werden. Dann ist vom »erweiterten Festlandsockel« die Rede. Damit sich Staaten auch den Zugriff auf solche Gebiete sichern können, müssen die Voraussetzungen aus Artikel 76 des Seerechtsübereinkommens erfüllt sein. Einfach gesprochen müssen interessierte Küstenstaaten nachweisen, dass sich ihre Landmasse unter Wasser fortsetzt. Juristisch gesprochen geht es um »Meeresboden und Meeresuntergrund der Unterwassergebiete jenseits ihres Küstenmeeres, die sich über die gesamte natürliche Verlängerung ihres Landgebietes bis zur äußeren Kante des Festlandrands erstrecken«.

»Der Artikel 76 führt zu einer schleichenden Kolonialisierung der Meeresböden«, kritisiert der Kieler Seerechtler Uwe Jenisch, der aufseiten der deutschen Delegation an den Verhandlungen für das Seerechtsübereinkommen beteiligt war. Das Hauptproblem sieht er in der viel zu vagen Formulierung der völkerrechtlichen Regeln: »Demnächst könnten die Isländer versuchen, die Gewässer bis ins Südpolarmeer für sich zu beanspruchen – nur weil ihre Insel auf dem Mittelatlantischen Rücken liegt.« »Die völkerrechtlichen Regeln sind idiotisch«, wettert auch Julian Dowdeswell, der Chef des traditionsreichen Scott Polar Research Institutes in Cambridge, ein vielbeschäftigter Forscher, dessen Füße bei Gesprächen nervös unter dem Schreibtisch seines

Kapitel Drei

überraschend kleinen Büros hin und her zucken. Doch bei der Diskussion mit dem britischen Polarveteranen stellt sich noch etwas anderes heraus: Die ungenauen Formulierungen dürften von den Staaten durchaus gewollt sein, erlauben sie doch im Zweifel große Gebietszugewinne.

Staaten, die über das Abkommen zusätzliche Meeresgebiete erhalten wollen, müssen einen Antrag bei der Uno stellen. Entscheidendes Gremium ist die »Festlandsockelgrenzkommission«, die Commission on the Limits of the Continental Shelf (CLCS). Diese Expertengruppe trifft sich regelmäßig im Uno-Hauptgebäude am New Yorker East River. Wer verstehen will, wie die Kommission arbeitet, der sollte allerdings vor einer Reise dorthin einen kurzen Zwischenstopp einlegen, und zwar bei einem rüstigen Pensionär in Hannover. In der Nähe des Hauptbahnhofs hat Karl Hinz sein Büro, der die Kommission wie kaum ein anderer kennt. Als einziges deutsches Mitglied hat der renommierte Geophysiker, der früher bei der Bundesanstalt für Geowissenschaften und Rohstoffe (BGR) arbeitete, jahrelang in dem Gremium Dienst getan. Wenn man als Regisseur für einen Kinofilm einen echten Seebären suchte, dann wäre Hinz die Idealbesetzung: Der grauhaarige Brillenträger hat eine tiefe Raucherstimme und eine direkte, zupackende Art. Hinz ist nicht jemand, der um den heißen Brei redet. Er war Mitglied der siebenköpfigen Unterkommission, die im Jahr 2001 über den russischen Antrag entscheiden musste, der riesige Polargebietsansprüche umfasste – und er war einer der entscheidenden Kritiker: »Ich gehörte zu den wenigen, die das abgeschossen haben«, erinnert sich Hinz grinsend. Die Qualität der vorgelegten Daten sei einfach zu schlecht gewesen. Das Hauptproblem bestand vor allem darin, dass die Russen sich weigerten, die Herkunft ihrer angeblichen Erkenntnisse im Nordmeer zu verraten. Viele der Messergebnisse waren offenbar von U-Booten gesammelt worden, über die die Amerikaner bei Vorlage der Rohdaten zu viel erfahren hätten. Moskaus Diplomaten waren

Eine explosive Mischung aus Geografie und Völkerrecht

einigermaßen verstört, als ihnen Hinz und seine Kollegen einstweilen einen Korb gaben und sie zur Wiedervorlage mit neuen, präziseren Angaben aufforderten.

Mittlerweile ist Hinz' Amtszeit in der Kommission abgelaufen. Forscherkollege Christian Reichert von der BGR, der eigentlich sein Nachfolger werden sollte, fiel bei den entscheidenden Wahlgängen durch. Die Diplomaten des Auswärtigen Amtes mussten frustriert zur Kenntnis nehmen, dass zahlreiche Staaten, die Deutschland zuvor ihre Unterstützung für die Wahl Reicherts signalisiert hatten, am Ende doch gegen ihn stimmten. Beobachter argwöhnten, das läge daran, dass der Deutsche bei vorhergehenden Befragungen anderen Staaten zu wenig Entgegenkommen in finanzieller und inhaltlicher Hinsicht signalisiert habe. Staaten mit eigenen Gebietsanträgen in Vorbereitung hätten auf einen willigen Helfer in der Kommission gehofft, nicht auf einen formal korrekten Experten wie Reichert. In jedem Fall sitzt für Deutschland derzeit kein Vertreter in derjenigen Kommission, die über die Verteilung der letzten großen Freiflächen dieser Erde entscheidet. Die aktuellen Mitglieder wurden im Juni 2007 gewählt und sind bis Juni 2012 im Amt.* Darunter befinden sich hochmotivierte und kenntnisreiche Fachleute, es gibt aber auch ausrangierte Bürokraten, die von ihren Regierungen auf einen einigermaßen prestigeträchtigen Uno-Job entsorgt werden

---

* Die derzeitigen Mitglieder der Kommission sind Alexandre Tagore Medeiros de Albuquerque (Brasilien), Osvaldo Pedro Astiz (Argentinien), Lawrence Folajimi Awosika (Nigeria), Harald Brekke (Norwegen), Galo Carrera Hurtado (Mexiko), Francis L. Charles (Trinidad und Tobago), Peter F. Croker (Irland), Indurlall Fagoonee (Mauritius), Mihai Silviu German (Rumänien), Abu Bakar Jaafar (Malaysia), George Jaoshvili (Georgien), Emmanuel Kalngui (Kamerun), Juri Borisowitsch Kazmin (Russland), Wenzheng Lu (China), Isaac Owusu Oduro (Ghana), Yong-ahn Park (Südkorea), Fernando Manuel Maia Pimentel (Portugal), Sivaramakrishnan Rajan (Indien), Michael Anselme Marc Rosette (Seychellen), Philip Alexander Symonds (Australien) und Kensaku Tamaki (Japan).

Kapitel Drei

mussten und die in den Kommissionssitzungen durch Ahnungslosigkeit und Desinteresse auffallen.

Kompliziert wird der Job der Gremiumsmitglieder vor allem durch die vielen juristischen Fachbegriffe aus dem Uno-Seerechtsübereinkommen, die oft keine direkte Entsprechung in der Natur haben. Geologen klagen deswegen, dass sie nicht nachvollziehen können, was die beteiligten Juristen gemeint haben könnten, als sie das Seerechtsübereinkommen entwarfen. »Das kann sich nur ein Winkeladvokat ausgedacht haben, der von Geologie keine Ahnung hat«, ereifert sich Karsten Piepjohn von der Bundesanstalt für Geowissenschaften und Rohstoffe (BGR). »Das Seerecht hält sich nicht an wissenschaftliche Begriffe«, sagt auch Karl Hinz. Da wäre zunächst einmal der Begriff des Festlandsockels: Nach Artikel 76, Absatz 3 des Vertrages bezeichnet er die »unter Wasser gelegene Verlängerung der Landmasse des Küstenstaates«. Doch der Tiefseeboden und seine unterseeischen Bergrücken fallen nicht darunter. Staaten, die bei der Uno einen Antrag auf zusätzliche Gebiete stellen, müssen also zeigen, dass das beanspruchte Gebiet eine Verlängerung ihrer Landmasse unter Wasser darstellt, und zwar ohne dass zwischen dem Festlandsockel und dem beanspruchten Gebiet Tiefseebereiche liegen.

Um das zu beweisen, muss man sich gut auskennen in der wundersamen Welt am Grund des Arktischen Ozeans – einer der geologisch bisher am wenigsten erforschten Gegenden der Erde. Steil abfallende, schroffe Bergflanken gibt es dort, Hochplateaus und endlose Tiefseebecken. Manche Bereiche des Ozeanbodens, bis zu 1000 Meter tief gelegen, zeigen noch heute die Schrammen monströser Eisberge, die vor mehr als 10 000 Jahren durch die Gewässer gepflügt sein müssen. Schlammvulkane wie der Håkon Mosby, der in der Barentssee in einer Wassertiefe von 1250 Metern Methan ins Wasser abgibt, und sogar richtige Vulkane, die in bis zu vier Kilometern Wassertiefe ausbrechen, gibt es.

Einen guten Überblick über die Geheimnisse der Tiefe kann Hans-Werner Schenke vermitteln. Der Wissenschaftler arbei-

Eine explosive Mischung aus Geografie und Völkerrecht

tet am Alfred-Wegener-Institut an der Vermessung des Meeresbodens und ist einer der Autoren der ersten umfassenden Meeresbodenkarte der Arktis (»International Bathymetric Chart of the Arctic Ocean«, IBCAO). An ihr haben Forscher aus acht Ländern jahrelang gearbeitet, über den Meeresboden im hohen Norden war bis dahin weniger bekannt als über die Rückseite des Mondes. Im Nachbarzimmer von Schenkes Büro in einem kleinen roten Backsteinhaus in Bremerhaven stehen zwei Monitore. Auf dem rechten ist eine dreidimensionale Landkarte zu sehen: Grünlich, bräunlich und weiß schimmern die Kontinente an den Rändern der Arktis, in verschiedenen Schattierungen von Türkis bis Marineblau leuchten die unterseeischen Strukturen. Mit einer Art Joystick, der in alle Richtungen des Raumes zu bewegen ist, navigiert Forscher Schenke wie ein Tauchbootpilot über den Grund des virtuellen Ozeans. Auf dem linken Monitor kann der Wissenschaftler einzelne Höhenprofile darstellen, auf denen man eindrucksvoll sehen kann, wie zerklüftet der arktische Meeresboden ist.

In den Tiefen des ungefähr 15 Millionen Quadratkilometer großen Nordpolarmeeres liegen insgesamt drei Meeresbecken, die von untermeerischen Gebirgen getrennt werden. Zum einen gibt es das an Nordeuropa und Sibirien grenzende Eurasische Becken. Es begann sich vor rund 57 Millionen Jahren zu öffnen und ist Heimat des 140 Kilometer nordwestlich von Spitzbergen gelegenen Molloytiefs, wo der Ozeanboden 5600 Meter unter dem Meeresspiegel liegt. Daran anschließend befinden sich das Zentralarktische Becken und das an Nordkanada und Alaska grenzende, mit 130 Millionen Jahren vergleichsweise alte, Kanadische Becken. Zwischen den tiefen Meeresbereichen verlaufen drei Bergrücken parallel zueinander über fast 2000 Kilometer in der Dunkelheit des Ozeanbodens. Sie sind bis zu 3500 Meter hoch, doch nirgends erreicht einer der drei den Meeresspiegel. Am nächsten an Nordeuropa liegt der Gakkel-Rücken. Er bildet im Eurasischen Becken die Nahtstelle zwischen Europa und

Kapitel Drei

Nordamerika. Parallel dazu verläuft der zwischen 60 und 200 Kilometer breite Lomonossow-Rücken. Sieht man sich eine Karte des Tiefseebodens an, könnte man diesen 1948 von einer sowjetischen Expedition entdeckten Gebirgszug im ersten Moment für eine Fortsetzung des Mittelatlantischen Rückens halten – also jener Zone, in der Europa und Nordamerika auseinanderdriften. Doch der Lomonossow-Rücken, der nahe den Neusibirischen Inseln in der Laptewsee beginnt, ist tektonisch nicht aktiv. »Über den Lomonossow-Rücken ist deutlich weniger bekannt als über den Gakkel-Rücken«, sagt Hans-Werner Schenke. Die 3-D-Karte, durch die der Forscher am Computer so geschwind fliegt, gaukelt eine Präzision vor, die es in der Realität so nicht gibt. Jeder einzelne Punkt des Bildes auf dem Schirm ist nämlich zweieinhalb Kilometer groß, aufgrund von Messproblemen dürfte es um die Genauigkeit in Wahrheit sogar noch schlechter bestellt sein. Sicher scheint trotzdem: Die unterseeischen Massive sind aus kontinentalem Krustenmaterial. Das ist wichtig, weil Russen, aber auch Dänen und Kanadier mit ihren Gebietsforderungen genau hier ansetzen. Die Russen sehen im Lomonossow-Rücken eine direkte Verbindung zwischen der sibirischen Küste und dem Nordpol: eine »unter Wasser gelegene Verlängerung der Landmasse des Küstenstaates«. Die Dänen glauben eher an eine unterseeische Fortsetzung von Grönland und die Kanadier an ein Anhängsel ihrer Ellesmere-Insel. Alle haben geologische Gutachten vorgestellt, die das belegen sollen.

Die öffentliche Diskussion über Gebietsforderungen am Pol dreht sich vor allem um den Lomonossow-Rücken. Doch darüber hinaus sind auch der von Europa aus gesehen hinter dem Lomonossow-Rücken liegenden Alpha-Mendelejew-Rücken, das Tschuktschenplateau und der Northwind-Rücken für die Anträge bei der Uno von Interesse. Wer auch immer Anspruch auf Meeresgebiete erhebt, der muss die Geologie der unterseeischen Rücken kennen. Denn die Kommission kann nur mit wissenschaftlichen Argumenten überzeugt werden. Wir erinnern

Eine explosive Mischung aus Geografie und Völkerrecht

uns: Die »unter Wasser gelegene Verlängerung der Landmasse« darf nicht durch Tiefseebereiche unterbrochen sein. Die Forscher müssen also nachweisen, dass ein bestimmtes Gebiet aus dickerer kontinentaler Erdkruste und nicht aus vergleichsweise dünner ozeanischer Kruste besteht. Wichtig für die Beweisführung sind sogenannte seismische Profile. Das sind Bilder, auf denen sich die Struktur der Erdkruste erkennen lässt – und mit deren Hilfe man auf die Zusammensetzung der Kruste schließen kann. Um solche Profile zu gewinnen, braucht man ein Messschiff und einen leistungsfähigen Eisbrecher, der in der Arktis den Weg freiräumt. Oder man lässt direkt den Eisbrecher die Messungen unternehmen, wie es die Forscher des Alfred-Wegener-Instituts schon mehrfach mit ihrer »Polarstern« getan haben. Das Messschiff tuckert dabei mit 3 bis 5 Knoten durch die arktischen Gewässer. Wer seismische Profile schießt, braucht also Zeit – und Glück, denn wenn eine scharfkantige Eisscholle ein Kabel kappt, versinken gegebenenfalls millionenschwere Forschungsinstrumente im Meer.

Bewaffnet mit seismischen Profilen, Tiefendaten und gesammelten Informationen zu Sedimentbedeckung und Aufbau des Ozeanbodens, können die Staaten bei der Uno um neue Gebiete nachsuchen. Im Idealfall sollten sie alle Grenzstreitigkeiten mit ihren Nachbarstaaten geklärt haben oder von diesen wenigstens eine Bestätigung mitbringen, dass man sich um eine Einigung bemühen werde. Die Experten der CLCS treffen sich mehrmals pro Jahr zu Sitzungswochen in New York. Entsprechend den »Rules of Procedure« der Kommission finden die Verhandlungen im Geheimen statt. Die Unterlagen werden nicht veröffentlicht, aus Sorge vor möglichen Konflikten zwischen »militärischer Geheimhaltung und wirtschaftlichem Interesse«, wie Christian Reichert erklärt. Die Experten sitzen deswegen entweder unter surrenden Neonröhren in fensterlosen Konferenzräumen im Keller des Uno-Gebäudes oder in den Computersälen im gegenüberliegenden Servicehochhaus. Sie bleiben immer unter sich: »Der größte Teil der Welt partizipiert nicht an der Arbeit der Kommission«, kritisiert daher der deutsche Polarforscher Wilfried Jokat, und das beim »größten Landverteilungsprogramm seit Jahrzehnten«. »Nur wenige Länder können überhaupt Anträge stellen. Die nicht betroffene Gemeinschaft muss mehr Druck machen und Kontrolle ausüben.« Doch das ist nicht einfach; knapp sind die Informationen, die auf den Webseiten der Kommission landen, deren Arbeitsweise an einen mittelalterlichen Alchimistenzirkel erinnert. Im Klartext bedeutet das: Die Experten der CLCS verhandeln über wichtige Teile der Welt, ohne dass sie irgendjemandem über ihre Arbeit rechenschaftspflichtig wären oder ihre Entschlüsse im Nachhinein auch nur im Ansatz nachvollziehbar wären. Ein spezielles fünfköpfiges Geheimhaltungskomitee stellt sicher, dass tatsächlich keine Informationen nach draußen gelangen.

Die Experten der Kommission haben einen recht technischen Job, der in den folgenden Absätzen im Mittelpunkt steht. Wer sich nicht für theoretische Details interessiert, kann sie gefahrlos überspringen und am Anfang des nächsten Kapitels wieder einsteigen.

Für Staaten, die bei der Kommission vorstellig werden, gibt es zwei Berechnungsverfahren, mit denen sie juristisch den Anspruch auf Seegebiet begründen können. Diese Berechnungsverfahren heißen Distanzformel und Sedimentdickenformel, dazu gleich mehr. Wichtig ist: Je nach Meeresgebiet liefern diese beiden Verfahren unterschiedliche Ergebnisse. Der Küstenstaat hat aber immer die freie Wahl. Bei seinem Antrag kann er auf dasjenige Berechnungsverfahren setzen, das ihm die vorteilhafteren Ergebnisse verspricht. Die Rechenregeln können dabei auch in Kombination angewendet werden. In ihrem ersten Antrag an die Uno unterschieden die Russen zum Beispiel zehn verschiedene Teilbereiche im Nordpolarmeer, in denen sie die Distanzformel und die Sedimentdickenformel im Wechsel anwendeten.

Eine explosive Mischung aus Geografie und Völkerrecht

Wie aber wird nun genau berechnet? Der Startpunkt beider Verfahren ist eine konstruierte Linie, der Fuß des Festlandsockelbeziehungsweise Kontinentalabhangs. Tauchte man mit einem U-Boot zu dieser Linie am Meeresboden, so könnte man sie nicht ohne weiteres erkennen, denn dafür braucht man ein Tiefenprofil. Auf der einen Seite ist darauf die Küste zu sehen, und je weiter der Blick zur anderen Seite wandert, desto tiefer wird das Wasser. Nach Absatz 4b des Artikels 76 ist der Fuß des Kontinentalabhangs die Linie, »in der sich der Gradient am stärksten ändert«. Vereinfacht gesagt geht es um den Bereich, in dem der Meeresboden plötzlich steiler ansteigt, also die Linie des stärksten Gefällewechsels. Ist diese erst einmal berechnet, hat der antragstellende Staat die Wahl. Er könnte von dort aus mit seiner Gebietsforderung bis zu 60 Seemeilen, also etwa 111 Kilometer, zusätzlich ins Meer hinausgehen. In diesem Fall würde er auf die Distanzformel setzen. Er könnte aber auch die Sedimentdickenformel heranziehen, derzufolge die Grenze an dem Punkt liegt, an dem die Sedimentdicke am Ozeanboden gerade noch ein Prozent der Entfernung vom Fuß des Kontinentalabhangs beträgt. Diese Formel würde man tendenziell in tieferen Ozeanbereichen anwenden.

In der Praxis ist die Angelegenheit extrem kompliziert: Der kanadische Geowissenschaftler Ron MacNab, der Staaten bei ihren Anträgen an die Kommission berät, warnt, dass die Sedimentdicken- und Tiefenberechnungen mit Fehlerraten von bis zu zehn Prozent daherkommen. Doch damit nicht genug. Es gibt zwei Kriterien, welche die maximale Entfernung der beanspruchten Meeresbereiche von der Küste des Staates beschränken. Danach darf die Außengrenze des erweiterten Festlandsockels entweder
* nicht mehr als 350 Seemeilen (ca. 650 Kilometer) von der Küste entfernt liegen – oder, und das ist in den meisten Fällen vorteilhafter,
* nicht mehr als 100 Seemeilen (ca. 185 Kilometer) entfernt von der 2.500-Meter-Tiefenlinie.

Wenn man herausfinden will, welche der beiden Regeln wann gilt, werden die Dinge noch komplizierter. Wir erinnern uns: Unterseeische Bergrücken auf dem Tiefseeboden gelten nach der Konvention ausdrücklich nicht als Bestandteil des erweiterten Festlandsockels – auf sie kann also kein Anspruch erhoben werden. Eine abweichende Regel sieht die Konvention allerdings für jene unterseeischen Bergrücken vor, die nicht Bestandteil der ozeanischen Kruste sind. Sie können von den Staaten sehr wohl eingefordert werden. Allerdings gilt in einem solchen Fall immer die 350-Seemeilen-Grenze, die Antragsteller haben keine Wahlmöglichkeit. Doch es gibt, man ahnt es bereits, wieder ein Hintertürchen: Es handelt sich um das Konstrukt der »unterseeischen Erhebungen« als Fortsetzung des Festlandsockels. Wenn Staaten ein Gebiet dieser Art vor der Uno-Kommission einfordern, dann gilt eine andere, vorteilhaftere Begrenzung. Diese verläuft im Ozean genau 100 Seemeilen (rund 185 Kilometer) entfernt von der 2500-Meter-Tiefenlinie. Russlands erster Antrag zum Beispiel zielte darauf ab, den Lomonossow-Rücken als »unterseeische Erhebung« darzustellen, um so ein möglichst großes Gebiet beanspruchen zu können.

»Die Kommission hat keine klaren Regeln aufgestellt, welche geologischen Strukturen zu sehen sein müssen«, beklagt Polarforscher Jokat. »Deswegen kann jeder Staat erst einmal einfordern, was er will.« Für ihre Anträge an die Kommission haben die Staaten allerdings nicht ewig Zeit. Es gilt die Faustregel: Zehn Jahre nachdem sie das Seerechtsübereinkommen unterschrieben haben, müssen die Gesuche in New York vorliegen. Das bedeutet, alle Staaten, die das Abkommen vor dem Stichtag am 13. Mai 1999 ratifiziert haben, müssten bis Mai 2009 ihre Gebietsforderungen bei der Kommission geltend machen. Der Hintergrund dieser Regelung ist schlicht und einfach der, dass die Uno-Mitgliedstaaten die teure Expertenkommission nicht ewig bezahlen wollen. In der Praxis allerdings wird dem Stichtag nur wenig Bedeutung zukommen. Denn seit einer Änderung der Verfah-

Eine explosive Mischung aus Geografie und Völkerrecht

rensregeln müssen interessierte Staaten bis zum Ablauf der Frist keine vollständige Gebietsforderung mehr liefern. Es reicht der Nachweis, dass sie an einem Antrag arbeiten. Außerdem müssen sie den Uno-Experten erklären, warum sie damit nicht rechtzeitig fertig geworden sind. Das bedeutet, dass die Arbeit der Kommission lange Jahre fortgesetzt werden dürfte. Kanada und Dänemark feilen noch an ihren Forderungen, die sie bis zum Jahr 2013 beziehungsweise 2014 präsentieren müssen. Russland arbeitet an einer Wiedervorlage seines Antrags und kann sich so viel Zeit lassen, wie es für nötig befindet. Der Antrag Norwegens liegt bereits vor. Und auch die USA bereiten im Stillen eine Forderung vor, die sie aber erst dann stellen dürfen, wenn sie dem Seerechtsübereinkommen beigetreten sind.

Eine Karte aus Großbritannien – zu sehen auf dem hinteren inneren Buchdeckel – zeigt, wie die Arktis aufgeteilt werden könnte. »Wir haben eingezeichnet, welche Gebiete beansprucht werden könnten«, erklärte Martin Pratt von der International Boundaries Research Unit der University of Durham. Der Arktische Ozean wird zum Flickenteppich aus unterschiedlich markierten Flächen entsprechend den einzelnen Gebietsforderungen. Die verbleibenden Wasserflächen, die der gesamten Menschheit gehören, sind verschwindend klein. Für Experten ist das nicht unbedingt neu; für die breite Öffentlichkeit wird dadurch eindrucksvoll klar, wie sich am Pol die Gebietsforderungen Russlands, Kanadas und Dänemarks überschneiden dürften.

Die Kommission entscheidet mit Zweidrittelmehrheit, ein Zeitlimit gibt es nicht. Wer seine Gebietsforderungen akribisch vorbereitet, kann durchaus auf ein schnelles positives Votum hoffen. Die Australier beispielsweise hatten ungefähr 15 Jahre lang den angrenzenden Ozeanboden minutiös vermessen, im Pazifik, Indik und Südpolarmeer, wie der Chefgeologe des Landes, Neil Williams, nicht ohne Stolz erklärt. Durch die Empfehlung der Kommission bekam Australien im April 2008 rund 2,5 Millionen Quadratkilometer zusätzliches Gebiet zugeschlagen. »Die größte Insel der Welt hat dramatisch an Größe zugenommen«, jubelte – geografisch unkorrekt – Martin Ferguson, Australiens Minister für Rohstoffe und Energie. »Das ist ein großer Schub für Australiens Potenzial an unterseeischen Ressourcen und für unsere Möglichkeit, die marine Umgebung auf dem Ozeanboden zu schützen.« Doch in Wahrheit geht es vor allem um eines: »Das Gebiet hat das Potenzial zur Goldgrube.« Ölexperten vermuten insbesondere vor der australischen Nordwestküste größere Vorkommen, auf die sich Australien nun dank der Festlandsockelkommission den Zugriff gesichert hat.*

Möglicherweise werden die Uno-Diplomaten im Fall der Arktis auf Zeit spielen, um Konflikten aus dem Weg zu gehen. Andererseits wird das Gremium selbst ohne Verschleppungstaktik in Zukunft lange für Entscheidungen brauchen. Denn die Kommission ist bereits jetzt vollkommen überlastet. Die Experten von Kommission und Sekretariat sind kaum zu beneiden: Wenig Ressourcen gehen mit hoher Arbeitsbelastung einher; der politische Druck ist so immens, dass man Gespräche mit Journalisten fürchtet wie der Teufel das Weihwasser. Gleichzeitig haben die CLCS-Mitglieder nur ein äußerst kärgliches Mandat. Sie dürfen eigentlich nur Empfehlungen abgeben, die von den Staaten umgesetzt werden müssen. Das bedeutet, dass jeder Küstenstaat letzten Endes seine Grenzen selbst festlegt, und das wiederum führt bei den Gebietsforderungen zu Überschneidungen – und damit zu massiven Problemen (siehe Tabelle im Anhang).

So gibt es in der Beaufortsee Territorien, auf die sowohl die Kanadier als auch die USA Ansprüche erheben, und in der

---

* Manche Beobachter verweisen allerdings darauf, dass der australische Antrag von der Kommission zu unkritisch durchgewinkt wurde. Weil die Uno-Experten nur vergleichsweise wenige geophysikalische Beweise eingefordert und den Antrag trotzdem positiv beschieden hätten, sei ein bedenklicher Präzedenzfall entstanden.

Eine explosive Mischung aus Geografie und Völkerrecht

Barentssee liegt die »Graue Zone«, für die sich sowohl Russen als auch Norweger interessieren. Bei Uneinigkeiten müssen die Regierungen bilateral verhandeln, da die Kommission laut Artikel 83 des Seerechtsübereinkommens bei Grenzstreitigkeiten zwischen Nachbarländern nicht vermitteln darf.

Die Machtlosigkeit der Experten ist von den Staaten durchaus beabsichtigt. Die meisten Küstenländer wollen sich so wenig wie möglich einer höheren Instanz unterordnen. Daher gibt es auch keine speziellen völkerrechtlichen Regelsysteme für die Arktis. Das – eher allgemein gehaltene – Seerechtsübereinkommen enthält nur eine einzige Passage, die speziell auf die Arktis abzielt: Artikel 234, die sogenannte kanadische Klausel. Auf ihr hatte Kanada bestanden, um innerhalb der eisbedeckten Küstengewässer strengere Regeln zur Verhütung von Meeresverschmutzung durchsetzen zu können. Doch auf einen eigenen Vertrag zum Schutz der Arktis, vergleichbar mit dem Schutzvertrag für die Antarktis, konnten sich die Polarstaaten nie einigen, stattdessen verweisen sie bei jeder Gelegenheit darauf, dass so ein Vertrag nicht nötig sei. »Nachdem Gebietsansprüche auf den Festlandsockel in der Arktis geltend gemacht wurden, ist es politisch eher unwahrscheinlich, dass es noch zu einem Vertragswerk für die Arktis nach dem Vorbild des Antarktisvertrages kommen wird«, dozierte der Völkerrechtler Rüdiger Wolfrum, der drei Jahre lang Präsident des Internationalen Seegerichtshofs war, im Sommer 2008 vor deutschen Diplomaten in Berlin.

Und während sich Völkerrechtler und Umweltschützer über einen fehlenden Schutzvertrag ärgern, Uno-Diplomaten über die Gebietsforderungen streiten und Journalisten die mangelnde Transparenz der Kommissionsarbeit beklagen, schafft die Natur in der Arktis Fakten ...

Kapitel Vier
Wie der Klimawandel die Arktis verändert

»Ein eisfreier Arktischer Ozean im Sommer ist unvermeidlich.«
Mark Serezze, US-Polarforscher, im Oktober 2008

Es ist eine Katastrophe mit Vorankündigung. Die Dinge spielen sich – und das unterscheidet sie von Naturereignissen wie etwa einem Erdbeben oder einer verheerenden Flutwelle – hinreichend langsam ab, so dass man sie in aller Ruhe beobachten und analysieren kann. »Es passiert nicht oft, dass man in einer Naturkatastrophe herumwandern kann, während sie stattfindet, dass man mit den zukünftigen Überlebenden, mit den Opfern und den Profiteuren sprechen kann«, schrieb ein Autor des »Rolling Stone Magazine« vor einiger Zeit in einer langen Reportage aus der Arktis. Dennoch ist es ein Wandel, der sich mit hohem Tempo vollzieht. Dieses Kapitel legt dar, wie der Klimawandel dem hohen Norden zusetzt – und welche Veränderungen konkret stattfinden: Meereisschmelze, zurückweichende Eisschilde, tauender Permafrost sowie Tiere und Menschen, die um ihr Überleben kämpfen. »Es gibt kaum eine Komponente der Arktis, die nicht Zeichen von Veränderung zeigt«, bemerkte die Umweltschutzorganisation WWF in einem Überblicksbericht zum Einfluss des Klimawandels auf den hohen Norden.

Sicher ist: Die Arktis heizt sich etwa doppelt so schnell auf wie der Rest der Erde. So berichtete die US-Wetterbehörde NOAA (»National Oceanic and Atmospheric Administration«), dass die Temperaturen im Herbst 2008 in der Region 5 Grad über dem Durchschnitt lagen. Wie sich das auf den Rest unseres Planeten auswirken wird, ist noch weitgehend unklar. Immerhin, bei aller Ungewissheit ist wohl eines sicher: Der globale Meeresspiegel steigt durch die Verringerung des *Meereises* der Arktis nicht an. Da die Schollen im Meer schwimmen wie Eiswürfel in einem

Glas Cola, kommt kein zusätzliches Volumen hinzu, wenn sie tauen. Denn das Eis hatte bereits entsprechend viel Flüssigkeit verdrängt. Abschmelzendes *Gletschereis* und die thermische Ausdehnung des Wassers lassen die Meeresspiegel allerdings sehr wohl steigen. Manche Forscher spekulieren außerdem, dass der zusätzliche Zufluss von größeren Mengen leichtem Süßwasser aus den geschmolzenen Schollen unter Umständen die Atlantische Tiefenströmung zum Erliegen bringen könnte – und damit auch den Nordatlantikstrom, der Europas Küste mit warmem Wasser aus der Gegend des Äquators umspült. Bis-

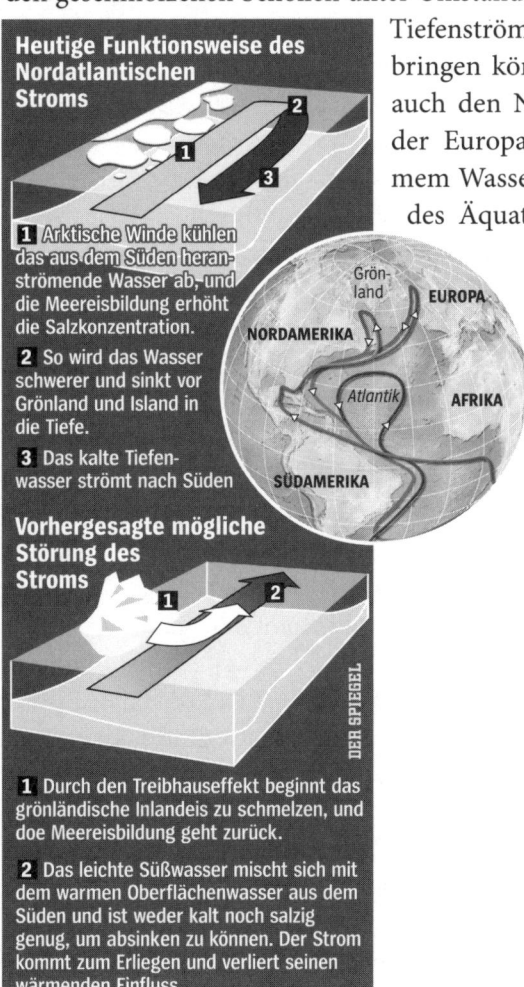

Heutige Funktionsweise des Nordatlantischen Stroms

1 Arktische Winde kühlen das aus dem Süden heranströmende Wasser ab, und die Meereisbildung erhöht die Salzkonzentration.

2 So wird das Wasser schwerer und sinkt vor Grönland und Island in die Tiefe.

3 Das kalte Tiefenwasser strömt nach Süden

Vorhergesagte mögliche Störung des Stroms

1 Durch den Treibhauseffekt beginnt das grönländische Inlandeis zu schmelzen, und doe Meereisbildung geht zurück.

2 Das leichte Süßwasser mischt sich mit dem warmen Oberflächenwasser aus dem Süden und ist weder kalt noch salzig genug, um absinken zu können. Der Strom kommt zum Erliegen und verliert seinen wärmenden Einfluss.

Kapitel Vier

lang ist es so, dass das Ozeanwasser im Nordatlantik aufgrund der geringen Temperatur und des hohen Salzgehalts absinkt. Zum Ausgleich strömt Oberflächenwasser aus dem Süden nach und bringt auf diese Weise Wärme mit in unsere Breiten. Wird das Salzwasser durch große Mengen Süßwasser aus der Eisschmelze verdünnt, sinkt es nicht mehr in die Tiefe, und das globale Förderband im Meer kommt zum Stillstand. Diese Theorie ist plausibel, aber durchaus umstritten. Wenn allerdings dieser Fall einträte, würden sich West- und Nordeuropa massiv abkühlen – ein Problem, dessen Umfang und Tragweite sich nur schwer ermessen lassen.

Indes gibt es eine weitere schlechte, geradezu verheerende Nachricht: Dadurch, dass das Eis der Arktis schwindet, erwärmt sich die Region noch einmal zusätzlich. Dieser Effekt, genannt Eis-Albedo-Rückkopplung – der Name Albedo kommt vom lateinischen Wort »albus« für »weiß« – spielt bereits jetzt eine entscheidende Rolle. Sein Mechanismus funktioniert wie folgt: »Wenn man aus einem Raumschiff auf die Arktis herabschauen würde, dann sähe man im Moment, dass alles ziemlich weiß aussieht«, erklärt Mark Serezze vom US-Zentrum für Schnee- und Eisdaten (National Snow and Ice Data Center, NSIDC) im Skiort Boulder, Colorado. »Und dieses Weiß ist eines der Dinge, die dabei helfen, dass die Arktis kalt bleibt.« Bisher hat das helle Meereis einen Großteil des einfallenden Sonnenlichts direkt zurück ins All reflektiert, bis zu 70 oder 80 Prozent der einströmenden Energie. Die Experten sprechen in diesem Fall von einer Albedo von 0,7 bis 0,8. Doch in dem Maß, in dem das Eis der Arktis taut, verschwindet auch dieser segensreiche Effekt. Stattdessen absorbiert das dunklere Wasser des Arktischen Ozeans, dem eine reflektierende Schutzschicht fehlt, die Sonnenenergie – und heizt zunächst sich und anschließend die Atmosphäre auf. Denn Wasser hat eine mittlere Albedo von 0,07. Es wirft also nur sieben Prozent der eingestrahlten Energie zurück. Außerdem verdunstet durch den Sonnenschein zusätzlich Meerwasser, das in der

Atmosphäre ebenfalls als Klimagas wirkt. Wenn das der Fall ist, sprechen Forscher von einem Tipping Point, einem Kipppunkt, der einen Teufelskreis einleitet, aus dem es kein Entrinnen gibt.

Die Wissenschaftler sind geteilter Meinung darüber, wie groß der Beitrag des Menschen zum Wandel der Arktis tatsächlich ist. Einerseits hat sich die Region schon immer erwärmt und abgekühlt. Vor 40 Millionen Jahren war der Ozean im hohen Norden zehn bis fünfzehn Grad warm. Und auch während der letzten Kaltzeit vor 117 000 bis 12 000 Jahren gab es zwischenzeitliche Phasen dramatischer Erwärmung, in denen nach Erkenntnissen von Glaziologen innerhalb von 20 Jahren die durchschnittliche Jahrestemperatur in Grönland um 20 Grad angestiegen sein dürfte. Wissenschaftler um die Geologin Astrid Lyså vom Geologischen Dienst Norwegens (NGU) in Nordgrönland haben alte Strandwälle gefunden, die einen ähnlichen Gedanken nahelegen. Sie interpretieren ihren Fund dahingehend, dass es vor 6000 bis 7000 Jahren in der Gegend, die immerhin auf 82 Grad Nord liegt, über einen längeren Zeitraum während mehrerer Sommer offenes Wasser gegeben haben muss, das sich bis zum Pol erstreckt haben könnte.

Andererseits ist in den rund 250 Jahren seit Beginn der Industrialisierung ungefähr genauso viel vom Treibhausgas CO_2 in die Atmosphäre gelangt wie in den 800 000 Jahren zuvor. Forscher der Cornell University im US-Bundesstaat New York erklärten im Herbst 2008, die aktuelle Klimaerwärmung sei zumindest für die vergangenen 5000 Jahre ohne Beispiel. Während im ACIA-Bericht aus dem Jahr 2005 noch zu lesen war, es sei nicht mit Sicherheit zu sagen, dass die Menschheit tatsächlich für den Klimawandel in der Arktis verantwortlich ist, hat sich die Diskussion seit dem vierten Zwischenbericht des Weltklimarats von 2007 verändert. Dieser Uno-Bericht erkannte menschlichen Einfluss zu 90 Prozent als verursachendes Moment. Negiert wird der menschliche Beitrag mittlerweile kaum noch, auch wenn es weiterhin Debatten über dessen Umfang gibt. Zu drückend sind die

Kapitel Vier

Beweise, zu groß die Probleme bei Computersimulationen, die auf Basis vorhandener Messdaten nicht die Ergebnisse reproduzieren, die sich heute in der Arktis zeigen, selbst wenn man eine große natürliche Varianz voraussetzt. Forscher der britischen University of East Anglia belegten dies im Herbst 2008 klar: Ohne menschlichen Einfluss gibt es keine Modellkonstellation, bei der sich die Arktis so stark erwärmt, wie sie es im Moment tut. Letzten Endes muss die Frage nach der menschlichen Schuld eher auf moralischer Ebene beantwortet werden. Denn die Auswirkungen des Klimawandels sind bleibend.

Das Meereis verschwindet

So unterschiedlich die Prognosen zur Arktis auch ausfallen, eines haben sie gemeinsam: Der Zeitpunkt, zu dem die Arktis in den Sommermonaten eisfrei sein könnte, rückt mit riesigen Schritten näher. So veröffentlichte das Hamburger Max-Planck-Institut für Meteorologie 2005 eine Schätzung, die einen Nordpol ohne Eis gegen Ende dieses Jahrhunderts für möglich hielt. Gut ein Jahr später, im Dezember 2006, gingen die Forscher des EU-Projektes DAMOCLES bereits davon aus, dass diese Situation bis zum Jahr 2080 eintreten werde. Auch der vierte Bericht des Weltklimarates von 2007 äußerte sich ähnlich. Doch seine Schätzungen kamen einer Momentaufnahme gleich, die in Teilen bereits bei der Veröffentlichung überholt war. Denn die Computermodelle, die vom Weltklimarat herangezogen wurden, waren – wie sich seither herausstellte – zu konservativ gerechnet. Mittlerweile gibt es sogar ernstzunehmende Prognosen, die eisfreie Sommer in der Arktis schon für das Jahr 2013 in Aussicht stellen.

Das arktische Meereis ist ein Wanderer oder wegen seines Tempos und der zurückgelegten Entfernungen vielleicht eher ein Marathonläufer. Es entsteht in den flachen Meeresgebieten vor der Küste Sibiriens. Im Frühsommer tragen die großen sibirischen Flüsse zusätzlich Süßwassereisschollen ins Meer. Von dort geht das Eis auf eine weite Reise. Es wandert durch die von Nansen entdeckte Transpolardrift über den Pol einmal um die Arktis von Ost nach West. Unterwegs türmt es sich, zerbricht in kleinere Schollen und schmilzt nach und nach ab. Das Eis breitet sich aus und zieht sich zurück und unterliegt neben dem Wechsel der Jahreszeiten einer Vielzahl natürlicher Zyklen. Seine Reise über den Pol dauert mehrere Jahre, vorausgesetzt, die Schollen überstehen den warmen Sommer. Die Forscher unterscheiden deswegen einjähriges und mehrjähriges Meereis – Begriffe, die uns in Kürze wieder begegnen werden. Der ehemalige Direktor des Norwegischen Polarinstituts, Olav Orheim, warnte im Sommer 2008, der Transport von arktischem Meereis von Sibirien nach Nordamerika sei bisher komplett falsch eingeschätzt worden. Er vollziehe sich bei höheren Temperaturen wesentlich schneller und bringe damit besonders dünnes, instabiles Eis aus den russischen Küstengewässern in die unmittelbare Polgegend, wo es dann im Sommer schmelze. Eisforscher der Nasa kamen im Herbst 2008 zu einem ähnlichen Ergebnis. Und auch an Bord des Segelbootes »Tara«, das Forscher absichtlich im Treibeis des Polarmeers festgefahren hatten, wurde im Jahr 2007 eine doppelt so hohe Driftgeschwindigkeit gemessen wie vermutet. So wurde das Boot vom Eis im Schnitt zehn Kilometer pro Tag bewegt – über mehr als 500 Tage.

Seine größte Ausdehnung hat der arktische Eispanzer normalerweise im März, erklärt Christian Haas, ein an der University of Alberta in Edmonton arbeitender Wissenschaftler aus Deutschland, der zu den profiliertesten Experten für Meereis überhaupt zählt. In nüchternen Worten berichtet Haas, wie die weiße Pracht – am Ende des arktischen Winters ist sie bis zu 15 Millionen Quadratkilometer groß – durch die Sommerwärme vor allem an den Rändern angenagt wird. Bis Mitte September schmilzt das Eis in fast linearem Tempo ab. Im Hochsommer geschieht das etwas schneller, doch Ende Juni beginnt die Sonne über der

Kapitel Vier

hohen Arktis wieder zu sinken. Immer weniger gelingt es ihr dann, die frostige Landschaft zu erwärmen, weil sie in einem immer flacheren Winkel auf das Eis scheint. In der hohen Arktis endet die Schmelze um den 17. August, etwas weiter südlich hält der Vorgang noch rund einen Monat an. Doch wenn auch dort die Dunkelheit der Polarnacht das Gebiet wieder umfasst, ist es mit dem Eisschwund bis zum nächsten Frühjahr vorbei.

Neben dem Jahreszeitenwechsel gibt es einen weiteren Zyklus, der das Werden und Vergehen des Meereises steuert und ebenfalls durch den Klimawandel verändert wird: Die Rede ist von der Arktischen Oszillation. Sie entsteht durch die – bisher noch existierenden – großen Temperaturunterschiede zwischen der hohen Arktis und den gemäßigteren Breiten, die für große Luftdruckunterschiede sorgen. Auch das Ozon in höheren Atmosphärenschichten spielt eine wichtige Rolle. Es gibt zwei Hauptzustände, die im Abstand von rund zehn Jahren aufeinander folgen: die negative und die positive Arktische Oszillation. Im ersten Fall führt ein Hochdruckgebiet über der hohen Arktis zu niedrigen Wintertemperaturen; kalte Polarluft dringt in dieser Zeit weit nach Süden vor und sorgt auch bei uns für kältere Winter. Dazu verstärkt sich der Beaufortwirbel, eine kreisförmige Meeresströmung in der Beaufortsee. Dem arktischen Eis wird so ein längeres Verweilen in kalten Bereichen ermöglicht, und in diesen Zeiten wächst die arktische Eiskappe tendenziell. Das Gegenteil spielt sich beim positiven Zustand ab, dann sind im Winter wärmere Temperaturen in der Arktis zu verzeichnen. Starke Westwinde bringen warme Luft aus dem Atlantikraum nach Nordeuropa und Sibirien. Das verstärkt die transpolare Drift, so dass viel Eis aus der zentralen Arktis in den Atlantik gedrückt wird, wo es schnell schmilzt. Der Zeitraum zwischen 1989 und 1993 zum Beispiel war von einer stark positiven Arktischen Oszillation geprägt. Dies ist unter anderem der Grund, weshalb vergleichsweise viel Eis verloren ging. In der Zeit seit 2000 gab es eine neutralere Periode, doch die Erholungsmöglichkeit fiel nur moderat aus. Die turnusmäßige Regenerationsphase für das arktische Meereis könnte schon bald ganz ausfallen, warnen Experten. Wegen des Klimawandels ist es denkbar, dass die Arktische Oszillation verstärkt im »positiven« Modus bleibt. Auch eine von kanadischen Forschern nachgewiesene Zunahme der Niederschläge in der Arktis steht möglicherweise in Zusammenhang mit der Arktischen Oszillation. Die Klimatologen sehen für deren Erhöhung von 1950 bis 1999 den Menschen zumindest als mitverantwortlich an. Auch in den kommenden Jahren könnten die Niederschlagsmengen weiter steigen, wie der ACIA-Bericht im Jahr 2005 warnte.

Wenn man sich mit Geschichte und Zukunft des arktischen Meereises beschäftigt, wird schnell klar, dass die Menschheit erschreckend wenig darüber weiß. Präzise Daten zu Dicke und Ausdehnung des Eises sind gar nicht leicht zu bekommen. Und viele von denen, die existieren, sind eigentlich ein Abfallprodukt, zu dem die Wissenschaft nur durch Zufall gekommen ist. In Zeiten des Kalten Krieges tauchten in den arktischen Gewässern U-Boote der beiden großen Militärbündnisse. Zwischen 20 und 40 Tage dauerten solch stille Reisen in der Finsternis. Während dieser Zeit maßen die Besatzungen ständig die Eisdicke mit ihrem Bordsonar und notierten die Ergebnisse zumeist handschriftlich auf langen Papierrollen. Das war eine Sicherheitsmaßnahme, damit der zuständige Kapitän Bescheid wusste, ob er im Notfall mit dem auftauchenden Boot das Eis durchstoßen konnte. Nach dem Ende des Kalten Krieges gaben die Amerikaner die Daten frei und unternahmen im Rahmen des Fünfjahresprogramms »Science Ice Exercises« weitere U-Boot-Reisen unters Eis, diesmal komplett im Dienst der Wissenschaft. Im Archiv des National Snow and Ice Data Center in Boulder lagern die Datensätze von rund 40 U-Boot-Reisen unter dem Eis, mit insgesamt mehr als 120 000 zurückgelegten Seekilometern. Streng genommen wurde von ihnen allerdings nicht die komplette Eisdicke gemessen, sondern der Tiefgang der Schollen.

Kapitel Vier

Dieser macht knapp 90 Prozent der Gesamtdicke aus. Bei der Auswertung der Daten konnten die Forscher einen klaren Trend erkennen: Das Eis ist über die Jahre immer dünner geworden. Seit Ende der 1950er Jahre kommt unterm Strich ein Minus von 1,3 Metern zusammen. Das sind fast 40 Prozent.

Das Problem: Die Daten der U-Boote weisen zwar eine deutliche Tendenz zu dünnerem Eis nach. Wegen spezieller Messcharakteristika und -fehler lassen sich die Erhebungen der unterseeischen Späher jedoch nicht mit denen in Beziehung setzen, die Satelliten seit dem Ende der siebziger Jahre liefern. Die Erdbeobachter messen aus dem All, wie viel kurzwelliges Licht von der weißen Oberfläche des Meereises zurück ins All reflektiert wird. Daraus schließen sie auf die Ausdehnung des Eises. Und auch hier kann es Messprobleme geben: Wenn Wasserlachen auf Eisschollen stehen, dann halten die Satelliten das Gebiet manchmal für offenes Wasser und ignorieren die unten schwimmenden Schollen. Die Berechnungsmethoden unterscheiden sich zudem bei der Frage, wie genau Wasserflächen auf oder zwischen dem Eis in die Bilanz eingehen.

Rüdiger Gerdes, Ozeanograf am Alfred-Wegner-Institut, erklärt, wie man Aussagen treffen könnte, die mehr Gewissheit bieten: »Wir müssten die Eisdicke besser messen können«, sagt der Forscher versonnen und lässt den Blick über die Hafenanlagen vor den Panoramafenstern seines Büros schweifen; links liegt der Fischereihafen, rechts das Bremerhavener Containerterminal. »Nur so könnten wir das Gesamtvolumen des Eises in der Arktis berechnen.« Gerdes spricht ruhig und setzt seine Worte wohl überlegt. Der asketisch aussehende Mann will Panikmache vermeiden. Ihn interessiert herauszufinden, ob es vielleicht sein könnte, dass Wind und Strömung das Eis im Westen der Arktis einfach höher stapeln als früher. Dann gäbe es noch Grund zur Hoffnung. Doch die nötigen Daten sind nach wie vor nur für kleine Bereiche der Arktis verfügbar. Denn die Wissenschaftler mussten bei der Erforschung des arktischen Meereises eine ganze Reihe von spektakulären Rückschlägen hinnehmen. Da war zum Beispiel die von Christian Haas und dem französischen Arzt und Abenteurer Jean-Louis Etienne geplante Zeppelintour im Sommer 2008, deren Fluggerät jedoch einem nicht angekündigten Sturm zum Opfer fiel. Noch kostspieliger war der Verlust des Radarsatelliten »Cryosat-1« im Herbst 2005. Weil es Probleme mit der russischen Trägerrakete gab, erreichte der 650 Kilogramm schwere Forschungssatellit nicht seine geplante Umlaufbahn, sondern stürzte nördlich von Grönland ins Meer. Die Europäische Weltraumagentur Esa hatte damit auf einen Schlag 136 Millionen Euro verloren. Mit einem Nachfolgesatelliten »Cryosat-2« will die Esa ab Ende 2009 oder Anfang 2010 messen.

Für größere Trends greifen die Forscher auf die über einen längeren Zeitraum verfügbaren U-Boot-Daten zurück; für kurzfristigere Aussagen setzt man stattdessen auf Satellitenbeobachtungen. Christian Haas nutzt eine weitere Technik: eine drei Meter lange elektromagnetische Sonde (»EM-Bird«), die von einem Hubschrauber 10 bis 15 Meter über dem Eis entlang bewegt wird. Sie misst zum einen per Laserradar die Entfernung bis zur Oberkante des Eises, zum anderen bestimmt sie die Entfernung zur Unterkante der Scholle. Das funktioniert, weil sich die Leitfähigkeit am Übergang zwischen Eis und salzigem Meerwasser sprunghaft ändert und so das elektromagnetische Messsignal beeinflusst. Mit dem orange-weiß lackierten, torpedoförmigen Gerät, dem die Wissenschaftler den Spitznamen »Birdie« verpasst haben, konnten Haas und seine Kollegen eindrücklich nachweisen, wie schnell das Eis am Pol dünner wird. In den Jahren 2001 bis 2008 hat der arktische Eispanzer demnach rund die Hälfte seiner Dicke eingebüßt. Schuld daran, so Haas, sei vor allem die steigende Lufttemperatur; wärmere Ozeanströmungen spielten eher eine geringfügige Rolle.

Haas hat die Daten bei Reisen mit dem deutschen Forschungsschiff »Polarstern« gesammelt, das Startbasis für seine

Messflüge war. Hinzu kamen Messdaten von Eiskernen, die Wissenschaftler seit 1991 im arktischen Becken zwischen Russland und Kanada gesammelt hatten. Neben der abnehmenden Eisdicke machten die Forscher um Haas noch eine weitere, ebenfalls problematische Entdeckung: Die Zusammensetzung des Eises am Pol ändert sich dramatisch. Der Anteil von mehrjährigem Eis geht rapide zurück, was bleibt, ist einjähriges Eis, das im Sommer besonders gefährdet ist. Eine mehrjährige Scholle ist im Schnitt knapp zwei Meter dick. So viel schmilzt in einem Sommer normalerweise nicht ab. Hingegen misst eine junge, einjährige Scholle nur etwas mehr als die Hälfte dieses Wertes. Messungen des Snow and Ice Data Center aus den USA bestätigen das: Im März 2008 bestanden 72 Prozent des Wintereises im Arktischen Becken aus dünnem, einjährigem Eis, so viel wie noch nie seit Beginn der Beobachtungen. Das langjährige Mittel liegt bei etwa 30 Prozent.

Weil die entscheidenden Daten weiterhin fehlen, sollen Computersimulationen den Forschern helfen. Die Eisprognosen sind kompliziert, doch keine Alchemie. Das Problem: Entscheidend für eine kurzfristige Vorhersage wäre die Kenntnis der atmosphärischen Bedingungen der kommenden Monate. Weil den Forschern diese Informationen fehlen, speisen sie die Daten der Vergangenheit in Computersysteme wie das Ozean-Eismodell NAOSIM am Alfred-Wegener-Institut ein und erstellen damit ihre Hochrechnungen. Das erlaubt ihnen zwar keine definitiven Aussagen, sie können aber die Bandbreite möglicher Eisbedeckungen berechnen.

Das Eis der Arktis hat die Schwindsucht, das zeigt ein Blick auf die Grafik der gemessenen Eisfläche seit 1979. Damals gab es im September, wenn die Eisausdehnung am geringsten ist, noch eine Bedeckung von gut sieben Millionen Quadratkilometern. Doch in den vergangenen Jahren wurden immer wieder Minusrekorde erreicht: Schon im Sommer 2000 titelte die »Bild«-Zeitung in gewohnter Überspitzung: »Nordpol weg?«, weil sich am

Pol für gewisse Zeit eine 1,6 Kilometer breite Wasserstraße gebildet hatte. Und 2005 mussten die Forscher mit einer Eisfläche von 5,57 Millionen Quadratkilometern einen neuen Minimalstand vermelden. Im Jahr darauf war die Lage fast genauso schlimm. Dazu kam, dass auf den Satellitenaufnahmen erneut riesige Lücken im Eis zu sehen waren. Man hätte zu diesem Zeitpunkt mit einfachen Segelschiffen zum Pol fahren können.

Doch die große Schmelze vom Sommer 2007 setzte dem Ganzen die Krone auf. Während die Meereisfläche in den zehn Sommern davor statistisch gesehen um 100 000 Quadratkilometer pro Jahr abnahm, waren es nun auf einen Schlag mehr als eine Million: 4,28 Millionen Quadratkilometer Eis konnte der ESA-Satellit »Envisat« noch ausmachen – so wenig wie noch nie seit Beginn der Aufzeichnungen aus dem All. Ganz spezielle Wetterverhältnisse hatten dem Eis in jenem Sommer kräftig zugesetzt. Der Wind blies nicht wie üblich kreisförmig um die Arktis, stattdessen zog er häufig aus der Gegend des Pazifiks über den Pol in Richtung des Atlantik. »Dadurch wurde besonders viel Eis in die Grönlandsee befördert, wo es viel schneller als üblich schmolz«, sagt Ozeanografin Ursula Schauer vom Alfred-Wegener-Institut. Ein weiterer Faktor für die zügige Schmelze war neben den verheerenden Winden auch der Umstand, dass viele Eisschollen, wie Schauer es ausdrückt, durch die vergangenen warmen Sommer »angefressen« waren. Doch nicht nur die dramatischen Wetterverhältnisse, etwa ein kräftiges Hochdrucksystem nördlich von Alaska, waren den Experten zufolge Schuld am Eisschwund, sondern auch der vom Menschen herbeigeführte Klimawandel. So habe in früheren Jahren das arktische Eis auf ähnlich widrige Umweltbedingungen längst nicht so heftig reagiert, wie Jennifer Kay vom National Center for Atmospheric Research (NCAR) in Boulder erklärt.

Auch der Sommer 2008 brachte kaum Entspannung, obwohl die gemessene Eisfläche von 4,67 Millionen Quadratkilometern nicht ganz die verheerenden Werte des Vorjahres erreichte. Der

Kapitel Vier

Wert lag immerhin 34 Prozent unter dem langjährigen Trend der Jahre von 1979 bis 2000 – und nur magere neun Prozent über dem Minimalwert des Krisenjahres 2007. Zwischenzeitlich hatten die Forscher sogar befürchtet, dass der Negativrekord des Vorjahres noch erreicht würde. Dabei hatte das Jahr durchaus das Potenzial für eine leichte Erholung gehabt: Der Winter 2007/2008 war ungewöhnlich kalt gewesen, mit einer großen Eisproduktion. Dadurch war die Eisfläche im März 2008 deutlich größer gewesen als zur selben Zeit im Jahr zuvor, und gegenüber den drei Vorjahren war die Rede von einem Flächenplus von knapp vier Prozent. Die Durchschnittstemperaturen in der Arktis hatten im Sommer 2008 unter denen von 2007 gelegen, Wolken hatten für längere Zeit die Sonne außen vor gehalten, und global gesehen kam das Wetterphänomen La Niña hinzu, das viele Teile der Erde kühlte. Dennoch reichten all diese Faktoren nicht für eine Trendwende beim arktischen Meereis. »Ich finde es unglaublich, dass wir so nahe an den Rekord von 2007 gekommen sind, selbst ohne die warmen und klaren Wetterbedingungen, die wir im vergangenen Sommer gesehen haben«, kommentierte US-Eisforscher Mark Serezze am Ende des Sommers die Lage. »Die Vorstellung, wie 2008 ausgesehen hätte, wenn wir auch noch extremere Wetterlagen gehabt hätten, finde ich schrecklich!«

Ob sich das arktische Eis jemals wieder von seiner Schwindsucht erholt, darüber gehen die Meinungen auseinander. Auf der einen Seite gibt es Menschen wie Christian Haas, die sich nicht in Fatalismus flüchten wollen. »Offenbar gibt es eine Erholungschance«, sagt Haas. Immer wieder könne ein Teil des jungen Eises stark genug anwachsen, um den Sommer zu überleben. Das Eis werde aber gewiss nicht so stark zunehmen, dass es wieder den über 30 Jahre gültigen Mittelwert erreicht. »Dafür ist zu viel Wärme im Wasser und in der Atmosphäre.« Dieses Wärmereservoir hat eine brutale Wirkung: Das Wasser des Ozeans speichert die Wärme noch länger als die Atmosphäre. Das

Wie der Klimawandel die Arktis verändert

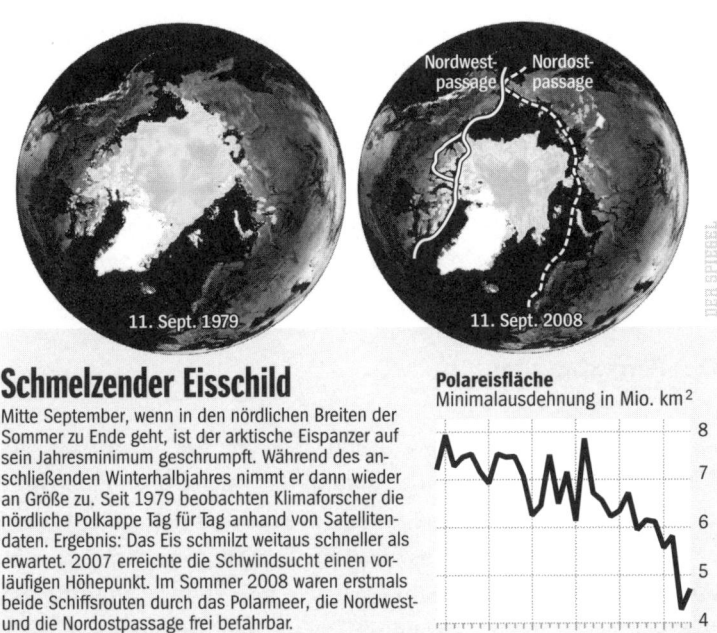

Schmelzender Eisschild

Mitte September, wenn in den nördlichen Breiten der Sommer zu Ende geht, ist der arktische Eispanzer auf sein Jahresminimum geschrumpft. Während des anschließenden Winterhalbjahres nimmt er dann wieder an Größe zu. Seit 1979 beobachten Klimaforscher die nördliche Polkappe Tag für Tag anhand von Satellitendaten. Ergebnis: Das Eis schmilzt weitaus schneller als erwartet. 2007 erreichte die Schwindsucht einen vorläufigen Höhepunkt. Im Sommer 2008 waren erstmals beide Schiffsrouten durch das Polarmeer, die Nordwest- und die Nordostpassage frei befahrbar.

Quelle: NSIDC, University of Illinois, Department of Atmospheric Sciences, http://arctic.atmos.uiuc.edu/cryosphere/

bedeutet, dass sich die Schmelze auch dann noch fortsetzt, wenn die Sonne eigentlich schon zu schwach für ihr zerstörerisches Werk ist. Andere Forscher sind deutlich pessimistischer. Mark Serreze etwa glaubt: »Ein eisfreier Arktischer Ozean im Sommer ist unvermeidlich.« Jegliche Erholung des Eises werde nur von kurzer Dauer sein, »vielleicht für ein paar Jahre, bestenfalls.« Bis zum Jahr 2030, so glaubt er, werde die Arktis zumindest im Sommer gänzlich ohne weiße Decke sein.

Doch auch diese Negativszenarien werden bereits überboten: US-Klimaforscher Jay Zwally, der für die Nasa Satellitendaten auswertet und bei Feldeinsätzen auf einem Gletscher schon mal zur Unterhaltung der Mannschaft nackt auf einem Motorschlitten fährt, gibt eine ebenso rasante Prognose ab: Das Nordpolarmeer könne schon im Sommer 2012 eisfrei sein. Und Wieslaw

Kapitel Vier

Maslowski von der Naval Postgraduate School im kalifornischen Monterey glaubt an ein Ende nennenswerter arktischer Eisflächen nur ein Jahr später, im Sommer 2013. Das Spektakuläre an seiner 2007 erschienenen Studie war, dass er die besonders miesen Eisjahre von 2005 bis 2007 noch nicht einmal eingerechnet hatte. Maslowskis Modell, das sogar Al Gore in seiner Nobelpreisrede in Oslo erwähnte, ist ernst zu nehmen.

Der Permafrost taut

David Lawrence vom National Center for Atmospherical Research (NCAR) in Boulder glaubt, dass sich durch das schmelzende Meereis der Arktis auch die Landtemperaturen massiv erhöhen. Er geht davon aus, dass ein Temperaturanstieg entsteht, der dreieinhalb Mal so stark ist, wie von den Klimamodellen für den Rest der Erde prognostiziert. Küstenstreifen von bis zu 1500 Kilometer Breite könnten durch das warme Wasser merklich aufgeheizt werden, vor allem im Herbst. Dann seien an den arktischen Küsten von Kanada, den USA und Russland Temperaturerhöhungen um bis zu fünf Grad Celsius möglich. Das wiederum habe katastrophale Folgen für den Permafrostboden in diesen Gebieten. Noch haben die Wissenschaftler kaum Daten, um das Auftauen des Permafrostbodens in der Arktis realistisch zu simulieren. Aber so viel ist sicher: Der ganzjährig gefrorene Untergrund, der sich auf der Nordhalbkugel über 22,8 Millionen Quadratkilometer auf dem Land und auf den Schelfen des Arktischen Ozeans erstreckt, taut an vielen Stellen. Seit 20 bis 30 Jahren beobachten Forscher auf der nördlichen Halbkugel steigende Temperaturen im Permafrost, welcher in manchen Bereichen der Arktis bis zu 1,4 Kilometer tief reicht. Bei Messprogrammen in Alaska fanden Forscher zum Beispiel heraus, dass die Temperaturen in 20 Metern Tiefe, wo es keine jahreszeitliche Varianz gibt, über einen Zeitraum von 20 Jahren um 0,5 bis 2 Grad angestie-

Wie der Klimawandel die Arktis verändert

Permafrost auf dem arktischen Festland

▫ Inselartiger Permafrost
▫ Sporadischer Permafrost
▪ Diskontinuierlicher Permafrost
▪ Kontinuierlicher Permafrost

gen sind. Ob sich die sogenannte aktive Schicht des Permafrosts, der Bereich also, der jeden Sommer auftaut, vergrößert, ist unter Forschern umstritten.

Wenn der Boden taut, gefährdet das die darauf gebaute Infrastruktur: Straßen, Eisenbahnstrecken, Brücken und Pipelines sind mit einem Mal nicht mehr standsicher und sacken stellenweise weg. Straßen sind nur im hart gefrorenen Zustand während der Winterzeit nutzbar, aber diese Periode verkürzt sich immer mehr. Schmelzwasser kann in dem fast wassergesättigten Boden nicht versickern, weil Eis darunter liegt. Ohnehin ist es ausgesprochen schwierig, auf Permafrost zu bauen. Oft entscheiden

Kapitel Vier

sich Bauleute dafür, ihre Konstruktionen mit langen Stahlstützen im Boden zu verankern. Diese sind nötig, damit zum Beispiel die Unterseiten von beheizten Gebäuden nicht den ewig gefrorenen Boden auftauen. Sonst würden diese Häuser durch das eigene Gewicht langsam im tauenden Boden versinken. Wenn nun die Erderwärmung den Grund matschig werden lässt, passiert aber genau das unter Umständen trotzdem. Auch das Risiko von Erdrutschen steigt. Strukturen an oder unterhalb von Hängen werden in Zukunft vermutlich häufiger in Mitleidenschaft gezogen. Ein Prestigeprojekt auf Spitzbergen hat das bereits kurz nach seiner Einweihung erleben müssen: der Saatguttresor »Svalbard Global Seed Vault« (SGSV). Er soll der Menschheit selbst nach den schlimmsten vorstellbaren Katastrophen einen Neuanfang ermöglichen. Ob Klimawandel, Kriege oder Epidemien – von hier kann gefrorenes Saatgut tief aus dem Berg zurück ans Tageslicht geholt werden, um die Erde zu rekultivieren. Doch bereits in seinem ersten Polarsommer machte instabiler Permafrost dem in den Fels geschlagenen Lagerraum zu schaffen. Der Permafrostboden rund um den Saatguttresor kam im Sommer 2008 ins Rutschen, so dass einige Stellen des Baus zu stark belastet wurden. Weil sich Stahlteile im vorderen Bereich der Tunnelröhre verformten, mussten die Bauherren einen Teil der Röhre freilegen und Bauteile kostspielig austauschen. Mittlerweile sind die Probleme wieder behoben.

An vielen Stellen der Arktis lassen sich die Effekte des tauenden Permafrostes bereits beobachten: Küstenerosion lässt größere Landgebiete ins Meer abrutschen, während in sogenannten betrunkenen Wäldern, beispielsweise in Russlands Norden, Millionen von Bäumen im tauenden Boden an Halt verlieren und wie schiefe Mahnmale in der Landschaft stehen. Außerdem sind weiter nördlich große Bereiche von sogenanntem Thermokarst entstanden. Es sind Gegenden, in denen das Eis im spärlich bewachsenen Dauerfrostboden taut. Dabei sinkt durch den Volumenverlust die Oberfläche über den getauten Bereichen ein. Zahllose Schmelzwasserseen, viele von ihnen auffallend rund, sind in solchen Bereichen der Tundra entstanden, weil das oberflächennahe Schmelzwasser nirgendwohin abfließen kann, schließlich sind die tiefer liegenden Bodenbereiche noch immer gefroren. Steigende Bodenerosion und weiteres Tauen des Permafrostes dürften die Folgen sein.

Der schwindende Permafrost ist ebenfalls fatal für das Klima. Im gefrorenen Boden sind nämlich große Mengen Kohlenstoff gespeichert: Im oberen Bereich des Permafrostes in der Arktis und dem Borealen Nadelwald vermuten Experten zwischen 750 und 950 Gigatonnen Kohlenstoff. Das ist unter Umständen mehr als bisher in der gesamten Erdatmosphäre vermutet wird. Im Grundsatz funktioniert die Speicherung so: Pflanzen entziehen in wärmeren Zeiten den Ökosystemen durch Photosynthese große Mengen an Kohlendioxid. Wenn sie absterben, versinken sie im Boden. Dort werden die Pflanzen aber nicht komplett zersetzt, weil die niedrigen Temperaturen diese Prozesse zum Erliegen bringen. Taut der Boden, dann gehen die Zersetzungsprozesse weiter, und Kohlendioxid entsteht. Der tauende Permafrost setzt außerdem größere Mengen Methan frei:* ein hochpotenter Klimakiller, mehr als 21-mal wirkungsvoller als CO_2, wenngleich nicht ganz so beständig. Russische Forscher schätzen, dass sich die Methankonzentration der Erdatmosphäre durch die in der Arktis gespeicherten Mengen verzwölffachen könnte. Der Klimawandel setzt also in der Arktis gefährliche Klimagase frei, die das Phänomen weiter beschleunigen – ein Teufelskreis.

Der gleiche Effekt scheint auch im Meer stattzufinden, ganz so, wie in Frank Schätzings Erfolgsroman »Der Schwarm« beschrieben. Denn auch in den Schelfbereichen des Arktischen

---

* Bei Langzeitmessungen in Grönland stellten schwedische Forscher im Jahr 2008 allerdings fest, dass auch aus gefrorenem Boden Methan entweichen kann.

Kapitel Vier

Ozeans gibt es große Permafrostgebiete. Sie stammen aus Zeiten, in denen der globale Meeresspiegel mehr als 100 Meter tiefer lag als heute und Gebiete trocken lagen, die nun den Meeresgrund bilden. Diese waren den harschen Eiszeittemperaturen ausgesetzt und froren so tief durch, dass der Effekt bis heute anhält. Eine russisch-schwedische Arktisexpedition beobachtete im Spätsommer 2008 ein dramatisches Phänomen im Eismeer: Gasblasen, die großflächig vom Meeresgrund an die Oberfläche blubberten. Das Meer schien zu kochen rund um den grauen Rumpf des 70 Meter langen russischen Forschungsschiffs »Jakob Smirnizki«. Die Gewässer vor der Küste Sibiriens, in denen sich das Schiff zu dieser Zeit aufhielt, sind so bitterkalt, dass allein der Gedanke an kochendes Wasser lächerlich erscheint. Während das Gas in einem Tempo aufstieg, als ob irgendwo jemand eine riesige unsichtbare Mineralwasserflasche geöffnet hätte, wussten die Forscher der »International Siberian Shelf Study 2008« schnell, womit sie es zu tun hatten: Methan!

Bisher lagerte der Stoff als Eis-Methan-Gemisch, sogenanntes Gashydrat, sicher gebunden am Ozeanboden. Allein in den sibirischen Schelfmeerbereichen vermuten die Forscher 540 Milliarden Tonnen an Gashydrat-Vorkommen. Im Grundsatz sind Methanhydrate sogar wirtschaftlich interessant, weil sie als Energiequelle dienen können. Doch schon seit einiger Zeit machen sich Wissenschaftler Gedanken über deren Stabilität in den Wassern der Arktis. Im Sommer 2007 hatte die russische Forscherin Natalia Schachowa von zerbröselnden Methanhydraten berichtet, im Jahr darauf folgten dann die Beobachtungen von der »Jakob Smirnizki«. Überall entlang der russischen Nordküste wurden massiv erhöhte Gaskonzentrationen in Wasser und Luft nachgewiesen. In den meisten Fällen war das frei gewordene Methan im Wasser gelöst, doch am 18. September 2008 beobachteten die Forscher, wie das Meer blubberte, ein beunruhigender Vorgang. Und ein Zeichen dafür, dass die Gasfreisetzung am Meeresboden besonders schnell und ungezügelt ablief. Die theoretische Möglichkeit der Methanfreisetzung aus den arktischen Gashydraten scheint mehr und mehr eine klimagefährdende Realität zu werden.

Aus alldem wird klar, wie brisant die Frage nach der Widerstandsfähigkeit des Permafrosts in der Arktis ist. Hoffnung gibt möglicherweise ein Fund, den kanadische Wissenschaftler am Dominion Creek im Westen der kanadischen Yukon-Provinz gemacht haben. Ein Team um Duane Froese von der University of Alberta stieß dort auf eine Stelle mit Permafrost, den es nach gängiger Lehrmeinung gar nicht geben dürfte, weil er eigentlich längst getaut sein müsste: Es handelt sich um Eiskeile, deren Alter die Forscher durch die Analyse von eingeschlossener Vulkanasche auf rund 750 000 Jahre schätzen. Die obersten Erdschichten an der Fundstelle waren zum Teil zerwühlt, was kein Wunder ist, denn seit Ende des 19. Jahrhunderts wird in der Gegend nach Gold gesucht. Man erinnere sich an den Klondike-Goldrausch. Doch der dauerhaft gefrorene Boden, der Forschern zufolge vor dem Eintreffen der Goldsucher etwa 3 bis 4 Meter unter der Oberfläche lag, blieb intakt. Das Besondere dabei: Die Gegend um den Dominion Creek liegt in der Zone des sogenannten diskontinuierlichen Permafrosts, in der nur einige Bodenbereiche niemals tauen. Und selbst die gefrorenen Sektoren sind vergleichsweise warm, normalerweise liegen sie über -2°. Und trotzdem, so sagen Froese und seine Kollegen, soll der Permafrost hier die Zeiten überdauert haben. Das ist vor allem deshalb interessant, weil der eisige Grund damit mindestens zwei längere Perioden großer Hitze überstanden haben muss, darunter die Eem-Warmzeit* vor 129 000 bis 115 000 Jahren. Das waren Perioden, in denen die Erde wärmer war

---

* Die Warmzeit wurde nach dem Fluss Eem in der Nähe des niederländischen Ortes Amersfoort benannt, wo Geologen Ende des 19. Jahrhunderts Fossilienmaterial gefunden hatten, das eigentlich eher in wärmeren Gegenden zu erwarten gewesen wäre.

als heute. »Wir sagen nicht, dass wir uns keine Sorgen machen müssen«, stellt Eisforscher Froese gleichwohl klar. »Permafrost reagiert sehr wohl auf Klimawandel. Es passiert allerdings sehr langsam.« Und mehrere Meter tief im Boden liegende Bereiche seien dabei anscheinend stabiler als bisher angenommen, wie der aktuelle Fund belege. Wenn Permafrost die widrigen Konditionen zweier größerer Warmzeiten überstehen konnte, dann ist er durch die aktuelle Aufheizung des Weltklimas möglicherweise weniger gefährdet, als man befürchten könnte. Permafrostforscher Hanno Meyer vom Alfred-Wegener-Institut in Potsdam bestätigte kurz nach dem Fund, dass auch AWI-Wissenschaftler in Sibirien Permafrostboden nachgewiesen hätten, der älter als 200 000 Jahre sei und damit eine längere Warmzeit überstanden habe.

Die Gletscher ziehen sich zurück

Auch für das Eis an Land hat das Schmelzen des arktischen Meereises Folgen: Im Sommer 2008 brachen zum Beispiel vom Ward-Hunt-Eisschelf in der kanadischen Arktis zwei gigantische Stücke ab. In dem Schelf vor der Ellesmere-Insel hatten Forscher zuvor starke Risse bemerkt. Wenig später waren die Eistafeln mit einer Fläche von insgesamt fast 20 Quadratkilometern losgebrochen und ins Meer abgetrieben. Dieses Eis schwimmt eigentlich auf dem Meer, ist aber mit Eis am Land fest verbunden. Sein Abbrechen verändert die Küstengeometrie massiv. Das traurige Schauspiel wiederholte sich wenige Monate später am Markham-Eisschelf, das ebenfalls an der Ellesmere-Insel hing. Hier brach mit 55 Quadratkilometern fast der ganze Schelf weg, am nahe gelegenen Serson-Eisschelf waren es sogar 76 Quadratkilometer. In den kommenden Jahren, so die Forscher, werden die auf Ellesmere noch verbliebenen 480 Quadratkilometer Schelfeis ebenfalls verschwinden. Und auch die großen Gletscher auf der Baffin-Insel, der Devon-Insel und der Bylot-Insel, die allesamt im kanadischen Arktisarchipel liegen, werden kleiner und ziehen sich zurück. Im Auyuittuq-Nationalpark im Nordosten der Baffin-Insel hatte die Hitze im Sommer 2008 besonders dramatische Folgen: Eine Springflut, ausgelöst durch ungewöhnlich schnell schmelzende Gletscher und größere Gebiete von tauendem Permafrost, raste durch die Fjordlandschaft mit ihren weiten Tälern und zum Teil mehr als 2000 Meter senkrecht aufsteigenden Felswänden. Ironischerweise bedeutet der Name des Parks in der Inuitsprache so viel wie »Land, das niemals schmilzt«.

Auch dem grönländischen Eisschild macht die zunehmende Wärme in der Arktis zu schaffen. Es ist eine gigantische Zahl: 2,5 Millionen Kubikkilometer. So groß ist die Menge des Eises, die auf Grönland liegt und mit 1,7 Millionen Quadratkilometern rund 80 Prozent von dessen Fläche bedeckt. Wer mit dem Flugzeug oder dem Hubschrauber über die gleißende Fläche fliegt, hat Mühe, zu unterscheiden, wo das Eis endet und wo der Himmel beginnt. Die weißen Massen sind ein Überbleibsel der Eiszeit, als Gletscher weite Teile Europas und Nordamerikas bedeckten. In Grönland ist das Eis im Schnitt 1790 Meter dick, an der umfangreichsten Stelle sogar 3400 Meter. Auf diese Weise hat es die Zeiten überdauert, zum einen, weil es sich durch die schiere Menge selbst kühl gehalten hat, zum anderen, weil die Oberseite gebirgshoch, also im Bereich kalter Luftschichten liegt. Wenn all dieses Eis abschmölze, dann würde der Meeresspiegel im Extremfall um mehr als sieben Meter ansteigen. Dazu kämen potenziell extreme Folgen für den Golfstrom und das Klima in Europa.

Erst seit kurzer Zeit können Forscher ernsthaft messen, wie sich das Eis von Grönland entwickelt. GPS-Satellitentechnik, die auch in Autonavigationssystemen zum Einsatz kommt, soll den Wissenschaftlern verraten, wie stark sich die Insel hebt. Das ist ein Indikator dafür, dass weniger Eismasse auf die Erdkruste drückt. Zwei Mal pro Minute messen zwei Dutzend Stationen ihre Höhe, auf einen halben Millimeter genau. Nach ersten Berechnungen hat Grönland in den vergangenen vier Jahren im Schnitt jeweils 150 Kubikkilometer Eis verloren. Mithilfe der im Jahr 2002 gestarteten baugleichen zwei »Grace«-Satelliten (»Gravity Recovery and Climate Experiment«) haben Forscher sogar einen noch höheren Eisverlust ausgemacht. Bei einer Auswertung der Daten errechneten sie ein jährliches Abschmelzen von rund 240 Kubikkilometern, das vor allem gegen Ende der Messperiode dramatisch an Geschwindigkeit gewonnen habe. Andere Forscher untersuchen mit auf Satelliten montierten Laser-Höhenmessern das Höhenprofil von Grönland. Dabei können sie seit der Jahrtausendwende steigende Zuwächse in den zentralen Höhenlagen Grönlands beobachten, wo durch das wärmere Klima mehr Schnee zu fallen scheint. Gleichzeitig verliert die Insel aber weit größere Mengen Eis, weil der Eisschild an den Rändern deutlich dünner wird. Außerdem hat sich die Fließgeschwindigkeit vieler Gletscher auf Grönland in den vergangenen Jahren enorm erhöht. Der schnellste von ihnen, der Jakobshavn Isbræ, ergoss sich schon 2006 mit einer Geschwindigkeit von 14 Kilometern pro Jahr ins Meer. Forscher um David Holland von der New York University machten dafür vor allem veränderte Meeresströmungen verantwortlich, die ab dem Jahr 1997 wärmeres Wasser an Grönlands Westküste gebracht haben sollen.

In Bezug auf das Schicksal von Grönland gibt es zwei Forschercamps, die sich spinnefeind sind. Eine Theorie besagt, dass das Abschmelzen besonders schnell ablaufen könnte: »Es könnte Mechanismen geben, in denen Wasser in die Gletscherspalten eindringt und als eine Art Gleitmittel wirkt«, warnt etwa der niederländische Forscher Bert Metz. Gäbe es diesen Schmiereffekt tatsächlich, dann wären alle langfristigen Vorhersagen Makulatur, denn dann könnte Grönlands Eispanzer in wenigen Jahrhunderten abschmelzen, weil binnen kürzester

Zeit große Eismengen ins Rutschen kommen und abbrechen können. Einmal im Wasser, würden die Mega-Eisberge dann nach Süden treiben – und schmelzen. Auch Anders Carlson von der University of Wisconsin und seine Kollegen halten die von einem tauenden Grönland ausgehende Gefahr für unterschätzt. Sie hatten untersucht, was steigende Sommertemperaturen mit großen Eismengen anstellen, und dafür die Spuren eines Inlandgletschers in Nordamerika verfolgt, der vor einigen tausend Jahren so weit nach Süden vorgedrungen war, dass er bis in die Gegend des heutigen New York reichte. Die Wissenschaftler fanden heraus, dass der Gletscher vor rund 9000 sowie vor rund 7600 Jahren binnen kurzer Zeit große Mengen an Eis verloren hat – in Zeiten, in denen die Temperaturen ähnlich stark zugelegt hatten, wie sie es heute in der Arktis tun. Der Meeresspiegel sei damals um bis zu 1,3 Meter pro Jahrhundert angestiegen, so die Forscher. Nun fürchten die Wissenschaftler eine ähnliche Entwicklung beim Schmelzen des Eises in Grönland. Derzeit existierende Vorhersagen für das Plus beim weltweiten Meeresspiegel seien »6- bis 40-fach« zu niedrig angesetzt.

Die Theorie vom Schmelzwasser als Gleitmittel für Grönlands Gletscher ist aber nicht unumstritten. Der niederländische Forscher Roderik van de Wal schrieb im Sommer 2008 im Fachmagazin »Science«, er könne keine Anzeichen für eine schnellere Eisabgabe von Grönland in die angrenzenden Meeresgebiete erkennen. Van de Wal hatte Satellitendaten aus 17 Jahren analysiert. Auch der Uno-Klimabericht ist in Bezug auf Grönland sehr zurückhaltend. Die Forscher gehen bei ihren Szenarien zum durchschnittlichen Anstieg des Meeresspiegels stets davon aus, dass das kilometerdicke Inlandeis von Grönland über Hunderte von Jahren langsam abschmilzt.

Trotz einer Vielzahl von problematischen Einzelbeobachtungen ist es für Forscher und Arktisexperten weltweit äußerst schwierig, großräumige Vorhersagen über die Ausdehnung sowie die Dicke des Eises für die Zukunft zu treffen. Das liegt auch an den Unzulänglichkeiten der Technik: Die Instrumente auf den Satelliten können zwar wie beschrieben Höhenänderungen nachweisen. Doch sie tun sich schwer bei der Frage, wie viel davon durch einfaches Zusammenpressen von Schnee entstanden ist. Satelliten, die im Gegensatz dazu mit Radiowellen arbeiten, haben eine andere Unzulänglichkeit: Sie dringen nicht immer tief genug in den Schnee ein. Und kosmische Späher schließlich, die die Masse des Eispanzers über seine Gravitationswirkung messen, haben Probleme, weil sie unter Umständen ein zu großräumiges Gebiet betrachten. Selbst wenn sie alle Verfahren kombinieren, können die Wissenschaftler nur schwer herausfinden, wie viel Schmelzwasser tatsächlich von Grönland in die Ozeane fließt. Fest steht nur, dass das grönländische Eis schmilzt, und zwar rapide. Aus einigen zehn Milliarden Tonnen Eisverlust im Jahr am Anfang der Neunziger wurden rund einhundert Milliarden Tonnen um die Jahrtausendwende. Mittlerweile sind es schon anderthalb Mal so viel.

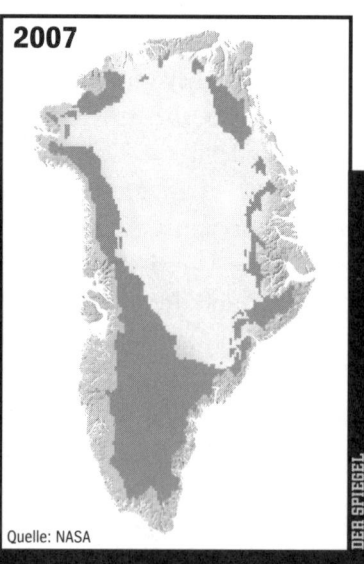

Die Tier- und Pflanzenwelt verändert sich

Der Klimawandel wirkt sich auch auf die Tiere und Pflanzen in der Arktis aus. Doch längst nicht alle Arten trifft es gleichermaßen, wie Bodil Bluhm und Rolf Gradinger von der University of Alaska in Fairbanks herausgefunden haben. Während Eisbären, Walrosse und Narwale großen Problemen gegenüberstehen, sehen die Forscher andere Arten wie Belugas und Bartenrobben weniger bedroht. Entscheidend ist, wie flexibel die Tiere bei ihren Fress- und Jagdgewohnheiten sind. Denn nur wer sich anpassen kann, hat Überlebenschancen in der schmelzenden Eiswelt. Die öffentliche Wahrnehmung fokussiert vor allem den Eisbären, den die Wissenschaftler Ursus maritimus nennen. Wenn der Klimawandel ein Maskottchen hat, dann ist er es. Das weiße Landraubtier bewegt die Herzen der Menschen, allerspätestens seit der medialen Dauerpräsenz des Berliner Bärenbabys »Knut« im Jahr 2007. Zweifelsohne werden die Eisbären mit dem Klimawandel zu kämpfen haben, weil ihnen der Lebensraum in der Arktis förmlich unter den Tatzen wegschmilzt. Wie stark sie tatsächlich betroffen sind, gilt es noch zu erforschen. Schon ihr Bestand ist nicht genau bekannt. Meist sind Zahlen in der Größenordnung von 25 000 Tieren zu lesen. Das ist ein Mittelwert der existierenden Schätzungen, auf den sich viele Forscher geeinigt haben. Er wird auch von den Eisbärexperten beim Naturschutz-Arm der Uno, der International Union for Conservation of Nature and Natural Ressources (IUCN), verwendet. Niemand hat sich jedoch bisher die Mühe gemacht, genau zu zählen. »Es ist eine Frage der finanziellen Ressourcen«, sagt Eisbärexperte Andrew Derocher von der University of Alberta. Der Kanadier mit dem schwarzen Vollbart befasst sich seit 20 Jahren mit den Tieren und leitet mittlerweile die Eisbärengruppe der Naturschützer bei der IUCN. Kaum einer der fünf Arktisanrainer, so sagt er, hätte sich bisher für einen Eisbärzensus begeistern können.

Kapitel Vier

Jährlich werden rund 1000 Eisbären von Jägern geschossen, vor allem von Inuit. Insgesamt 19 verschiedene Bärenpopulationen sind rund um den Pol bekannt, nur für zwei von ihnen haben Wissenschaftler langfristige Beobachtungsdaten. Die erste ist die Population im Westen der Hudsonbay. Bei ihr scheinen sich die negativen Folgen des Klimawandels klar zu zeigen: Seit Beginn der Beobachtungen im Jahr 1981 ist die Zahl der Tiere um fast ein Viertel gesunken. Gleichzeitig nahm auch das Durchschnittsgewicht der Weibchen von 290 auf 230 Kilogramm ab. Immer weniger Eisbärenjunge würden den Winter überstehen, berichteten die Forscher. In der südlichen Beaufortsee dagegen, bei der zweiten Population, ist derzeit kein Rückgang nachweisbar. Doch Andrew Derocher beharrt darauf: Kein Forscher könne an der bedrohlichen Lage der Bären zweifeln – zumindest wenn er nicht auf der Gehaltsliste von Ölindustrie oder Trophäenjägern stehe. Der Geologische Dienst der USA (USGS) veröffentlichte im Januar 2008 ebenfalls einen alarmierenden Bericht. Dem Papier zufolge könnten zwei Drittel aller Eisbären in den nächsten 50 Jahren aussterben. Der ACIA-Bericht bezweifelt sogar ihr Überleben als Art, denn Eisbären jagen vor allem Robben, von denen die meisten auf Eisschollen angewiesen sind. Dort ziehen sie ihre Jungen auf und ruhen sich aus. Schmilzt diese Basis, geht der Bestand der Robben stark zurück. Eisbären hungern dann im Sommer, und die Weibchen können nicht mehr ausreichend jagen, um Fettreserven anzulegen. Das wiederum bedeutet, dass sie kleinere Würfe, kleineren Nachwuchs und weniger Milch für diesen produzieren. Ohnehin bekommen Eisbären schon unter normalen Umständen höchstens alle drei Jahre Nachwuchs, von dem gerade mal ein Drittel die entscheidenden ersten vier oder fünf Jahre überlebt.

Beim Schutz der Eisbären legen die Polarstaaten ganz unterschiedliche Maßstäbe an. In Russland sind die Tiere seit 1956 geschützt, in Norwegen seit 1973. In den USA wurden sie im Mai 2008 vom Innenministerium als bedrohte Art eingestuft –

nach einem jahrelangen Klagemarathon von Umweltschützern und nachdem Ölfirmen drei Monate zuvor rund 2,6 Milliarden Dollar für die Erlaubnis bezahlt hatten, in der Tschuktschensee nach Öl und Gas zu bohren. Umweltschützern ging der Vorstoß der Regierung indes nicht weit genug, weil er keine Reduktion von Treibhausgasen zum Schutz der Bären vorsah. Deswegen strengten sie eine neuerliche Klage an. Juristisch wehrte sich auch wenig später der Bundesstaat Alaska, allerdings mit einem genau gegenteiligen Argument: Die Regeln aus Washington gingen viel zu weit und gefährdeten die Entwicklung der Ölindustrie im nördlichsten Bundesstaat. Schon wenig später gestand Washington den Ölfirmen ohnehin zu, die Tiere »in kleiner Anzahl« bei ihren Arbeiten in der Tschuktschensee notfalls auch zu stören. Im Herbst 2008 verpflichtete sich die Regierung dann immerhin auf Druck der Umweltschützer, bis Ende März 2010 Schutzzonen für Eisbären auszuweisen, in denen sie unter keinen Umständen von der Ölindustrie gestört werden dürfen. In Kanada, wo zwei Drittel der Eisbären der Welt leben sollen, herrscht offenbar weniger Sorge. Das zuständige Expertengremium COSEWIC (»Committee on the Status of Endangered Wildlife in Canada«) erklärte im April 2008 nach tagelangen Sitzungen in Yellowknife, Eisbären seien eine Art, um die man »sich Sorgen machen« müsse. In der offiziellen Klassifikation liegen die Tiere damit zwei Stufen unter »gefährdet« beziehungsweise »vom Aussterben bedroht«. Der Chef des Komitees, Jeff Hutchings, erklärte, die Regierung müsse bis zum Jahr 2014 einen Schutzplan für die Tiere vorlegen – eine Zeit, in der, wie wir gesehen haben, das arktische Meereis komplett verschwunden sein könnte. Kanadischen Umweltschützern ging das Votum der Kommission verständlicherweise nicht weit genug, sie forderten vor allem ein Jagdverbot für die Tiere. Inuit-Vertreter machten indes genau dagegen Front, nicht zuletzt deshalb, weil die traditionellen Jäger jedes Jahr Millionen von Dollar verdienen, wenn sie ihre Jagdgenehmigungen an trophäenhungrige Touris-

Kapitel Vier

ten verkaufen. Von den rund 1500 Eisbären der Baffinbay, die sowohl in Kanada als auch in Grönland leben, durften im Winter 2008/2009 immerhin 173 erlegt werden.

Norwegische Wissenschaftler haben jedoch auf Spitzbergen einen Fund gemacht, der zumindest vorsichtig optimistisch stimmen könnte. Die Studentengruppe des Universitätszentrums Unis hatte die Tragweite ihres Fundes zunächst gar nicht erkannt: Der gut 20 Zentimeter große Kieferknochen eines Eisbären, den sie am Poolepynten auf der Insel Prins Karls Forland fanden, war alt, keine Frage. Doch wie alt die mit einem respekteinflößenden Zahn bekrönten Hinterlassenschaften einer Eisbärin tatsächlich waren, das fanden Wissenschaftler erst rund drei Jahre später heraus. Bei der Datierung des Fundes kamen sie darauf, dass das Tier vor 110 000 bis 130 000 Jahren gelebt haben muss. Damit war die Bärendame schlagartig zum ältesten Eisbären der Welt avanciert. Genau genommen sind die Knochen so alt, dass der Eisbär nach Ansicht der Forscher eine Warmzeit, ein sogenanntes Interglazial, überstanden haben muss. Der Eisbär, so das Fazit der Wissenschaftler, könnte damit widerstandsfähiger gegenüber veränderten Umweltbedingungen sein als bisher vermutet.

Noch gefährdeter als die Eisbären sind allerdings andere arktische Arten. Das fand ein Forscherteam um Kristin Laidre von der University of Washington heraus, das insgesamt elf arktische und subarktische Säugetiere in Bezug auf Populationsgröße, Einzigartigkeit des Lebensraums und Nahrungsvielfalt beurteilt hat. Außerdem untersuchten die Wissenschaftler die Fähigkeit unterschiedlicher Arten, sich auf abnehmendes Meereis einzustellen. Der kanadische Forscher Ian Stirling, einer der Co-Autoren der Studie, betont daher: »Wir sprechen über ein ganzes Ökosystem. Wir sprechen über mehrere verschiedene Arten, die das Eis intensiv nutzen und deswegen sehr verwundbar sind.«

Besonders schlecht schnitt bei den Untersuchungen der Narwal ab, der vor allem wegen eines ganz besonderen körperlichen Merkmals berühmt geworden ist, nämlich dem linken Schneidezahn im Oberkiefer der Männchen. Er sieht aus wie eine dünne Lanze, ist schraubenförmig im Uhrzeigersinn gewunden und kann fast drei Meter lang werden. Deswegen glauben manche Forscher auch, dass die Tiere die Vorlage für den Einhorn-Mythos bildeten. »Der Narwal, der bis zu mehrere hundert Meter tief tauchen kann, ist ein absoluter Spezialist, der perfekt an das Leben im Packeis angepasst ist«, erklärt Forscherin Laidre. Die Umweltschutzorganisation WWF geht davon aus, dass es derzeit noch rund 37 000 dieser eigentümlichen und faszinierenden Meeresbewohner gibt. In anderen Quellen ist von 50 000 bis 80 000 die Rede. Doch egal, wie viele von ihnen tatsächlich existieren, die Tiere, die um Grönland, entlang der Küste Sibiriens und in der kanadischen Hudson Bay leben, sind offenbar in Gefahr, weil sie das Verschwinden des Eises besonders hart trifft: Im Sommer wandern die Wale für einige Monate nach Norden, in flache und eisfreie Küstengewässer. Im Herbst geht es dann nach Süden, in tiefere und eisbedeckte Meeresgebiete. Die Wale hätten sehr spezielle Migrationswege, die sie niemals verließen, sagt Laidre. »Weil der Wal sich strikt an seine Wanderungsrouten hält, ist auch das Nahrungsangebot eingeschränkt, und das macht ihn sehr anfällig.«

Auch dem Walross drohen den Wissenschaftlern zufolge harte Zeiten. Von den Tieren gibt es eine pazifische (größer und zahlreicher) und eine atlantische Ausgabe (kleiner und seltener). Die Populationen sind noch schlechter untersucht als die Eisbären, haben aber dasselbe Problem: Sie jagen ihre Beute, hauptsächlich Muscheln und Schnecken, von Eisschollen aus. Wenn diese zu weit nach Norden zurückweichen, in Bereiche mit größeren Wassertiefen, dann können die Tiere kaum noch an ihr Futter am Meeresboden gelangen. Auch nimmt die Zahl der Ruheplätze ab. Die Walrosse müssen sich in bestehenden Kolonien dichter drängen, viele Tiere kommen so zu Tode. Und so setzt sich die traurige Liste der Forscher fort: Die Mützenrobben sind gefährdet, die Grönlandwale, und auch Vögel – unter anderem die

Kapitel Vier

Elfenbeinmöwe: Diese schneeweißen Vögel fressen die Kadaver von Robben und Fischen auf dem Meereis. Ökologen klagen, dass von 25 000 Paaren in der Arktis Anfang der Achtziger mittlerweile kaum welche übrig seien. Auf Spitzbergen und in Südgrönland seien die Vögel fast nicht mehr zu finden.

Während die steigenden Temperaturen viele polare Arten bedrohen, erlauben sie es im Gegenzug anderen Arten, sich in arktische Lebensräume auszubreiten, in denen sie bis dahin nicht hätten überleben können. Meerestiere zum Beispiel: Die beiden in den USA lebenden Forscher Geerat Vermeij und Peter Roopnarine haben eine massive Einwanderungswelle ausgemacht. Zahlreiche Spezies aus dem Nordpazifik, so die Forscher, dringen derzeit in den immer wärmer werdenden Arktischen Ozean vor. Von dort aus könnten sie schließlich sogar den Atlantik erreichen. Mindestens 77 Arten von kalkschaligen Mollusken im Beringmeer zwischen Sibirien und Alaska hätten das Potenzial, sich derart auszubreiten. Möglicherweise werde die Zahl der wandernden Arten auch noch weit höher ausfallen. Eine Migration ähnlichen Ausmaßes hatte es schon einmal gegeben – im Mittleren Pliozän, also vor rund 3,5 Millionen Jahren. Damals könnten zumindest Küstenbereiche des Nordpolarmeers ganzjährig eisfrei gewesen sein. Für die Arten im Atlantik bestehe durch die neu einreisenden Verwandten immerhin keine große Gefahr, erklärten Vermeij und Roopnarine, heimische und eingewanderte Spezies vermischten sich friedlich.

An Land hingegen sehen einige Forscher einer Arteninvasion in die Arktis mit Sorge entgegen. Ein Risikofaktor sind Touristen, die im Dreck unter ihren Schuhen Samen mitführen. Auf Spitzbergen erklärte der Australier Chris Ware im Sommer 2008: »Es geht darum, das Einschleppen neuer Pflanzenarten zu verhindern, die sich in den sensiblen Ökosystemen der Inselgruppe unkontrolliert verbreiten könnten.« Dann drohten dort ökologische Probleme, und »wenn neue Arten einmal hier sind, kann man praktisch nichts mehr machen.« Knapp 20 Pflanzenarten sind bereits von Menschen auf die Inseln gebracht worden, erklärte Inger Greve Alsos. Sie ist Professorin am hochmodernen Universitätszentrum von Spitzbergen (UNIS) und betreibt eine Datenbank zu allen Pflanzenarten auf den Inseln. Zu den dort registrierten ungewollten Eindringlingen zählt zum Beispiel der Ackerrettich, der nahe der Polarforschungsstation in Ny-Ålesund im Nordwesten von Spitzbergen gesichtet wurde. Damit sich nicht noch mehr Arten in die Ökosysteme der Inseln mogeln, machte sich Chris Ware mit einem speziellen Schuhputzservice am Flughafen von Longyearbyen ans Werk. »Im Schmutz sind eigentlich fast immer Samen. Manchmal ist es einer, manchmal sind es 30 oder 40«, sagt er. Bis jetzt ist die Sohlenreinigung für einreisende Gäste und Einheimische noch freiwillig, durch eine Entscheidung des Inselgouverneurs könnte sie aber binnen kürzester Zeit zur Pflicht werden.

Klar ist: Für die Ökosysteme der Arktis stellt der schnelle Wandel eine Belastungsprobe dar, die sie nicht in allen Fällen meistern werden.

Kapitel Fünf
Was gibt es zu holen?

So manche Hoffnung richtet sich darauf, dass die bisher so abweisende Arktis in Zukunft ihre Schätze preisgibt. Weil viele leichter zugängliche Lagerstätten auf der Erde ausgebeutet sind, suchen Unternehmen in der Arktis nach wertvollen Rohstoffen. Zahllose Minen für Mineralien wie Phosphat, Nickel, Eisenerz, Aluminium, Kupfer und Uran gibt es bereits heute in der Arktis, unter anderem in Russland, Kanada und Grönland. Auch wenn viele der Projekte höchst interessant und zuweilen mit Milliardeninvestitionen* verbunden sind, würde eine detaillierte Betrachtung den Rahmen dieses Buches sprengen. Deshalb soll es hier nur einen kleinen Exkurs über die Förderung von Diamanten geben.

Die wertvollen Steine aus arktischen und subarktischen Regionen haben bereits einen beachtlichen Anteil auf dem Weltmarkt. Sie stammen beispielsweise aus Kanada, das innerhalb von weniger als zwanzig Jahren zu einem der wichtigsten Diamantenproduzenten weltweit wurde. In den Minen des Landes wurden allein im Jahr 2007 17 Millionen Karat an Rohdiamanten gefördert. Verantwortlich für den Boom sind vor allem die beiden exzentrischen Geologen Chuck Fipke und Stewart Blusson, die fast zehn Jahre lang in einem Kleinflugzeug voller Messgeräte die unzugänglichen Gebiete Nordkanadas absuchten und 1991 schließlich fündig wurden. In den Nordwestterritorien fördern mittlerweile die Schwergewichte der Branche knapp unterhalb des Polarkreises die wertvollen Steine: Rio Tinto (die Diavik-

---

* So will der Bergbaukonzern Cameco in der kanadischen Provinz Nunavut in großem Stil Uran fördern. Dazu gibt es unter anderem das Turqavik-Aberdeen-Projekt nahe dem Baker Lake, wo Cameco 9,5 Milliarden kanadische Dollar investieren will.

Was gibt es zu holen?

Mine produziert seit 2003), De Beers (die Snap-Lake-Mine produziert seit 2007) und BHP Billiton (die Ekati-Mine produziert seit 1998). An der zuletzt genannten Mine haben die Entdecker Fipke und Blusson übrigens bis heute jeweils einen Anteil von zehn Prozent, der sie zu Multimillionären gemacht hat. Weitere Steinbrüche wie die ebenfalls in den Nordwestterritorien gelegene Gahcho Kué werden derzeit aufgebaut. Auch in Russlands arktischen Regionen boomt die Diamantenindustrie. In Jakutien fördert der Staatskonzern Alrosa Diamanten und hat sich mittlerweile hinter De Beers zur Nummer zwei auf dem globalen Diamantenmarkt aufgeschwungen. Der knapp unterhalb des Polarkreises liegende Udatschnaja-Tagebau, das wichtigste Vorkommen des Konzerns, wird bereits seit den sechziger Jahren ausgebeutet. Ganz in der Nähe wurde im Jahr 2007 ein neues Vorkommen mit dem Namen Werchne-Munskoje entdeckt. Einen Diamantenboom gibt es auch in der Region Archangelsk, wo Alrosa seine Produktion in der seit 2003 arbeitenden Lomonossow-Mine massiv ausweiten will. Ein Konkurrenzunternehmen, an dem unter anderem Lukoil beteiligt ist, will mit der Werchotinskaja-Mine einen Einstieg ins Geschäft wagen.

Doch nicht nur an Land sind die Rohstoffe der Arktis interessant: Es locken auch Lagerstätten am Meeresboden. Denn egal ob Edelmetalle wie Gold, Silber und Platin oder seltene Stoffe wie Gallium, Indium und Tellur, die zum Beispiel in der Halbleitertechnik eingesetzt werden: Am Grund der Weltmeere gibt es große Vorkommen dieser wertvollen Mineralien. Allein in Erzknollen am Grund des Pazifiks soll es unter anderem 7,5 Milliarden Tonnen Mangan, 350 Millionen Tonnen Nickel und 265 Millionen Tonnen Kupfer geben. In der Arktis könnten interessante Anreicherungen an unterseeischen heißen Quellen, wie etwa im Bereich des 1800 Kilometer langen Gakkel-Rückens, existieren. Dort trifft sehr heißes, mineralreiches Wasser unter hohem Druck auf kaltes Meerwasser. Dabei werden die gelösten Metallsalze ausgefällt und am Boden abgelagert. Solche hydrothermalen Quellen spürten deutsche Wissenschaftler bereits Ende der Achtziger im Südpazifik in einem sogenannten Schwarzen Raucher auf. Das sind kegel- oder röhrenförmige Strukturen am Meeresgrund, aus denen ständig eine Mineralienwolke austritt. Das besondere an dem Fund vor dem Südseearchipel Tonga: In den Ablagerungen um die Quelle fanden sich sensationelle Goldgehalte von 30 Gramm pro Tonne. Je nach aktuellem Goldpreis und wirtschaftlicher Praktikabilität der Förderung gelten heute sogar Lagerstätten mit weniger als drei Gramm pro Tonne als abbauwürdig.

Mittlerweile lässt die kanadische Firma Nautilus deswegen ein spezielles Schiff bauen, von dem aus in rund 1700 Metern Wassertiefe ein Gemisch aus Gestein und Erz abgebaut und mit mächtigen Saugrohren an die Oberfläche gepumpt werden soll. Von der fast 200 Meter langen »Jules Verne« wird das geförderte Material dann mit Lastkähnen zur Weiterverarbeitung an Land gebracht. Für Dezember 2010 ist die erste Erzförderung vorgesehen. Neben Gold hat das Unternehmen auch Kupfer, Zink und Silber im Blick. Vor der Küste Namibias arbeiten schwimmende Staubsauger bereits mit einer ähnlichen Technik. Ob und wann solche Schiffe auch in der Arktis fahren werden, ist aber noch vollkommen unklar. Viel zu wenig wissen Forscher über die hydrothermalen Quellen des Gebiets. Ebenso ist weitgehend unbekannt, wie viele Metalle und Edelsteine durch die Sedimentfracht der großen Flüsse auf den arktischen Meeresboden gelangt sind. Interessant sind hier vor allem die flacheren Schelfbereiche, die auf der sibirischen Seite weit größer sind als vor Grönland und Nordamerika. Rechte Euphorie will bei Experten, trotz so manch anders lautender Schlagzeile, nicht aufkommen. »Nach meiner Schätzung wird es 20 bis 30 Jahre dauern, bis man in der arktischen Tiefsee Mineralien fördert«, sagt BGR-Experte Christian Reichert. Zunächst müssten interessierte Unternehmen viel Geld für die Exploration aufwenden. Außerdem seien andere Lagerstätten, zum Beispiel in den atlantischen Tiefseebereichen weiter südlich, deutlich einfacher zu erschließen als die der Arktis. Andere Beobachter sind noch zurückhaltender. »Ich halte es für höchst unwahrscheinlich, dass jemand in ein Explorationsprogramm für Mineralien auf dem Meeresboden investiert«, sagt etwa der Rohstoffspezialist Simon Hamner vom Geologischen Dienst Kanadas. Denn, so lautet seine Erklärung, »Öl und Gas stehen unter Druck. Man muss sie nur anbohren, und sie kommen hoch. Mit den Metallen ist das anders. Man muss sie nach oben fördern. Die Logistik hierfür wäre immens.« Und auch Hamners Vorgesetzter Jacob Verhoef ist wenig optimistisch: »Rohstoffe werden die Völker wohl auch in hundert Jahren noch nicht aus der Tiefsee fördern.«

Im Verlauf dieses Kapitels geht es deswegen um zwei Dinge, die in naher Zukunft mehr Interesse an der Arktis generieren dürften als Erzlagerstätten. Erstens tun sich wegen des schmelzenden Eises neue Schifffahrtsrouten rund um den Pol auf, was der internationalen Transportschifffahrt beeindruckende Abkürzungen ermöglicht. Zweitens werden umfangreiche Öl- und Gaslagerstätten in der Arktis vermutet. Diese Lagerstätten sind vielversprechend, trotz zwischenzeitlich gesunkener Rohstoffpreise im Zuge der internationalen Wirtschafts- und Finanzkrise. Denn langfristig ist die Tendenz klar: Öl wird in einer energiehungrigen Welt immer knapper. Um sich schon jetzt den Zugriff auf die Reserven von morgen zu sichern, sind die Ölkonzerne bereit, auch an ungewöhnliche Plätze zu gehen – zum Beispiel in die Arktis.

Kapitel Fünf

Erdöl und Erdgas: Wie viel gibt es wirklich?

»Die Arktis wird niemals den Nahen Osten ersetzen können«
Donald Gautier, US-Geologe, im September 2008

Es wäre der Albtraum jedes Pauschaltouristen gewesen: Am Strand war es kalt und zugig, und das Wasser war weit weg. Das kleine Grüppchen stand 200 Höhenmeter über dem Van Keulenfjord im Südwesten von Spitzbergen, und die Zeiten, als an dieser Stelle das Meer plätscherte, lagen etwa 50 Millionen Jahre zurück. Nun drängelte sich an der steilen Flanke des Berges Storvola ein Trupp Geologen, um etwas über die Zukunft der Ölförderung zu lernen. »Spitzbergen ist ein riesiges Geologielehrbuch«, sagte Erling Siggerud. Der bärtige Norweger mit der Statur eines Bären berät als Einmannunternehmen diverse Ölkonzerne, die sich zunehmend für die Schätze der Arktis interessieren. »In den Felsen hier bekommt man Dinge zu Gesicht, die ansonsten Hunderte von Metern unter dem Ozeanboden versteckt sind.« Deswegen kraxelten unter Siggeruds Führung zwei Dutzend Geologen verschiedener Ölgesellschaften und Explorationsfirmen durch die Felsen der Arktisinsel. Woodside aus Australien war da, Impex aus Japan, auch BP und Maersk Oil hatten Abgesandte geschickt, und für die folgende Woche hatte sich eine weitere Geologengruppe angekündigt.

Lange Zeit war es nicht wirtschaftlich, Öl und Gas in der Arktis zu fördern. Aber das ändert sich gerade. Zum einen gehen die Preise an den Rohstoffbörsen trotz zwischenzeitlicher Preiseinbrüche langfristig nach oben. »Wir dürfen uns nicht von den niedrigen Ölpreisen täuschen lassen«, sagt etwa Fatih Birol, Chefökonom der Internationalen Energieagentur, die ihren Sitz in Paris hat. »Die Probleme bei der Rohstoffförderung sind nicht aus der Welt, im Gegenteil. Unsere Zahlen lassen daran keinen Zweifel.« Der Ölbedarf der Erde, davon ist der Wirtschaftswissenschaftler überzeugt, werde weiter zunehmen:

Was gibt es zu holen?

»Der Zuwachs wird sich auf drei Zentren konzentrieren: China, Indien und den Nahen Osten.« Die Experten der BGR warnten im November 2008, mitten in der Krise, vor einer nahenden Ölknappheit: »Erdöl wird der erste Energierohstoff sein, bei dem eine echte Verknappung durch die Endlichkeit der Ressource spürbar wird«, sagte BGR-Präsident Hans-Joachim Kümpel. Deswegen sei es wichtig, zusätzliche Potenziale für Erdölvorkommen zu erschließen, und zwar auch in der Arktis. Das Urteil der Experten lautet mithin: Selbst wenn die Fördergebiete im hohen Norden technisch anspruchsvoll sind, dürften sie mit steigendem Ölpreis nach und nach wirtschaftlich werden. Für das Nordpolarmeer vor der russischen Küste haben Fachleute zum Beispiel einen Preis von 100 Dollar pro Barrel errechnet, ab dem sich die Förderung lohnt. Einzelne Projekte setzen sogar

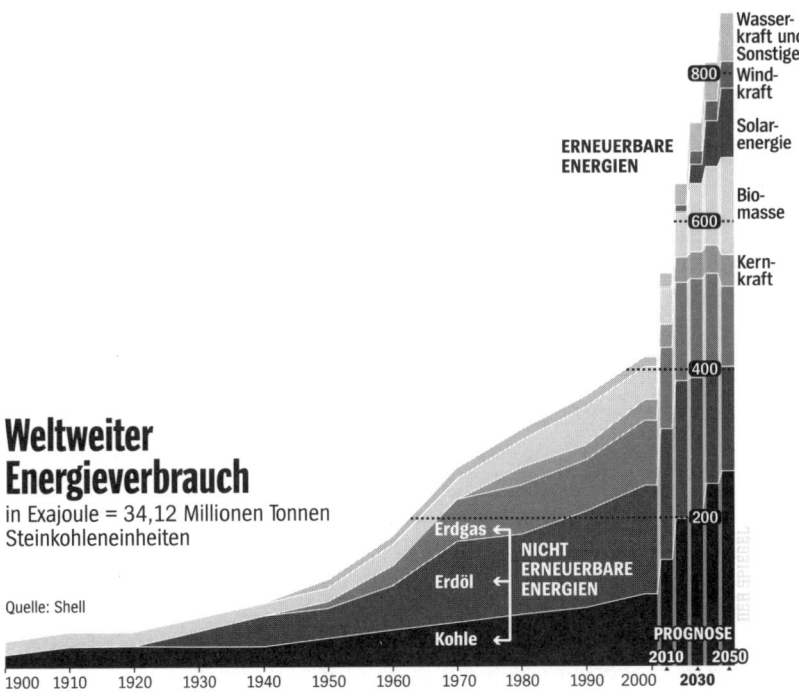

Kapitel Fünf

nur 50 bis 60 Euro pro Barrel an, um profitabel arbeiten zu können.

Zum anderen beeinflussen die Auswirkungen des Klimawandels die Kosten-Nutzen-Relation. In Zukunft wird es deutlich einfacher und billiger sein, Öl und Gas im hohen Norden zu fördern, weil die Gegend durch das schmelzende Eis einiges von ihrer Widrigkeit verliert.

Schon heute ist die Arktis für die großen Konzerne wichtig. Mehr als 550 Öl- und Gasfelder wurden bisher jenseits des Polarkreises entdeckt – auf den acht Millionen Quadratkilometern Land genauso wie in den sieben Millionen Quadratkilometern Schelfmeer mit Wassertiefen von weniger als 500 Metern. Die Arktis ist für 10,5 Prozent der globalen Öl- und sogar 25,5 Prozent der Gasproduktion verantwortlich. Das Schwergewicht bei der arktischen Rohstoffförderung ist bislang Russland: 9 von 10 großen arktischen Ölfeldern liegen auf seinem Terrain, außerdem 44 der 50 größten Gaslager.

Die großen Ölfirmen suchen angestrengt im hohen Norden. Bei der von Siggerud geführten Expedition in Spitzbergen konnten die Geologen die Gesteine mit eigenen Augen sehen, die sie sonst nur mit komplizierten Messungen unter dem Ozeanboden aufspüren. »Ölsuche ist ein Puzzle«, erklärte Idar Horstad von der Explorationsfirma Fugro. »Das Problem ist: Man weiß erstens nicht, wie viele Teile es gibt, und man hat zweitens keine Ahnung, wo sich die Teile verstecken.« Die Verantwortung der Geologen ist groß. Wenn sie ihren Konzernen empfehlen, an einer bestimmten Stelle der Arktis zu bohren, die nötige Erlaubnis einmal vorausgesetzt, dann geht es um viel Geld. Wer den Bohrer an der falschen Stelle ansetzt, der kann locker bis zu 200 Millionen Euro in den Sand setzen – im wahrsten Sinne des Wortes.

Um nachzuvollziehen, wonach die Geologen eigentlich suchen, muss man einiges über Erdöl wissen, weshalb sich ein Besuch bei Karsten Piepjohn von der BGR lohnt. Der drahtige Geologe mit

Was gibt es zu holen?

Öl- und Gasaktivitäten in der Arktis

- Bergbau
- Gasproduktion
- Ölproduktion

Voraussichtliche Gebiete für Öl und Gas, bekannte Reserven

grauem Oberlippenbart und Metallbrille sitzt in einem kleinen Büro am Stadtrand von Hannover. Doch viel lieber ist er draußen unterwegs; seit mehr als 20 Sommern reist Piepjohn jedes Jahr für mindestens vier Wochen in die Arktis. Die Entstehung von Erdöl, so erklärt der Forscher, ist ein schrecklich komplizierter Prozess. Wichtigste Zutat sind Meeresorganismen, das sogenannte Plankton. Diese Einzeller sinken, wenn sie absterben, zum Meeresgrund, wo sie im Laufe der Zeit von Sedimenten bedeckt werden, beispielsweise von Sanden oder Tonen, die von Flüssen ins Meer geschwemmt werden, oder von Kalksedimenten aus den Schalen abgestorbener Meerestiere. Wie das aussieht, konnten die Geologen am Hang des Berges Storvola beobachten. »Dieselben

Kapitel Fünf

Ölsuche mit Hightech

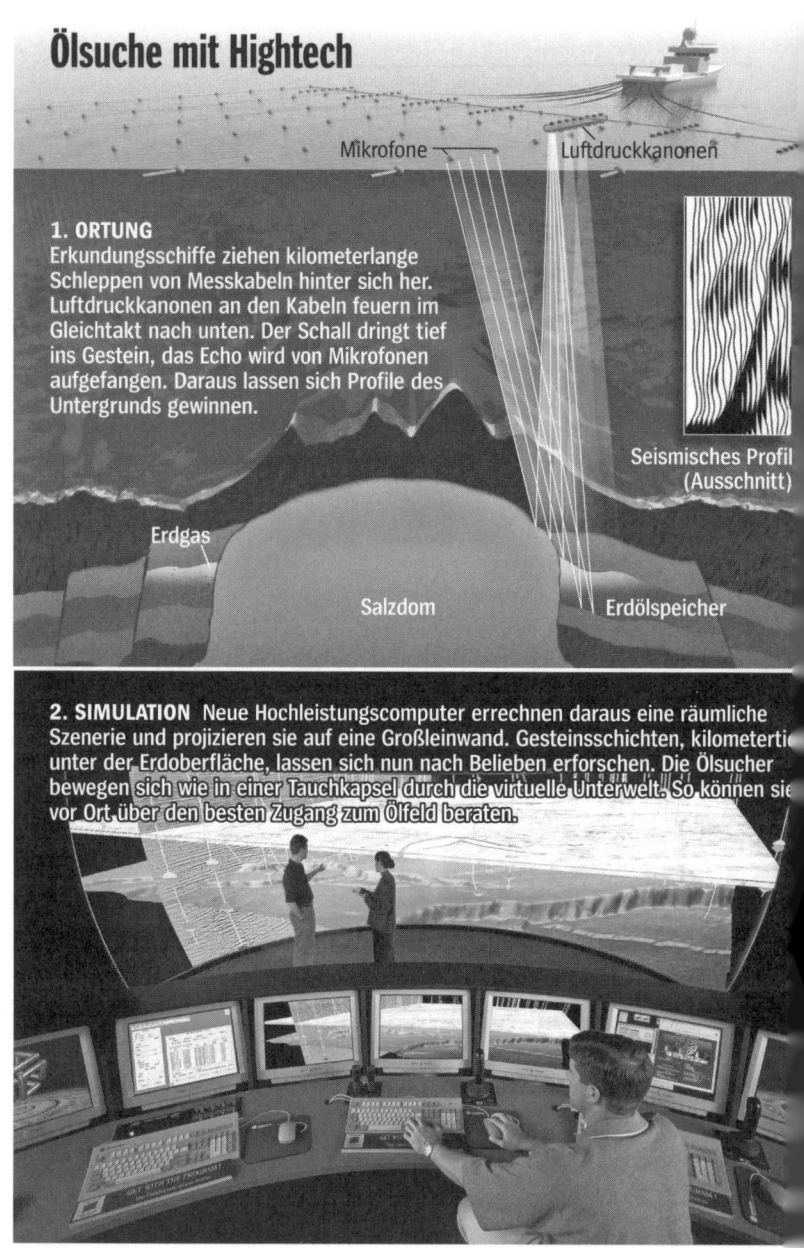

Mikrofone — Luftdruckkanonen

1. ORTUNG
Erkundungsschiffe ziehen kilometerlange Schleppen von Messkabeln hinter sich her. Luftdruckkanonen an den Kabeln feuern im Gleichtakt nach unten. Der Schall dringt tief ins Gestein, das Echo wird von Mikrofonen aufgefangen. Daraus lassen sich Profile des Untergrunds gewinnen.

Seismisches Profil (Ausschnitt)

Erdgas
Salzdom
Erdölspeicher

2. SIMULATION Neue Hochleistungscomputer errechnen daraus eine räumliche Szenerie und projizieren sie auf eine Großleinwand. Gesteinsschichten, kilometertief unter der Erdoberfläche, lassen sich nun nach Belieben erforschen. Die Ölsucher bewegen sich wie in einer Tauchkapsel durch die virtuelle Unterwelt. So können sie vor Ort über den besten Zugang zum Ölfeld beraten.

Was gibt es zu holen?

Schwimmende Bohrplattform

3. BOHRUNG UND FÖRDERUNG
Die neue 3-D-Technik erlaubt die Planung komplexer, gewundener Bohrpfade flach durch die Lagerstätten. Damit lassen sich auch Ölvorkommen weit unter dem Meeresspiegel effizient ausbeuten.

Bohrturm

Bohrkopf

DER SPIEGEL

Verhältnisse wie hier gibt es in tiefen Bereichen der norwegischen See und der Barentssee«, erklärte Expeditionsleiter Siggerud. Dadurch, dass immer mehr Sedimente auf dem Ozeanboden abgelagert werden, steigen Druck und Temperatur, und die Überreste des Planktons verwandeln sich in sogenannte Kerogene. Das sind langkettige organische Verbindungen, die vorwiegend aus Kohlenstoff und Wasserstoff bestehen. Gesteine, in denen diese Prozesse ablaufen, so Piepjohn, nennt man Erdöl-Muttergesteine. Allerdings bleibt das Erdöl nicht in den Muttergesteinen. Stattdessen wandert es vor allem bei höheren Temperaturen in weiter oben gelegene Gesteinsschichten. Denn, auch wenn es schwer zu glauben ist, Erdöl hat eine geringere Dichte als Salzwasser. Das bedeutet, dass der dunkle Stoff in Klüften oder im Porenraum des Gesteins nach oben steigt. Wenn nach einem Tankerunglück im Fernsehen Bilder von Ölfeldern auf dem Meerwasser und von ölverschmierten Meeresvögeln zu sehen sind, dann liegt das an genau diesem Effekt: Das Öl schwimmt wegen der geringeren Dichte oben – leider.

Migration heißt der langwierige Prozess, bei dem das Erdöl in besonders poröse Sedimentschichten wandert, die sich in Jahrmillionen abgelagert haben. »Das kann zum Beispiel

Kapitel Fünf

Sandstein sein, oder klüftiger Kalkstein«, erklärt Piepjohn. Wenn diese Bereiche wiederum von undurchlässigen Schichten, zum Beispiel Tongestein, abgedeckt werden, reichert sich das Erdöl langsam an, weil es nicht weiter aufsteigen kann. Doch für eine ergiebige Öllagerstätte ist all das noch nicht hinreichend. Der gesamte Sedimentstapel mit seinen diversen Schichten, also Mutter-, Speicher- und Deckgestein, muss auch durch tektonische Prozesse gefaltet oder gestört sein. Ein Speichergestein kann nur dann eine »Erdölfalle« bilden, wie die Geologen es nennen, wenn es auch seitlich von undurchlässigen Sperrschichten begrenzt wird. »Es ist fast schon ein Wunder, dass wir so viel Erdöl auf der Welt haben«, resümiert Piepjohn mit einem Lächeln.

Wie gewinnen Geologen nun Informationen darüber, wo sich am arktischen Ozeanboden Öl und Gas in solchen Fallen verbergen könnten? Wichtig sind zunächst »Bilder« des Untergrundes, die bereits erwähnten seismischen Profile, auf deren Erstellung eine ganze Industrie mit Firmen wie Schlumberger oder Fugro spezialisiert ist. Riesige Messschiffe – ihr Mietpreis liegt bei etwa einer halben Million Euro pro Tag – durchkreuzen die arktischen Gewässer, um potenziell interessante Gebiete aufzuspüren. Mithilfe sogenannter Luftpulser werden sie direkt hinter dem Schiff hergezogen, werden Schallwellen ins Wasser gesendet. An bis zu zehn Kilometer langen Kabeln schleppt das Schiff außerdem einen Fächer von speziellen Mikrofonen, sogenannte Hydrofone, hinter sich her. Die Messtechnik an diesen mit Bojen an der Wasseroberfläche gehaltenen Kabeln, den Streamern, soll die von den verschiedenen Erdschichten reflektierten Signale auffangen (»Reflektionsseismik«). An Bord entsteht daraus mithilfe von Computern, die sich um die Datenanalyse kümmern, ein zwei- oder dreidimensionales Bild des Untergrundes.

Seeseismik in der Arktis sorgt oft für Kritik bei Umweltschützern und Fischern. Diese beschweren sich, dass die Messungen in den Meeren einen Lärmpegel bewirken, der Fische und Meeressäuger verstört, aus ihren Heimatgebieten vertreibt oder gar tötet. Als die norwegische Regierung im Sommer 2008 nach langem regierungsinternen Hin und Her und einem Machtwort von Ministerpräsident Jens Stoltenberg die Gewässer um die Inselgruppe der Lofoten seismisch untersuchen ließ, beklagten die dortigen Fischer kurz darauf, dass die Bestände an Seelachs und Heilbutt kollabiert seien. Über längere Zeit versuchten die Seismikfirmen wütende Fischer mit Geld zu beschwichtigen. Das norwegische Ölministerium erklärte, es sei bekannt, dass die Untersuchungen die Fische vertreiben könnten. Auch die Umweltschützer von Greenpeace haben bereits gegen die vermeintliche Störung von Meeresbewohnern durch seismische Untersuchungen protestiert. So stoppte das Schiff »Arctic Sunrise« im Sommer 1998 seismische Erkundungen vor der Küste von Alaska, wo eine Firma im Auftrag der Ölkonzerne British Petroleum, Exxon, and Chevron den Ozeanboden untersuchen wollte.

Für Laien bieten seismische Profile kaum mehr als ein Rauschen in verschiedenen Grau- und Bunttönen, die entfernt an medizinische Ultraschallbilder erinnern, was angesichts der verwandten Technologie kaum verwunderlich ist. Kompliziert wird das Lesen der Bilder unter anderem dadurch, dass sie oft ein riesiges Gebiet komprimiert zusammenfassen. Auf einer vier mal ein Meter großen Aufnahme lässt sich zum Beispiel die gesamte Barentssee unterbringen. »Von links nach rechts sehen wir 400 Kilometer, und von der Höhe her zweimal den Himalaja«, erklärte Idar Horstad von Fugro den Teilnehmern der Erdölexpedition auf Spitzbergen. Gesucht wurde in jenem Fall Schiefer, ein Lagerstättensystem, wo der wertvolle Stoff entstanden sein könnte, mit porösem Sandstein zum Speichern und das alles schön abgedeckt und anschließend gefaltet. »Muttergestein wie Schiefer zu finden, ist kein Problem in der Barentssee«, sagte Fugro-Mann Tore Hansen. »Speichergestein und Fallen sind eine spannendere Frage.« Und so brüteten die Geologen über dem Profil auf der Suche nach Formationen, die denen auf

Kapitel Fünf

ihrer Klettertour am Berg ähneln. Wer dabei etwas Interessantes fand, dürfte es allerdings für sich behalten haben – um die brisante Nachricht bei nächstbester Gelegenheit an die heimische Konzernzentrale zu melden.

Die seismischen Untersuchungen boomen, oft werden sie ergänzt durch elektromagnetische Daten des Ozeanbodens. Doch noch immer sind große Teile der Arktis nicht genau erforscht. Wo es am Boden des Nordpolarmeeres Öl- und Gasvorkommen gibt, ist nicht zuletzt deswegen so schwierig zu sagen, weil die Geologen trotz der florierenden Seismik über sehr wenig präzise Daten aus dem Gebiet verfügen. Der arktische Eispanzer hat Untersuchungen lange Zeit so aufwändig gemacht, dass sie kaum stattfanden. Für die Ölindustrie wichtige Probebohrungen – auf sie würde man bei der Lagerstättensuche in einem zweiten Schritt, also nach den seismischen Untersuchungen, zurückgreifen – hat es im zentralen Bereich des Arktischen Ozeans aufgrund der überaus widrigen Bedingungen bisher quasi nicht gegeben. Eine wichtige Ausnahme gab es jedoch: Den Mitgliedern der internationalen »Arctic Coring Expedition« (Acex) gelang im Sommer 2004, was zuvor noch niemand geschafft hatte: dem polaren Meeresboden mehrere längere Bohrkerne abzutrotzen. Der Aufwand war allerdings enorm. Der fast 90 Meter lange, unter schwedischer Flagge fahrende Eisbrecher »Vidar Viking« war eigens dafür umgebaut worden, die Kosten von insgesamt 10 Millionen Euro wurden vom »Integrated Ocean Drilling Program« (IODP) gedeckt, einem Konsortium aus 16 europäischen Staaten, den USA, Kanada, Australien und Japan. Deutschland übernahm ein Viertel des Betrags. Auf einer Werft im schottischen Aberdeen hatten Arbeiter ein zwei Meter großes Loch in den Rumpf des Schiffes geschnitten und einen 34 Meter hohen Turm auf dem Deck errichtet. In seinem Inneren installierten sie ein Bohrgerät, das im Prinzip wie ein Apfelentkerner funktionierte: Innen hohl, bohrte es sich mithilfe einer Kernbohrkrone mit sechs Rollen in die Sedimentgesteine

Was gibt es zu holen?

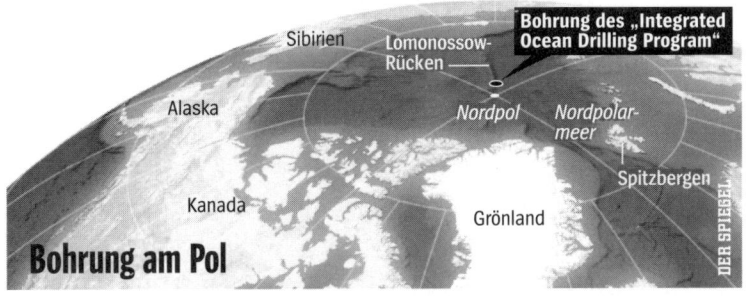

Bohrung am Pol

des Lomonossow-Rückens, auf fast 88 Grad nördlicher Breite, rund 250 Kilometer vom Nordpol entfernt.

Bei einer Wassertiefe von gut 1110 Metern gingen die Wissenschaftler ans Werk. Mehr als 20 Tage wurde rund um die Uhr gebohrt. Die Beute der Forscher war zäh wie Erdnussbutter und in verschiedenen Grau- und Brauntönen gehalten: Sedimentbohrkerne, die Informationen aus Millionen Jahren der Erdgeschichte lieferten. Insgesamt vier Mal setzten die Acex-Forscher zu einer Bohrung an. Beim ersten Loch war nach nicht einmal einem halben Meter Schluss, auch das dritte war mit 15 Metern eher ein Rohrkrepierer. Doch die zweite (272,7 Meter) und vor allem die vierte Bohrung (427,9 Meter) waren erfolgreich.

Nach der Expedition landeten die Bohrkerne, zerlegt in handliche, anderthalb Meter lange Abschnitte, in Bremen. Die Hälfte des Materials kam sofort in einen auf vier Grad Celsius gekühlten Lagerraum, die andere Hälfte wurde von verschiedenen Forschergruppen analysiert. Das Alter von Sedimentschichten lässt sich anhand sogenannter Mikrofossilien, das sind versteinerte Pflanzen- und Tierüberreste mit einer Größe von unter einem Millimeter, bestimmen. Der Gehalt eines speziellen Sauerstoff-Isotops in den jeweiligen Teilen der Probe verrät den Forschern, wie hoch die Wassertemperatur in verschiedenen erdgeschichtlichen Zeiträumen lag. Die ältesten Sedimente waren vor 56 Millionen Jahren auf den Meeresgrund herabgerieselt und stammten aus dem späten Paläozän. Das war eine Zeit des Artenreichtums, in der der Aufstieg der Säugetiere gerade begonnen hatte. In den Sedimentproben konnten die Forscher einen prähistorischen Klimawandel globalen Ausmaßes ablesen. Im sandigen Ton im unteren Bereich des Bohrkerns fanden sich fossile einzellige Algen der Gattung Apectodinium, die von einer massiven Erwärmung der Arktis vor 55 Millionen Jahren kündeten. Im sogenannten Paläozän-Eozän-Wärmemaximum lag die Wassertemperatur im hohen Norden damals bei unglaublichen 24°C. Dann kühlte sich das Wasser jedoch ab, und vor etwa 10 Millionen Jahren begann sich die Eisdecke am Pol zu bilden. Besonderes Augenmerk widmeten die Forscher den Sedimenten aus den ältesten Schichten auch noch aus einem anderen Grund: Sie waren schwarz, da sie hohe Anteile an Kohlenstoff enthielten. Die Wissenschaftler hatten Schwarzschiefer vor sich, ein feines, toniges Gestein, das als Erdölmuttergestein gilt. Die Aufregung war groß, immerhin ist dies ein Indiz dafür, dass es tief unter dem Nordpolarmeer möglicherweise Erdöl geben könnte. »Die Bedingungen sind ideal für die Entstehung des energiereichen Kohlenstoffgemisches, aus dem Öl entsteht«, jubelte der Geobiologe Henk Brinkhuis von der Universität Utrecht im »SPIEGEL«. Doch weitere Analysen zeigten schnell, dass das Gestein noch nicht genügend gereift war. Dafür hätte es längere Zeit großem Druck und höherer Temperatur ausgesetzt sein müssen. Nur so wäre Öl entstanden.

Auf dem Internationalen Geologenkongress in Oslo präsentierte ein Team des Geologischen Dienstes der USA (USGS) im August 2008 Forschungsergebnisse, wonach der Lomonossow-Rücken Erdölpotenzial aufweisen könnte – zumindest ein bisschen. Die Wissenschaftler nutzten für ihre Einschätzung den bereits erwähnten Acex-Bohrkern und seismische Daten, die von Schiffen und Eisdriftstationen gesammelt wurden. »Unser erster Eindruck legt nahe, dass die entscheidenden Elemente für eine Erdölprovinz auf dem Lomonossow-Rücken existieren könnten«, schrieben Thomas Moore und seine beiden Kollegen und gestanden gleichzeitig ein, dass »große Unsicherheiten« blieben: Wie ihr deutscher Kollege Stein verweisen sie darauf, dass die Erdölmuttergesteine »guter Qualität« auf dem Rücken »fast überall« zu wenig gereift seien. Aber immerhin: Ein »fast« bleibt – und damit die Hoffnung für Ölsucher am Nordpol.

Wenn man sich mit diesen Fragen befasst, lohnt der Besuch bei zwei Männern, die beide Tausende Kilometer von der Arktis entfernt leben und doch bestens über ihre Ressourcen Bescheid wissen. Die erste Reise führt zu Robert Scott nach Großbritannien. Seine Arbeitsstelle wirkt auf den ersten Blick wenig repräsentativ: Wenn der leger in einen dicken blauen Wollpullover gekleidete Geologe aus seiner Bürotür tritt und sein Fahrrad besteigen will, kann es durchaus sein, dass ihm eine Kuh gegenüber steht. Scott ist einer von rund 20 Forschern des Cambridge Arctic Shelf Programme, kurz CASP, die in ein paar unscheinbaren Baracken am Rande des traditionsreichen britischen Universitätsstädtchens direkt neben einem Bauernhof untergebracht sind. Die CASP-Fachleute wissen, wo in der Arktis die Suche nach Öl und Gas interessant sein könnte. Seit Jahrzehnten arbeiten sie als ein mit der Universität assoziiertes Institut, aber vor allem sind sie als Firma im Auftrag der Ölindustrie tätig. Deswegen darf man längst nicht in jeden der zahllosen Heftordner einen Blick werfen, die sich in Scotts Zimmer stapeln. Viele Informationen sind auf Wunsch seiner Auftraggeber geheim, doch einige Forschungsergebnisse werden veröffentlicht, meist mit zweijähriger Verspätung. »Das Interesse der Industrie an der Arktis ist stark gestiegen«, sagt Scott. »Und dann kam auch noch die Politik dazu.«

Wo genau ist die Kohlenwasserstoffsuche nun besonders lohnend? »Wir wissen, dass es an vielen Stellen der Arktis Potenzial für Öl und Gas gibt«, sagt der Forscher und beginnt aufzuzählen: Die Barentssee, die Nordküste von Alaska, das Mackenziedelta in Kanada und die Jamal-Halbinsel in Russland seien vielverspre-

Kapitel Fünf

chende Plätze. Auch auf Ostgrönland würden seine Kollegen und er mit großem Interesse blicken, obwohl es in der Gegend noch immer widrige Eisbedingungen gebe. Und dann seien da die breiten russischen Schelfmeere, über die noch immer unglaublich wenige Informationen existierten, weil bisher allein die Erkundung an Land schon anstrengend genug war: »Die Russen mussten sich bisher nicht um Offshore-Exploration kümmern, die hatten onshore genug zu tun.« Dass es Öl und Gas im Lomonossow-Rücken gibt, hält Scott für möglich, er selbst findet die russischen Schelfgebiete aber viel interessanter.

Warum gibt es dann aber das Gerangel um den Nordpol, bei dem die Russen ganz vorn mitmischen? Warum gehen sie mit ihren Gebietsforderungen so weit ins Arktische Becken hinein, wenn sie doch – wie Scott sagt – große Reichtümer vor ihren Küsten haben, also in Gebieten, die ihnen ohnehin bereits gehören? Der Experte zuckt mit den Schultern: »Man nimmt, was man kriegen kann, nur um auf Nummer sicher zu gehen.« Die Russen, sagt Scott, der bei mehreren Expeditionen unter anderem auf Nowaja Semlja, im Timan-Petschora-Becken und auf der Taimyrhalbinsel geforscht hat, seien nicht unbedingt gut aufgestellt für die Förderung des arktischen Öls, weil sie zu wenig Expertise hätten. Gleichzeitig hätten im Westen viele Firmen »ein bisschen Angst« vor Russland, vor russischen Monopolisten wie Gasprom, die mit ihrer Macht ausländischen Partnern leicht gefährlich werden könnten. Dass Russland diese Angst bewusst schürt, findet Scott »dumm«. »Langfristig werden die Russen westliche Hilfe brauchen. Im Westen stemmt fast nie eine Firma allein solch große Projekte.«

Der zweite Mann, der Interessantes über Öllagerstätten in der Arktis zu sagen weiß, ist Donald Gautier. Er sitzt für den USGS in Menlo Park, mitten im Silicon Valley. Auf dem Boden seines Forscherbüros liegt ein Kuhfell, in der Ecke steht ein blaues Rennrad. Gautier versucht nicht nur die Frage nach dem »Wo« zu beantworten wie sein britischer Kollege Robert Scott, sondern

Was gibt es zu holen?

auch die Frage nach dem »Wie viel«. Lange Zeit gab es bloß Spekulationen zu den Lagerstätten der Arktis, so hatten USGS-Forscher um die Jahrtausendwende geschätzt, ein Viertel aller Öl- und Gasvorkommen der Welt liege in der Arktis. Die Wissenschaftler mussten die Zahlen aufgrund methodischer Probleme jedoch korrigieren. Im Sommer 2008 wurde schließlich der Report unter dem Titel »Circum-Arctic Resource Appraisal« (CARA) veröffentlicht, die erste öffentlich zugängliche Schätzung zu unentdeckten Öl- und Gaslagerstätten in der Arktis. »Wir haben uns alles nördlich des Polarkreises angesehen und versucht, wissenschaftlich basierte Schätzungen zum Öl- und Gaspotenzial der Arktis zu erstellen«, sagt Gautier, der als Teamchef an dem Bericht mitgearbeitet hat. Freundlich weist er in die Ecke seines Büros, wo sich auf einem speziellen Kartentisch Dutzende Landkarten stapeln.

Diese Karten zu lesen, ist auf den ersten Blick gar nicht so einfach: Sie sind alle auf den Nordpol zentriert, weil sich die gesamte Arktis so am besten überblicken lässt. 25 Ölprovinzen nördlich des Polarkreises haben sich die USGS-Experten vorgenommen, zum Teil aufgeteilt in mehrere Untersuchungsgebiete – insgesamt sind es 48 Einheiten. »Man weiß eine Menge darüber, in welchen geologischen Konstellationen Öl- und Gaslagerstätten rund um den Globus zu finden sind«, erklärt Gautier und lächelt verschmitzt unter seiner schwarzen Hornbrille hervor. »Die Lagerstätten sind nicht zufällig verteilt, sie zu finden braucht also mehr als nur Glück.« Im Grundsatz haben sich die USGS-Wissenschaftler die geologischen Strukturen der Arktis angesehen und sie mit all jenen Orten der Welt verglichen, wo bereits Öl und Gas gefunden wurden. »Wir haben versucht, analoge Bedingungen zu finden«, beschreibt Gautier. Dabei gab es allerdings zu Beginn ein Problem: »Wir mussten feststellen, dass es keine ausreichende geologische Karte der Arktis gibt. Also mussten wir eine erstellen, auf der vor allem die für die Ölsuche interessanten Sedimentgebiete gut zu erkennen sind.«

Kapitel Fünf

Die verschiedenen Teile der Arktis sind unterschiedlich gut erforscht: Über die Meeresbereiche nördlich von Alaska ist mehr bekannt als über Gebiete wie Ostgrönland. Bei ihrer Aufgabe stützten sich die USGS-Geologen vor allem auf existierende Daten, waren also auf die Kooperation von Kollegen in anderen Polarstaaten angewiesen. Manchmal mussten dann Gautier und seine Kollegen um den halben Globus fliegen und sich vor Ort in den Hauptstädten Messdaten ansehen und analysieren, weil die Rohdaten das Land nicht verlassen durften. Das Ergebnis des Kraftakts: ein Satz geologischer Karten von bisher ungekannter Präzision. Hilfreich war dabei eine Software aus Deutschland. Das Programm »PetroMod« der Firma IES (»Integrated Exploration Systems«) aus Aachen ist ein Standardwerkzeug der Ölindustrie. »In die Software geben wir Dicke, Eigenschaften und Alter der Gesteine ein«, erklärt Gautier. Anschließend rekonstruiert der Computer die geologische Geschichte des entsprechenden Ortes. Die Geologen interessierten sich besonders für das sogenannte Ölfenster. Das ist der Bereich der Erdkruste, in dem Temperatur- und Druckverhältnisse die Entstehung von Öl ermöglichen. Warm genug muss es für die Ölentstehung sein, aber auch nicht zu warm. »Die Frage ist: Wie stark wird das organische Material gekocht?«, sagt Don Gautier. »Sie müssen sich das wie zu Hause bei ihrem Backofen vorstellen: 200 Grad für 20 Minuten oder so.« Doch bei zu starker Erhitzung verbrutzelt das Material wieder. »Dann«, so Gautier, »bleiben nur Erdgas, Kohlendioxid und Kohlenstoff.«

Die Computergrafiken der USGS-Forscher korrelieren eine Zeitachse mit einer Achse, die die Tiefenlage einer bestimmten Sedimentschicht angibt. So können die Geologen ablesen, ob eine bestimmte Region grundsätzlich Lagerstättenpotenzial hat. Bei der Frage nach eventuellen Mengen hilft die Betrachtung von möglichst ähnlichen Gebieten an anderen Ecken des Planeten. Welche Strukturen dort gleichen denen in der arktischen Region? »Im Fall von Nordostgrönland kann man zum Beispiel

Was gibt es zu holen?

sagen, dass das Gebiet sehr ähnlich zu Westnorwegen und dem nördlichen Teil der Nordsee ist«, sagt Gautier. Und weil für diese analogen Gebiete bereits deutlich mehr Messdaten vorliegen als für die Arktis, können die Forscher ihre Modellrechnungen mit diesen Angaben vornehmen. »So entstanden Durchschnittswerte im Sinne von ›Wie viele große Ölfelder gibt es in dieser Struktur im Schnitt auf 1000 Quadratkilometern?‹«, erklärt Gautier. Mit diesen Angaben fütterten die Wissenschaftler dann ein weiteres Simulationsprogramm, das zu folgenden Schlussfolgerungen kam:

❉ Insgesamt 17 der untersuchten Gebiete versprechen signifikante Funde. In der Arktis könnten bis zu 90 Milliarden Barrel unentdecktes Öl lagern. Das sind 13 Prozent der noch nicht gefundenen Weltvorkommen.

❉ Wichtig sind vor allem drei Ölprovinzen: das Arktische Alaska (USA), das Kanadabecken (Kanada) und Ostgrönland (Dänemark). Dort liegen insgesamt mehr als die Hälfte der vermuteten Lagerstätten.

❉ Noch interessanter als Öl sind die reichen Gasvorkommen. Davon könnte es in der Arktis rund 47,3 Billionen Kubikmeter geben, außerdem 44 Milliarden Barrel Flüssiggas. In Öläquivalent umgerechnet sind diese Vorkommen dreimal so groß wie die vermuteten arktischen Öllagerstätten. Damit schlummern im hohen Norden vermutlich 30 Prozent der unentdeckten Gasvorkommen und 20 Prozent des unentdeckten Flüssiggases der Welt.

❉ Beim Gas sind vor allem drei Provinzen wichtig: das Westsibirische Becken (Russland), die östliche Barentssee (Norwegen/Russland) und erneut das Arktische Alaska (USA).

❉ Mit 84 Prozent dürfte die große Mehrheit der Lagerstätten offshore, also vor den Küsten liegen.

❉ Für den Bereich vor der Küste von Alaska haben sich USGS-Forscher zusätzlich mit Methanhydrat befasst, also auf dem Meeresboden in Eis eingeschlossenem Methangas. Ihr Ergebnis: 2,41 Billionen Kubikmeter Gas wären auf diese Weise theoretisch

Kapitel Fünf

zusätzlich förderbar. Das würde in etwa dem weltweiten Gesamtverbrauch an Erdgas entsprechen, der pro Jahr bei 2,93 Billionen Kubikmetern liegt.

Doch längst nicht alle technisch möglichen arktischen Fördermöglichkeiten sind auch wirtschaftlich sinnvoll, bemerkt Gautier einschränkend: »Die Arbeit, die wir bisher gemacht haben, ist rein geologisch, wir haben uns nicht mit der wirtschaftlichen Seite befasst.« Entscheidend ist die Höhe des Ölpreises. Je höher er liegt, desto eher lohnt sich der Vorstoß in technisch besonders anspruchsvolle Gebiete. In einem weiteren Gutachten 2009 will der USGS die Frage betrachten, in welchen Bereichen der Arktis die Förderung unter welchen ökonomischen Rahmenbedingungen Sinn hätte. Erst dann lässt sich ermessen, wie lange das arktische Öl das Ende des Ölzeitalters noch hinauszuzögern vermag.

»Ich war überrascht. Ich hatte eigentlich vermutet, dass die Zahlen höher liegen würden«, gibt Gautier zu. Auf den ersten Blick scheinen die prognostizierten arktischen Ölvorkommen in der Tat nicht gerade beeindruckend: In den Bilanzen der Ölkonzerne finden sich derzeit ohnehin so große Ölreserven wie noch nie, also Lager, die erkundet sind und an denen die Produktion kurzfristig starten könnte. Laut dem »Statistical Review of World Energy« des Ölkonzerns BP sind die Reserven von 891 Milliarden Barrel Anfang 1996 auf 1238 Milliarden Barrel Öl zu Beginn des Jahres 2008 gestiegen. Rechnet man die Ölsande in Kanada hinzu, ergeben sich sogar 1390 Milliarden Barrel. Kritiker wenden ein, dass die Höhe der Reserven mit einiger Vorsicht zu genießen ist. Grund ist eine Entscheidung der Opec aus dem Jahr 1985. Damals hatten sich die Mitglieder des Förderkartells darauf geeinigt, ihre Produktionsraten an die jeweiligen Reserven zu koppeln. Das bedeutete, dass diejenigen Staaten besonders viel fördern durften, die hohe Reserven vorweisen konnten. Daraufhin bliesen viele der Opec-Staaten, darunter etwa der Irak, Iran, Saudi-Arabien, Kuwait und Venezuela, ihre Reserven künstlich auf, indem sie einfach die Werte in ihren Bücher anhoben, ganz ohne neue geologische Gutachten. Zudem hatte dies den Effekt, dass die betroffenen Länder auf den internationalen Finanzmärkten billiger an Geld kamen. Die einfache Rechnung lautete: Wer mehr Öl hatte, der war auch kreditwürdiger.

Die Statistik der Reserven sollte also mit einem gesunden Maß an Zurückhaltung gelesen werden. Und trotzdem: Die 90 Milliarden Barrel an förderbaren Vorkommen in der Arktis wirken im Vergleich zu den bilanzierten Ressourcen im globalen Maßstab nur wenig beeindruckend. Sie würden nicht einmal den Bedarf des gesamten Planeten für drei Jahre decken. Außerdem ist Öl nicht gleich Öl. Die USA interessieren sich vehement für eine stärkere Förderung in Alaska, denn jeder Tropfen aus eigenem Boden reduziert die Abhängigkeit von politisch unsicheren Lieferanten am Golf oder in Südamerika. Allerdings relativiert Don Gautier allzu optimistische Hoffnungen: »Die Arktis wird niemals den Nahen Osten ersetzen können. Nordalaska wird niemals das Saudi-Arabien der westlichen Welt werden.« Und auch für die Russen, auf deren Schelfgebieten die USGS-Leute so große Erdgasvorkommen sehen, hat Gautier eine schlechte Nachricht: »Es wird kein Öl-Eldorado unter dem Nordpol geben, was auch immer die Russen mit ihrer kleinen Fahne da draußen tun.«

Andere Fachleute sind noch pessimistischer als der USGS-Experte. Zu ihnen gehört der Geologe Paul Nadeau von StatoilHydro. »Wir glauben, dass die Zahlen zu hoch sind«, warnte er auf dem Geologenkongress in Oslo. Für die Ölfirmen mache das nichts, die würden eben fördern, was möglich wäre. Doch die Regierungen könnten sich leicht über die Reichweite ihrer eigenen Vorräte täuschen. Nadeau hält die USGS-Zahlen für zwei- bis vierfach zu hoch. Er hat ein eigenes Modell zur Anreicherung von Kohlenwasserstoffen in Muttergesteinen entwickelt und auf dem Osloer Kongress vorgestellt. Die optimalen Bildungsbedingungen sind auf die im Schnitt zwei Kilometer mächtige sogenannte »Golden Zone« beschränkt, so vermutet Nadeau aus der Analyse der bisher um den Globus erbohrten Funde. Je nach geografischer Region liege die interessante Schicht in ein bis vier Kilometern Tiefe. Für die Arktis, so erklärte Nadeau, wären nach seiner Lesart deutlich niedrigere Öl- und Gasmengen zu erwarten. Das liege daran, dass die Bedingungen zur Erdölentstehung eben komplizierter seien, als bisher vermutet.

Pessimistisch fiel auch ein Gutachten aus, das die britischen Energieanalysten von Wood Mackenzie und Fugro Robertson ausgearbeitet haben – und seither für ungefähr 100 000 Dollar pro Kopie an Interessenten verkaufen. Die arktischen Energiereserven seien »enttäuschend«, heißt es in dem Papier. Andrew Latham, Vizepräsident von Wood Mackenzie, erklärte, dass es seiner Meinung nach in der Arktis bestenfalls zehn Prozent der noch nicht entdeckten Öl- und Gasvorkommen der Welt gebe. »Wenn man noch bedenkt, wie schwer die Reserven zu erschließen sind, dann lässt sich sagen, dass ein großer Teil davon nie gefördert werden wird.«

Trotz pessimistischer Schätzungen, geografischer und logistischer Widrigkeiten sowie extremer Herausforderung an den Menschen bei der Exploration gibt es immer wieder überzeugte Streiter für die Sache: Wim Janse, von der holländischen Offshore-Spezialfirma GustoMSC, hat nach eigenem Bekunden keine Angst vor der Arktis – allen Warnungen zum Trotz. »Man sagte, dass es unmöglich ist, in mehr als 300 Meter tiefem Wasser zu bohren. Jetzt bohren wir 3000 Meter tief. Nichts ist unmöglich.« Bei den Ölkonzernen sieht man das ähnlich, hat aber andere Bedenken: »Die Technologie für eine ökologisch nachhaltige Produktion in den Gewässern der Arktis existiert bereits heute«, bestätigt Pius Rollheiser, der Sprecher der kanadischen Ölfirma Imperial Oil. »Die entscheidende Herausforderung ist es, einen Herstellungspreis zu erreichen, der mit anderen Quellen konkurrieren kann – zum Beispiel in Nordamerika, im Nahen Osten oder in Westafrika.«

Was gibt es zu holen?

»Wir haben das Ziel, bis zum Jahr 2030 an jedem Punkt der Arktis arbeiten zu können«, sagt Halvor Engebretsen, Chef der Arktisabteilung beim norwegischen Ölkonzern StatoilHydro. Die Arbeit an den Gasfeldern Snøhvit und Schtokman – von ihnen wird noch die Rede sein – könne als Katalysator für die benötigte neue Technologie funktionieren. Tendenziell werde man sich bemühen, Produktionseinheiten komplett unter Wasser zu nutzen. So wären sie vor Extremtemperaturen, Stürmen und gefährlichen Eisbergen geschützt. »Die Technik wird die Entwicklung der arktischen Ressourcen nicht aufhalten«, sagt Geir Utskot vom Technikkonzern Schlumberger Oilfield Services. Beim Entwurf und Bau von Bohrplattformen für die raue Umgebung der Arktis hilft den Technikern der Ölkonzerne die Erfahrung, die sie in eisbedeckten Gebieten wie dem Kaspischen Meer gesammelt haben. Dort kommen nämlich bereits jetzt Bohrplattformen zum Einsatz, die unter ähnlichen Bedingungen arbeiten müssen wie in der Arktis. Bei ihnen ist ein großer Teil der Bohrtechnik unter der Seeoberfläche untergebracht. Die künstlichen Inseln können sich bei gefährlichen Eisverhältnissen binnen 30 Sekunden davon losmachen und sich in sichere Gewässer bewegen. Die Technik bleibt unter Wasser am Bohrloch. Deswegen zeigt sich auch Henrik Hannus vom norwegischen Offshorekonzern Aker Solutions höchst optimistisch: »Der Bau einer Plattform am Pol ist technisch gesehen bereits jetzt möglich.« Am schwierigsten, erklärt der drahtige Norweger, wäre die Verankerung der Plattform am Meeresgrund, für die man wohl besonders flexible Kunststoffseile verwenden müsste. Das Eis macht Hannus hingegen weniger Sorgen: »Wir haben technisch gesehen bei der Eisdicke keine Grenzen, bestenfalls gibt es wirtschaftliche Grenzen«, und auch die seien halb so wild.

Bei der Erschließung nördlicher Vorkommen setzt StatoilHydro heute unter anderem auf die Bohrinsel »Polar Pioneer« der Firma Transocean, des weltweit größten Offshore-Bohrunternehmens. Sie stammt noch aus den Achtzigern, als die

Kapitel Fünf

Ölpreise ebenfalls extrem hoch lagen. Bis zum Jahr 2014 hat StatoilHydro nun diesen sogenannten Halbtaucher gemietet, in dessen 30 Meter hohem Turm sich die Bohrer mit 130 Umdrehungen pro Minute in Richtung der unterseeischen Lagerstätten schrauben. Und der Einsatz scheint sich auszuzahlen: Im Ververis-Feld, 200 Kilometer nördlich des Nordkaps, wurde die Mannschaft fündig. In rund 350 Metern Wassertiefe entdeckte sie 3000 Meter unter dem Meeresboden ein Gasvorkommen von bisher noch unbekannter Größe, das unter 395 bar Druck steht. Die Norweger wagen sich so weit nach Norden vor wie niemand sonst: »Wir wollen die technische Führung in der Erschließung der arktischen Lagerstätten«, sagte der Geophysiker Geir Richardsen von StatoilHydro kämpferisch. »Wir klettern gerade mit Riesenschritten eine Technologieleiter empor.« Dass das nicht immer ohne Probleme abläuft, hatten die »Polar Pioneer«-Leute wenige Monate zuvor zu spüren bekommen. Bei einer Überprüfung durch die norwegischen Sicherheitsbehörden wurde der Plattform ein denkbar schlechtes Zeugnis ausgestellt. Der Einsatz der Bohrinsel mit der buttergelben Plattform, so bemängelten die Prüfer nach Gesprächen im StatoilHydro-Hauptquartier in Stavanger, berge Risiken für die ökologisch sensible Umgebung der Barentssee. StatoilHydro musste nacharbeiten und gelobte Besserung.

Neben den Norwegern, die mittlerweile auch an einem eigenen arktistauglichen Bohrschiff arbeiten, rüsten sich auch andere Firmen für Einsätze im hohen Norden, unter anderem der niederländische Gigant Shell. Er interessiert sich besonders für die Beaufortsee nördlich von Kanada und Alaska. Für den Einsatz dort lässt der Ölkonzern gerade den Bohrschifftyp »Bully« entwickeln. Dabei hilft die norwegisch-amerikanische Firma Frontier Drilling. Bereits im Jahr 2010 soll das kleinere, billiger und leichter zu operierende Schiff den Betrieb aufnehmen und mit einem Rumpf der Eisklasse auch in der Arktis arbeiten können, in Wassertiefen von bis zu 3660 Metern. Die maximale Gesamtbohrtiefe soll 12 000 Meter betragen. Ein »Bully«-Schiff soll 350 bis 400 Millionen Dollar kosten, und Shell möchte auf einer Werft in Singapur mindestens zwei davon bauen.

In Europa entsteht unterdessen ein weiteres Bohrschiff, das allerdings vor allem für akademische Aufgaben vorgesehen ist: die »Aurora Borealis«. Ihr Name entspricht der wissenschaftlichen Bezeichnung für das Nordlicht. Nach aktueller Planung soll der 190 Meter lange Eisbrecher im Jahr 2014 zu seiner ersten Fahrt auslaufen und als erstes Schiff überhaupt ganzjährige Einsätze in der Arktis ermöglichen. Selbst unter den widrigen Bedingungen des Polarwinters werden Forscher dann sicher und komfortabel arbeiten können. Und dann die Bohrausrüstung: Das Schiff wird noch in fünf Kilometern Wassertiefe insgesamt einen Kilometer tief in den Ozeanboden bohren können, um so Sedimentkerne zu gewinnen. Die Bohrungen, die sogar in Eis von bis zu zweieinhalb Metern Dicke möglich sein sollen, werden durch ein dynamisches Positionierungssystem möglich gemacht, welches das Schiff selbst bei starker Eisdrift exakt an seinem Platz hält – ein Novum in der Schifffahrtsgeschichte. Durch Nicken und Schaukeln soll die »Aurora Borealis« dann das Eis brechen, dafür braucht sie besonders starke Seitenwände. Spezielle Motoren helfen dem Schiff dabei, sich genau auf der Stelle zu halten. Das ist wichtig, damit das Bohrgestänge nicht kaputtgeht. Als Faustregel gilt: Das Schiff darf sich an der Meeresoberfläche maximal um zehn Prozent der Wassertiefe hin und her bewegen, damit die Bohrtechnik keinen Schaden nimmt. Das revolutionäre Konzept für den Eisbrecher stammt von der Firma Wärtsilä Ship Design Germany in Hamburg, deren Vorgängerunternehmen Schiffko bereits die »Polarstern« entwickelt hatte. Die »Aurora Borealis« soll die höchste Klassifikation für Eisbrecher bekommen. Auf offenem Wasser wird das Schiff durch seinen Diesel-Elektro-Antrieb bis zu 15,5 Knoten schnell fahren und bei Bedarf mit zwei bis drei Knoten durch bis zu viereinhalb Meter dickes Eis rattern. Drei Dieselgeneratoren mit einer

Kapitel Fünf

Gesamtleistung von 55 Megawatt (knapp 75 000 PS) stehen dafür bereit. Die technischen Herausforderungen sind immens: Neben der sieben mal sieben Meter großen Öffnung im Schiffsrumpf, die für das Bohrgestänge gebraucht wird, bekommt die »Aurora Borealis« noch einen weiteren dieser sogenannten »moon pools«. Durch ihn können dann auch im dicksten Eis sensible wissenschaftliche Gerätschaften wie Tauchroboter ins Wasser abgelassen werden. Die Schiffbauingenieure haben einen harten Job: »Bei -50 °C wird selbst der beste Schiffbaustahl langsam spröde«, sagt Albrecht Delius von Wärtsilä. Deswegen müssten beim Bau »hochspezielle Sonderlegierungen« eingesetzt werden. Zu den weiteren Herausforderungen gehört die Beheizung der riesigen Dieseltanks des Schiffes, damit der Treibstoff in der Kälte der winterlichen Arktis nicht einfriert.

»Die ›Aurora Borealis‹ wird überwiegend Wissenschaft betreiben«, erklärt Projektsprecherin Martina Kunz-Pirrung. »Sie wird wahrscheinlich keine Lagerstätten von Rohstoffen suchen. Sie wird dafür auch nicht ausgerüstet sein.« Doch prinzipiell können auch Ölfirmen das Hightechschiff mieten. Mit Baukosten von mindestens 650 Millionen Euro ist die »Aurora Borealis« schließlich alles andere als billig. Einige Wissenschaftler fürchten sogar, das Projekt könnte Arbeitskraft und Finanzmittel von anderen Vorhaben der Polarforschung abziehen. Auf der anderen Seite ist das Vorhaben höchst attraktiv: Das »European Polar Research Icebreaker Consortium«, dem 15 Institutionen aus zehn Ländern angehören, sammelt derzeit Geld für Bau und Betrieb des Schiffes. In Deutschland hat der Wissenschaftsrat der Bundesregierung empfohlen, ein Drittel der Kosten für Konstruktion und Unterhalt zu übernehmen. Auch Norwegen und Russland haben angekündigt, sich beteiligen zu wollen. Ein Einstieg der Russen in das Projekt könnte der »Aurora Borealis« zudem ein maßgebliches Hindernis ersparen: Geforscht werden darf in einer unter den Polarstaaten aufgeteilten Arktis schließlich nur da, wo die jeweilige Regierung ihre Zustimmung gibt, und dabei gibt es schon jetzt Probleme etwa zwischen den USA und Russland. Doch wenn sich die Russen an der »Aurora Borealis« beteiligten, dürften sie in Bezug auf die Forschungseinsätze dieses Schiffes freundlich gestimmt sein.

Die Bedingungen der Arktis halten indes die eine oder andere unangenehme Überraschung bereit. Da wäre zum Beispiel der Permafrost am Meeresboden, der die Öl- und Gasförderung in einigen Gebieten extrem komplizert machen könnte, wie Hans Hubberten warnt. Er ist Chef der Potsdamer Niederlassung des Alfred-Wegener-Institutes und einer der wichtigsten deutschen Experten für den eisigen Untergrund. Der hagere Mann mit Brille und Oberlippenbart, in dessen Büro ein Eisbär aus Porzellan auf dem Bücherregal steht, war schon oft in Russlands Norden und weiß: In Gebieten wie der Laptew- und Beaufortsee, die für die Gasförderung interessant sind, kann der Permafrost bis zu 400 Meter dick sein, in der nicht weniger gasträchtigen Kara- und Barentssee stellenweise immerhin bis zu 150 Meter. »Es gibt ein Risiko bei der Exploration«, warnt Hubberten. Wenn der Permafrost auftaut und löchrig wird, kann Methan entweichen und die Stabilität von Bohrinseln gefährden. Bohrschiffe, die versehentlich eine Methanblase anbohren, müssen mit einem sogenannten Blowout rechnen, bei dem das aufsteigende Gas von einem Moment auf den anderen den Auftrieb des Schiffes so stark verringern kann, dass es ohne Vorwarnung sinkt.

Aktuelle Öl- und Gasprojekte in der Arktis
Auf den folgenden Seiten werden nun exemplarisch ein paar der wichtigsten Projekte für arktische Öl- und Gasförderung vorgestellt, die entweder bereits produzieren oder an denen zumindest gearbeitet wird: je eines aus Norwegen und Kanada sowie vier aus Russland.

Kapitel Fünf

Das Snøhvit-Gasfeld
Der wohl wichtigste Prototyp für die arktische Produktion ist derzeit ohne Zweifel ein Gasfeld vor der Küste von Norwegen. Hier lässt sich sehen, wie weit die Fördertechnik für den Einsatz im hohen Norden mittlerweile entwickelt ist. Tief unten auf dem Meeresboden, rund 145 Kilometer vor der Stadt Hammerfest, produziert der Ölkonzern StatoilHydro auf dem Kontinentalsockel in der Barentssee Erdgas. Er nutzt dafür eine vollautomatische Anlage in mehr als 300 Metern Tiefe. Snøhvit, also

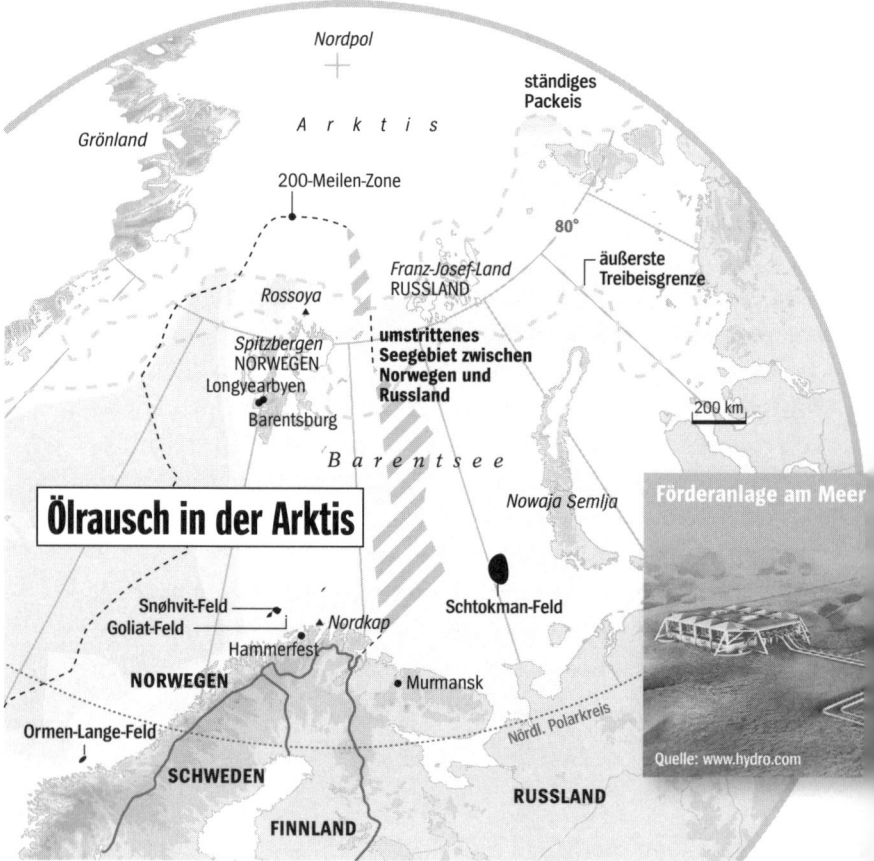

Was gibt es zu holen?

Schneewittchen, heißt die Fabrik am Meeresboden, die es in Frank Schätzings Megaseller *Der Schwarm* zu Berühmtheit gebracht hat. Nichts deutet an der Meeresoberfläche auf den Komplex hin, keine Plattformen, keine Pipelines, nichts. Stattdessen strömt das Gas in einer 70 Zentimeter dicken Leitung am Boden der Barentssee bis zur Insel Melkøya. Früher war das ein winziger Flecken Land, der einer Familie von Fischern und Schafzüchtern gehörte. In einem riesigen Bauprojekt wurden Teile des Eilands fast bis auf Meereshöhe abgesprengt, andere Bereiche wurden mit dem entstandenen Schutt verfüllt, so dass sich die Grundfläche fast verdoppelte.

Nun steht auf Melkøya, zwei Kilometer vor Hammerfest, eine gigantische Anlage zur Weiterverarbeitung des Erdgases, das hier auf -163 °C gekühlt und dadurch verflüssigt wird.* Gleichzeitig schrumpft sein Volumen um den Faktor 600. Nur wenige Menschen arbeiten in dem Gewirr aus blank polierten Rohren, Kesseln und Gasspeichern. Am Rand der Anlage wird das Gas auf Spezialschiffe mit großen, orangerot leuchtenden Tanks verladen, die es dann in Regionen wie den US-Bundesstaat Maryland bringen.

Vieles an der Anlage ist technisch komplettes Neuland. So muss dem Gas beim Transport in der unterseeischen Pipeline ein Frostschutzmittel zugesetzt werden, damit in ihm enthaltenes Wasser nicht friert und unterwegs die Leitungen verstopft. Der norwegische Konzern StatoilHydro betreibt die Anlage leitend für ein Konsortium aus insgesamt sieben Firmen, von denen fünf aus dem Ausland Minderheitsbeteiligungen

---

* Die so gewonnene Substanz (Fachterminus: Liquefied Natural Gas, LNG) ist nicht mit dem Flüssiggas (Natural Gas Liquids, NGL) zu verwechseln, das es an vielen Kohlenwasserstofflagerstätten in der Arktis gibt.

halten. Zu ihnen gehört mit knapp drei Prozent auch der deutsche Ölkonzern RWE Dea. Das Schneewittchen-Feld war 1984 im norwegischen Teil der Barentssee entdeckt worden. Neben rund 193 Milliarden Kubikmeter Erdgas, deren Förderung zurzeit läuft, findet sich unter dem Meeresboden auch Öl. Dessen Förderung ist aber einstweilen nicht wirtschaftlich.

Die Entwicklung des Gebiets dauerte nach seiner Entdeckung fast ein Vierteljahrhundert, immer wieder gab es Fehlstarts. Sobald die Anlage in Betrieb war, erwarteten Analysten, dass die Gaslieferungen aus dem Feld jedes Jahr 1,4 Milliarden US-Dollar wert sein würden, 25 Jahre lang. Doch in den ersten Monaten nach der Inbetriebnahme im Spätsommer 2007 mussten die StatoilHydro-Manager eingestehen, dass die Produktion im hohen Norden lächerlich gering ausfiel. Auch weit nach dem offiziellen Start gab es immer wieder Probleme, die vor allem an der vorwiegend von deutschen Firmen gebauten Kühlanlage an Land auftraten, wo das Erdgas verflüssigt wird. Die Testphase der Anlage musste deswegen immer wieder verlängert werden. Mit mindestens zwei größeren Nachbesserungen sollten die technischen Schwierigkeiten behoben werden. Dadurch stiegen die Kosten für »Schneewittchen« und seine Gasfabrik immer weiter an. Mittlerweile geht StatoilHydro von acht Milliarden Euro in der ersten und fast drei Milliarden Euro in der zweiten Ausbaustufe aus. PR-technisch besonders problematisch: Das Gas vom Meeresboden strömte unterdessen weiter. In ihrer Not entschieden sich die Verantwortlichen, den unnützen Rohstoff abzufackeln. Auf einem 137 Meter hohen Turm entzündeten sie eine Gasflamme, die monatelang über der baumlosen Gegend loderte, das Feuer loderte seinerseits bis zu 130 Meter hoch. Sogar die Besatzung der Internationalen Raumstation ISS funkte aus dem All, sie habe das arktische Irrlicht von Melkøya beobachtet. Bei dieser sinnlosen Gasverbrennung fielen große Mengen CO_2 an, allein innerhalb von zwei Monaten wurden über eine Million Tonnen des Klimagases in die Luft geblasen. Dazu kamen große

Mengen Ruß, denen norwegische Umweltforscher in der hohen Arktis die Klimawirkung von noch einmal 3,5 Millionen Tonnen Kohlendioxid zuschrieben. Auch vonseiten der norwegischen Politik kam Kritik: »Wie soll ich da noch appellieren, weniger Auto zu fahren oder Strom zu sparen«, monierte Umweltminister Erik Solheim.

Das Schtokman-Gasfeld

Weiter östlich von Snøhvit laufen bei vier Projekten Russlands noch die Vorarbeiten. Da wäre zunächst das Schtokman-Gasfeld, eine der wichtigsten Gaslagerstätten der Welt. Sie liegt etwa 450 Kilometer nördlich von Murmansk im russischen Bereich der Barentssee. Das Meer ist hier 320 bis 340 Meter tief; das Gas lagert rund 2000 Meter unter dem Ozeanboden. Die Kapazität des Schtokman-Feldes wird auf 3,8 Billionen Kubikmeter Erdgas geschätzt. Diese Menge würde ausreichen, um Deutschland mehrere Jahrzehnte lang zu versorgen. Dazu kommen 37 Millionen Tonnen Gaskondensat. Bekannt ist die riesige Lagerstätte am Meeresgrund bereits seit Ende der achtziger Jahre. Doch damals galten die Bedingungen der hohen Arktis, vor allem die Unmengen an Treibeis, als zu widrig; auch stellte die große Wassertiefe an der Fundstelle ein Hindernis dar. Mittlerweile haben sich die Rahmenbedingungen geändert, der Ölpreis verspricht auf mittlere Sicht wieder anzuziehen. Ein Betreiberkonsortium aus Russen und internationalen Partnern macht sich derzeit daran, Schtokman auszubeuten: Gasprom aus Russland hält einen Anteil von 51 Prozent. Auf Total aus Frankreich entfallen 25 Prozent. StatoilHydro aus Norwegen ist mit 24 Prozent beteiligt. Steuerlich günstig hat sich die Schtokman Development AG, gegründet mit 150 Millionen Schweizer Franken Grundkapital, ein Plätzchen im Steuerparadies Zug gesucht. Dieser Ort ist bei vielen Firmen sehr beliebt, die in der Schweiz kaum mehr als einen Briefkasten besitzen. Noch im Oktober 2006 hatte Gasprom erklärt, man wolle das Projekt allein stemmen. Westliche Interessenten fühlten sich vor

Kapitel Fünf

den Kopf gestoßen. Vermutlich ging es aber vor allem um eine Machtdemonstration im Auftrag der Regierung, um potenzielle westliche Partner Demut zu lehren. Weil die Ausbeutung des Feldes finanziell und technologisch zu anspruchsvoll ist, mussten die Russen schließlich doch Partner mit ins Boot holen. Russlands Präsident Putin persönlich rief beim norwegischen Ministerpräsidenten Stoltenberg an, um ihm zu verkünden, dass die Norweger von StatoilHydro, zusammen mit dem französischen Konzern Total, doch noch mitmischen dürfen.

Selbst für drei Partner ist das technische Wagnis immer noch groß. »Schtokman«, sagt Andrew Gould, der Chef des Ölservice-Giganten Schlumberger, »ist vielleicht nicht gerade die Mondlandung, aber was technische Komplexität angeht, ist das Projekt schon ziemlich nah dran.« Total wählten die Russen, weil die Franzosen große Erfahrung mit verflüssigtem Erdgas haben. Und StatoilHydro kam zum Zuge, weil die Norweger mit Abstand die meiste Arktiserfahrung besitzen. Die Ausländer sollen zudem dringend benötigtes Geld mitbringen, schließlich dürfte die Erschließung des Feldes rund 30 Milliarden Dollar kosten. Zum Start der Förderung im Schtokman-Feld sollen jährlich 23,7 Milliarden Kubikmeter Erdgas produziert werden, später könnten 71 bis 94 Milliarden Kubikmeter durch die Leitungen fließen. Zum Vergleich: Deutschland verbraucht jedes Jahr ungefähr 100 Milliarden Kubikmeter Erdgas. Insgesamt, so schätzen Experten, werde das Feld 50 Jahre lang Gas liefern, die Hälfte der Zeit mit konstanter Menge. Das im Schtokman-Feld geförderte Erdgas strömt zunächst durch vier unterseeische Pipelines, die über unebenen Meeresboden führen und in Teriberka bei

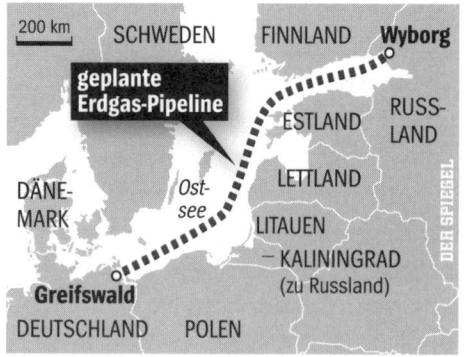

Was gibt es zu holen?

Murmansk an Land kommen. Von dort geht ein Teil mit zwei 1400 Kilometer langen Überland-Pipelines weiter nach Wyborg, wo der wertvolle Rohstoff in die neue Ostsee-Pipeline »Nordstream« fließen soll.

Falls der Bau der Röhre doch noch am Widerstand der Ostseestaaten scheitern sollte, will Russland das Erdgas verflüssigen und mit Tankern transportieren, wie Russlands Ministerpräsident Putin ankündigte. Ohnehin ist bereits jetzt vorgesehen, dass ein Teil des Erdgases verflüssigt wird, um per Schiff nach Nordamerika zu reisen. Gasprom hat eine Beteiligung am 840 Millionen Dollar teuren »Rabaska«-Gasterminal im kanadischen Lévis gekauft, von wo aus der Brennstoff über das nordamerikanische Pipeline-Netzwerk verteilt werden soll.

An der Technik für das Schtokman-Feld wird bereits gearbeitet. Die zwei Bohrinseln für die Betriebsbohrungen entstehen auf der Wyborg-Werft in Sankt Petersburg, in Murmansk und bei Samsung in Südkorea. Im Jahr 2010 sollen die Plattformen fertig sein. Die technischen Herausforderungen sind riesig: Drei unterseeische Förderanlagen für zunächst 16 Bohrlöcher müssen gebaut werden, ebenso wie eine schwimmende Plattform, auf der 40 000 Tonnen an technischem Gerät unterzubringen sind. Das Design dieser sogenannten »floating production unit«, für das vor allem das französische Spezialunternehmen Doris verantwortlich zeichnet, erinnert eher an ein Schiff als an eine Bohrinsel. »Wir haben uns aus Sicherheitsaspekten für diese Variante entschieden, weil sie anpassungsfähiger ist«, erklärt Hervé Madeo, Vizechef der Schtokman Development AG. Bei Bedarf kann die Plattform mit bis zu 350 Menschen an Bord binnen kürzester Zeit vom Förderstrang abgekoppelt werden, der unter Wasser verbleibt. So soll sich die hochsensible Produktionseinheit vor Eisbergen in Sicherheit bringen können.

Allein in den Jahren 2008 und 2009 werde man insgesamt 800 Millionen Dollar für Vorbereitungsarbeiten ausgeben, erklärt Madeo. Insgesamt könnte die Erschließung des Feldes rund

Kapitel Fünf

30 Milliarden Dollar kosten, wovon 70 Prozent mit Krediten bezahlt werden sollen. Doch die sind derzeit schwer zu bekommen. Hinzu kommen massive Einnahmeverluste durch den sinkenden Gaspreis: Russische Medien sprachen im Dezember 2008 von einem Einbruch von 20 Milliarden Euro für das Jahr 2009. Auch der Gasstreit mit der Ukraine hat das Unternehmen viel Geld gekostet. So verwundert es nicht, dass der Zeitplan für Schtokman ein sensibles Thema darstellt. Ursprünglich sollte das Feld etwa ab dem Jahr 2013 produzieren. Doch mittlerweile gestehen selbst russische Experten ein, dass dieser Plan unter keinen Umständen einzuhalten sein wird. Das Ausmaß der Verzögerung ist noch ungewiss. Einige Schätzungen setzen den Beginn der Gasproduktion auf 2021 an, andere gehen davon aus, dass Schtokman sogar erst in 25 bis 30 Jahren seine volle Produktion erreichen wird.

Gasprom beschnitt im Jahr 2008 sein Schtokman-Budget um zehn Prozent und gab stattdessen deutlich mehr Geld für das Bowanjenkowskoje-Feld auf der Jamal-Halbinsel aus, von dem noch die Rede sein wird. Madeo versucht Bedenken zu zerstreuen, so gut er kann: »Schtokman ist ein strategisch wichtiges Projekt für alle Partner aus Russland, Europa und den USA«, wiederholt er fast gebetsmühlenartig. »Das einzige offizielle Datum ist 2013«, beharrt er mit heftigem französischem Akzent und schickt ein kleines Lächeln hinterher, das Raum für Interpretationen zulässt.

Ölförderung im Timan-Petschora-Becken und in der Petschorasee

Nicht nur im Meer, auch an Land gibt es in Sibiriens Norden beeindruckende Vorkommen. Die Konzerne LUKoil und Conoco-Phillips haben intensiv in die Ölgebiete im Timan-Petschora-Becken investiert, zum Beispiel in das Juschno-Chyltschujuskoje-Feld mit Vorkommen von geschätzten 80 Millionen Tonnen. Ursprünglich sollte eine 1800 Kilometer lange Pipeline aus dem

Westen Sibiriens bis nach Murmansk führen. Doch vonseiten der russischen Behörden wird dies bewusst verzögert, so dass das Öl auf absehbare Zeit mit Tankern abtransportiert werden muss. Die Verladung des Treibstoffs auf die Schiffe ist allerdings besonders schwierig, weil die flachen Küstengewässer extrem eisgefährdet sind. Durch ein vier Milliarden Dollar teures Bauprojekt des gemeinsam geführten Unternehmens Narjanmarneftegas soll das Risiko minimiert werden. Die Verladung findet in der Nähe des Ortes Warandej statt, ungefähr 20 Kilometer weit im Meer. Eine besonders geschützte, gut 80 Zentimeter dicke Pipeline bringt das Öl dorthin. Tanker werden an der leuchtend orangefarbenen Dockingstation »Foirot« (»Fixed Offshore Ice-Resistant Off-Loading Terminal«) mit Treibstoff aus einem Lager an Land befüllt, wofür sie noch nicht einmal anlegen müssen. Der Hafen von Warandej hat eine jährliche Kapazität von 12 Millionen Tonnen. Zur Einweihung der Anlage machte sich im Sommer 2008 der 250 Meter lange, eisverstärkte Tanker »Wassilij Dinkow« mit voller Ladung auf den Weg nach Neufundland, wo er den Hafen von Come by Chance ansteuerte.

Nicht weit entfernt vom Terminal in Warandej liegt das Priraslomnoje-Ölfeld in der flachen Petschorasee, auf halbem Weg zwischen dem Festland und der Insel Nowaja Semlja. Das Wasser an der Stelle, an der 1989 ein größeres Ölvorkommen gefunden wurde, ist 20 Meter tief. Rund 80 Millionen Tonnen Öl vermuten die Geologen in Gesteinsschichten, die 2300 bis 2500 Meter tief liegen. Der Produktionsbeginn ist für das Jahr 2011 geplant, und das Gebiet wäre damit das erste Offshore-Ölfeld in Russlands Norden. Für die Entwicklung muss der Eigentümer, die Gasprom-Tochter Sewmorneftegas, allerdings gehörig finanzielle und technische Hilfe aus dem Ausland holen. Die zwei Milliarden Dollar teure, speziell eisverstärkte Bohrplattform »Priraslomnaja« soll bis zu 50 Jahre lang Öl aus dem Feld fördern.

Kapitel Fünf

Gas von der Jamal-Halbinsel

Ein weiteres interessantes Gebiet liegt wiederum an Land, und zwar auf der Jamal-Halbinsel: das Bowanenkowskoje-Gasfeld. Mit einem Fördervolumen von zunächst 115 Milliarden Kubikmeter Gas pro Jahr, der Hälfte der geplanten Gesamtmenge, ist das bereits Anfang der achtziger Jahre entdeckte Gebiet das größte Onshore-Feld der Region. Ursprünglich auf 1997 datiert, musste der Start immer wieder verschoben werden, unter anderem aufgrund des Permafrostes, der in der Region oft mehr als 200 Meter dick ist. Doch inzwischen sind erste Förderbohrungen niedergebracht. Im Jahr 2011 soll die Entwicklung des Gebietes abgeschlossen sein und die Gasproduktion beginnen. Die Erschließung der Jamal-Halbinsel ist aufwändig. Eine mehr als 1000 Kilometer lange Pipeline, die streckenweise unter der Baidarata Bucht verläuft, wird in Uchta im Nordwesten Russlands enden, wo es einen Anschluss an die Rohrleitungen gen Westen gibt. Darüber hinaus soll eine Eisenbahnstrecke entstehen und möglicherweise auch ein Flughafen. Die Gesamtkosten werden auf 180 Milliarden Dollar geschätzt.

Gas aus dem Mackenziedelta und der Beaufortsee

Abschließend werden nun Vorhaben im Norden Kanadas vorgestellt. Bereits als der schottische Abenteurer Alexander MacKenzie im Jahr 1789 mit einem Kanu den später nach ihm benannten Fluss im heutigen Kanada entlangfuhr, bemerkte er bei 65 Grad nördlicher Breite mehrere Stellen im Gelände, an denen Öl hervorsickerte. Die entscheidende Gesteinsformation wurde indes erst im Jahr 1920 entdeckt, und es dauerte über zehn Jahre, bis unter dem Namen Norman Wells Öl produziert wurde. Vor allem während des zweiten Weltkriegs war Öl ein strategisch wichtiger Rohstoff für Amerikaner und Kanadier.

In den Achtzigern investierte die kanadische Regierung Hunderte Millionen von Dollar in die Erdölexploration der Arktis. Firmen wie Dome und PanArctic Oils meldeten Funde in Höhe

Was gibt es zu holen?

von 4 Milliarden Barrel Öl und 3,34 Billionen Kubikmeter Gas. »Imperial und mehrere andere Firmen waren in den späten Siebzigern und frühen Achtzigern sehr aktiv bei der Exploration der Beaufortsee«, erinnert sich Pius Rollheiser, Pressesprecher von Imperial Oil. Zahlreiche Lagerstätten, etwa im Mackenzie-Delta, seien entdeckt worden, doch dann habe es wegen der weltweit niedrigen Rohstoffpreise bis zum Beginn des neuen Jahrtausends nur sehr wenige Offshore-Aktivitäten in der Arktis gegeben. Doch das hat sich nun wieder geändert: »Im Sommer 2007 haben Imperial Oil und Exxon Mobile Canada eine große Explorationslizenz für neun Jahre in der Beaufortsee gekauft«, berichtet Rollheiser stolz. Rund 120 Kilometer vor der Küste dürfen die beiden Firmen nun in einem rund 2000 Quadratkilometer großen Gebiet nach Öl suchen. Der Deal war den Öl-Konzernen zusammen immerhin fast 600 Millionen kanadische Dollar wert. Auch ConocoPhillips und Chevron haben sich Lizenzen in der Beaufortsee gesichert. Die Regierung in Ottawa sieht das überaus gern und will innerhalb weniger Jahre ihre Öleinnahmen in den Nordwestterritorien vervielfachen. Von derzeit lediglich 24 Millionen Dollar sollen sie auf eine Milliarde steigen.

Der Erdölkonzern BP hat Explorationslizenzen für das Mündungsgebiet des Mackenzie gekauft – für eine Milliarde Dollar. In einem benachbarten Gebiet gab Shell sogar zwei Milliarden für Explorationsrechte aus. Dort, wo der Fluss in die Beaufortsee mündet, hoffen die Ölkonzerne auf ein riesiges Gasprojekt. Aufgrund seiner Größe erschließt sich das Mackenzie-Delta nur schwer der menschlichen Vorstellung: Es ist so groß wie ein Drittel der Schweiz und gespickt mit 45 000 Seen. Große Gasvorkommen sind seit den siebziger Jahren bekannt, schon damals wurde der Bau einer Pipeline debattiert. Doch der Richter Thomas Berger warnte in einem von der Regierung in Auftrag gegebenen Gutachten, dem er den programmatischen Titel »Northern Frontier, Northern Homeland« verpasst hatte, vor dem Projekt und schlug eine Bauverschiebung um zehn Jahre vor. In diesem Zeitraum rasselten die Rohstoffpreise in den Keller, und die umstrittene Rohrleitung blieb ungebaut.

Nun will Imperial Oil die Gasfelder Taglu, Niglintgak und Parsons Lake im Mackenzie-Delta über eine Pipeline mit den Märkten im Süden des Landes und in den USA verbinden. »Im Prinzip geht es darum, die Pipeline-Infrastruktur von dem seit den zwanziger Jahren produzierenden Feld ›Norman Wells‹ bis zur Küste der Beaufortsee nach Norden zu verlängern«, erklärt Pius Rollheiser. Zum Betreiberkonsortium soll auch ein Verband von traditionellen Arktisbewohnern gehören, die Aboriginal Pipeline Group. Einige der größten Pipeline-Gegner aus den Siebzigern, wie der Häuptling Frank T'Seleie, gehören mittlerweile zu ihren vehementesten Unterstützern. In mehreren nicht öffentlichen Verträgen hat sich Imperial verpflichtet, die Aus- und Weiterbildung von Ureinwohnern zu unterstützen, Stipendien für junge Menschen auszuschreiben und Firmen von Ureinwohnern beim Bau bevorzugt zu behandeln. Durch behördliche Auflagen vervierfachte sich der ursprüngliche Preis des Projekts allerdings auf insgesamt 16,2 Milliarden kanadische Dollar. Und noch immer haben die Arbeiten nicht begonnen. Aus der Provinzregierung der Nordwestterritorien war im Herbst 2008 zu hören, dass der Bau innerhalb von etwa drei Jahren starten könnte. Imperial wiederum hält 2014 für ein realistisches Datum der Pipeline-Inbetriebnahme. Im Idealfall soll die Röhre auch Gas transportieren, das auf dem Meer, in neuen Feldern der Beaufortsee, gefördert würde.

Umweltschützer warnen vor Risiken
Umweltschützer und zahlreiche Wissenschaftler sehen den Treck der Ölfirmen nach Norden mit großer Skepsis. Obwohl die Geschehnisse mittlerweile rund 20 Jahre zurückliegen, prägt das Unglück der »Exxon Valdez« noch immer viele Debatten. Damals, am 24. März 1989, war der Öltanker im Prinz-William-Sund nahe Anchorage in Alaska nachts auf ein Riff gelau-

Was gibt es zu holen?

fen. Kapitän Joseph Hazelwood lag zu dieser Zeit betrunken im Bett, ein junger, schlecht ausgebildeter Seemann führte das Kommando. Der 300 Meter lange, einwandige Tanker hatte 163 000 Tonnen Rohöl geladen, ein Viertel davon lief in das kristallklare Wasser des Sundes. Sogar im Wasser treibende Eisblöcke des nahen Columbia-Gletschers wurden durch den Ölschwall schwarz gefärbt. Was folgte, hat sich ins kollektive Gedächtnis eingebrannt, tagelang zeigten die Fernsehsender der westlichen Welt Bilder von ölverschmierten Tieren. Insgesamt wurden rund 2000 Kilometer Küste vom Öl heimgesucht: 250 000 Seevögel, 3000 Seeotter, 300 Robben und 22 Schwertwale starben. Reiche Fischgründe wurden verseucht. Die Aufräumarbeiten waren ein gigantisches Projekt. Exxon erklärt, die Firma habe sich das Säubern der Strände mehr als zwei Milliarden Dollar kosten lassen. Bis zu 10 000 Arbeiter, 1000 Boote und rund 100 Flugzeuge waren im Einsatz. Dem ökologischen Desaster folgte eine finanzielle Katastrophe für viele Bewohner der Gegend. Exxon weigerte sich, Entschädigungen zu bezahlen. Erst nach fast 20 Jahren Rechtsstreit lenkte die Firma ein. Der oberste Gerichtshof der USA hatte zuvor die Entschädigungssumme auf rund eine halbe Milliarde Dollar heruntergeschraubt. Geklagt hatten allein 33 000 Fischer. »Die Exxon Valdez hat gezeigt, was für eine Katastrophe Öl in der Arktis auslösen kann«, sagt Ilan Kelman vom Centre for International Climate and Environmental Research in Oslo (CICERO). »Die Umwelt ist abgeschieden, rau und verwundbar.«

Geplante Ölprovinzen und ökologische Schatztruhen liegen oft ganz nah beieinander. Zum Beispiel in der Barentssee, einem der momentan von der Industrie besonders begehrten Gebiete, leben rund 150 Fischarten. Die nährstoffreichen Gewässer, in denen sich das warme Wasser des Golfstroms mit kalten polaren Strömungen mischt, bilden die Heimatregion für viele Fische wie den Polardorsch, Hering und Schellfisch, auch gibt es dort Dutzende Walarten.

Kapitel Fünf

In einem Mammutbericht haben fast 150 Wissenschaftler des Arctic Monitoring and Assessment Programme (AMAP) im Auftrag des Arktischen Rates die Risiken der Öl- und Gasproduktion im hohen Norden untersucht. Ihre Ergebnisse stellten sie im Januar 2008 im großen Auditorium der Universität Tromsø bei der Konferenz »Arctic Frontiers« vor. »Alle Polar-Anrainer arbeiten mit voller Kraft daran, ihre Öl- und Gasvorkommen in der Arktis auszubeuten«, sagt John Calder von der US-Wetterbehörde NOAA, einer der führenden Autoren des Reports. Höchste Zeit also, sich systematisch mit den möglichen Gefahren und Problemen zu befassen. Der Bericht warnt unter anderem vor den Risiken, die defekte Rohrleitungen und Tankerunglücke bergen: »Ausgetretenes Öl ist in der Arktis besonders gefährlich, weil sich die kalten und stark jahreszeitabhängigen Ökosysteme nur langsam erholen. Außerdem ist die Beseitigung von Ölschäden in abgelegenen und kalten Regionen sehr schwierig, vor allem in Meeresbereichen mit Eisvorkommen.« Das Papier prangert auch die Landschaftszerstörung beim Pipeline-Bau an und schildert, wie sich arktische Dörfer verändern, wenn auf einmal das Geld der Ölfirmen alle traditionellen Gesellschaftsstrukturen auf den Kopf stellt.

Allen verdienstvollen Warnungen zum Trotz wurde das Werk der Wissenschaftler in letzter Sekunde durch politische Konflikte entwertet. Bis kurz vor der öffentlichen Vorstellung endete das Opus mit 60 Empfehlungen der Wissenschaftler an die Politik. Doch diese wurden auf politischen Druck hin getilgt. Im Arktischen Rat, der das AMAP-Gutachten in Auftrag gegeben hatte und dessen Statut Einstimmigkeit verlangt, gab es Streit. Schweden und die USA wollten das Dokument nicht mittragen, angeblich mokierten sich die Amerikaner unter anderem darüber, dass das Wort »Klimawandel« in dem Papier aufgetaucht war. Die Forscher reagierten genervt. Sie griffen die Regierungen an und auch die Ölindustrie, die zu wenig Informationen bereitgestellt hätte: »Wir glauben«, beklagte der Amerikaner Calder, »dass

Russland große Mengen an Daten darüber hat, wie arktische Gebiete durch Ölunglücke beeinflusst werden – und wie sie sich über Jahrzehnte wieder erholen können.« Die russischen Behörden, so der Vorwurf, wüssten aus verheimlichten Katastrophen in der Vergangenheit mehr, als sie nun zugeben wollten. Das klingt überzeugend, immerhin ist Russland für den Löwenanteil der derzeitigen Förderung in der Arktis verantwortlich: 80 Prozent des Öls und 99 Prozent des Gases werden von russischen Unternehmen zu Land gefördert. Doch über Umweltprobleme ist nur selten Genaues zu hören und meistens nur dann, wenn sie beinahe apokalyptische Ausmaße annehmen. So etwa im Jahr 1994, als im Komi-Gebiet eine Pipeline an insgesamt 23 Stellen brach und mehr als 100 000 Tonnen Öl in die verwundbaren arktischen Ökosysteme schwappten. Lebensräume, die nicht sofort verseucht wurden, nahmen spätestens bei den hektischen Aufräumarbeiten Schaden. Doch auch an US-Pipelines gibt es Probleme: Im März 2006 traten durch ein Leck in einer Pipeline nahe dem Ölfeld von BP in Prudhoe Bay rund eine Million Liter Öl aus. Einige Zeit später musste das Rohrleitungssystem wegen zahlreicher Korrosionsschäden komplett geschlossen werden.

Den Umweltschützern bereitet die Zukunft Sorgen. »Es gibt so viele Aktivitäten in der Arktis wie noch nie«, bestätigt Neil Hamilton. Der Australier ist Geologe und Leiter des Arktisprogramms der Umweltschutzorganisation WWF. Hamilton, dessen Büro sich in Oslos Innenstadt nahe des Schlosses befindet, ist eine Art klassischer Gegenspieler zu den Ölkonzernen. Dass die Bemühungen der Ölindustrie um die Arktis innerhalb kürzester Zeit massiv zugenommen hätten, sei »bis zu einem gewissen Grad unvermeidlich«, räumt der Umweltschützer ein. Zu bedeutend seien die vermuteten Lagerstätten, zu hoch die Preise an den internationalen Rohstoffmärkten. Doch dem hohen Norden drohe ein immenser Schaden: »Es gibt keine Regeln, welche Schiffe in der Arktis fahren können. Es gibt keine Regeln darüber, welche Aktivitäten erlaubt sind und welche nicht. Es gibt keine

Umweltgrenzwerte.« Der Umweltschützer, der in seiner Freizeit gern Motorrad und alte Sportwagen fährt, ist kein Eiferer. Er weiß, dass er mit Fundamentalopposition nichts erreichen wird. »Wir sagen nicht: Holt kein Öl aus der Arktis – und Schluss. Wir sagen nur: Schließt die technologische Lücke.« Damit spielt Hamilton auf die fehlenden Fähigkeiten zur Säuberung der arktischen Umwelt nach Ölunfällen an. Es sei derzeit »physisch unmöglich«, die Arktis nach einer Ölkatastrophe wieder zu säubern. Ausgelaufenes Öl zersetzt sich nur sehr langsam in der Kälte, und wie man die zähe schwarze Masse aus Eis herausbekommt, ist Technikern völlig unklar. Bis die nötige Technik zur Verfügung stehe, in »fünf bis zehn Jahren«, müsse es einen vorläufigen Stopp der Suche nach Erdöl geben, erst dann könne man sinnvoll darüber sprechen. Andere Umweltschützer wie Paul Johnson vom Greenpeace-Forschungslabor im britischen Exeter gehen mit ihren Forderungen sogar noch weiter. Vollkommen unabhängig vom Ölpreis dürfe es keine Förderung in der Arktis geben, sie sei einfach zu verwundbar: »Wir haben es hier mit Ökosystemen zu tun, die sich unter Umständen niemals erholen, wenn sie einmal gestört werden.«

Die Ölkonzerne bemühen sich, die nötige Forschung zur Ölschadensbeseitigung zu unterstützen. Zum Teil setzen sie auch auf ungewöhnliche Wege, um die Bedenken der Umweltschützer zu zerstreuen. So will das italienische Ölunternehmen ENI, das in Norwegen am »Goliat«-Ölfeld beteiligt ist, in der Barentssee auf die Hilfe einheimischer Fischer zurückgreifen. Schließlich kennen sich diese in den eisigen Wassern am besten aus. Mit ihren Fischerbooten, so der Plan, sollen sie die Vorhut bei der Bekämpfung einer möglichen Ölpest bilden. Weil die Boote dazu gegebenenfalls umgebaut werden müssten, lässt ENI derzeit zusammen mit der norwegischen Fischereiindustrie wissenschaftlich untersuchen, welche Modifikationen nötig wären. Die norwegische Küstenwache rüstet ihre neuen Boote bereits mit entsprechendem Gerät aus.

Was gibt es zu holen?

Neue Schifffahrtsrouten

»Die Schifffahrtsindustrie könnte jährlich Milliarden sparen.«
Scott Borgerson, Council on Foreign Relations, April 2008

Eine Idee davon, wie schnell und umfassend sich die Lage in der Arktis verändert, bekommt man in Hamburg. In der Kunsthalle, nur wenige Schritte vom Hauptbahnhof entfernt, kann man sich in die Vergangenheit der Arktis versetzen lassen: Unterm Dach, in Raum 120, hängt ein schwarz gerahmtes Bild, das die Brutalität und Unmenschlichkeit des nördlichen Ozeans so eindrücklich zeigt wie kaum ein anderes Kunstwerk. Es heißt »Das Eismeer« oder auch »Die gescheiterte Hoffnung« und wurde einst von Caspar David Friedrich für den Leipziger Kaufmann und Kunstfreund Johann Gottlob von Quandt gemalt. Unter einem stahlblauen Himmel türmen sich auf dem Bild riesige, scharfkantige Eisgebirge, die braun, weiß oder blau schimmern. Am Rand, ganz klein, sind die fein gezeichneten Überreste eines zermalmten Schiffs zu sehen, vermutlich ist es der »Griper« des Briten William Edward Parry nachempfunden. Er hatte in den Jahren 1819 und 1820 versucht, vom Atlantik durch die Inselwelt Nordkanadas in den Pazifik zu fahren – jedoch ohne Erfolg. Parry musste sein Vorhaben abbrechen und nach Hause zurückkehren. Das Gemälde des Romantikers Friedrich zeigt die alte Vorstellung der Arktis, die bis vor kurzem Reiseberichte und Sachbücher prägte: kalt, abweisend, unmenschlich und gegebenenfalls auch tödlich.

Doch die neue Arktis wird anders aussehen, denn das Eis schwindet unaufhaltsam. Was das bedeutet, vermittelt Joachim Schwarz anschaulich. Er war fast 30 Jahre Chef des Forschungsbereiches Eistechnik an der Hamburgischen Schiffbau-Versuchsanstalt (HSVA) und leitete zehn Jahre die Gesellschaft für Maritime Technik. Mittlerweile ist Schwarz Rentner, im Prinzip jedenfalls, und lebt in Großhansdorf, einem schleswig-holsteinischen Vorort von Hamburg. Der Diplomingenieur bemüht sich darum, den hohen Norden für die Schifffahrt zugänglicher zu machen, und erhielt für sein ehrenamtliches Engagement das Bundesverdienstkreuz. Vor allem geht es Schwarz, der mit dem russischen Nordpolfahrer Artur Tschilingarow befreundet ist, um die Nordostpassage, die die Russen Nördlichen Seeweg nennen.

Diese Strecke führt von der Insel Nowaja Semlja im Nordwesten Russlands an der nordsibirischen Küste entlang bis in die Beringstraße, die Russlands fernen Osten von Alaska trennt. Es gibt dabei mehrere mögliche Wege, je nachdem, wie nahe man am russischen Festland bleiben möchte. In jedem Fall nehmen Schiffe, die dort oben unterwegs sind, eine gewaltige Abkürzung: Auf der Strecke von Hamburg bis ins japanische Yokohama ist die Route über den hohen Norden mit 7400 Seemeilen um fast 40 Prozent kürzer als die 11 500 Seemeilen lange Reisestrecke durch den Suezkanal, welche normalerweise genutzt wird. Im Sommer dauert die Fahrt auf dem Nördlichen Seeweg durchschnittlich 13 Tage, im Gegensatz zu den rund 20 Tagen, die etwa ein Containerschiff bei der Fahrt über den Suezkanal braucht. Diese Zeitangabe setzt allerdings voraus, dass die Reise nach Plan läuft und das Schiff nicht von Treibeis aufgehalten wird. Doch selbst scheinbar kurze Zeitersparnisse lohnen sich, bedenkt man, dass große Containerschiffe pro Tag Treibstoff für bis zu 100 000 Dollar verbrauchen. Ob mögliche Einsparungen allerdings auch den durchschnittlichen Supermarktkunden erreichen, ist eher zweifelhaft: Schon heute zahlt man für den Transport einer elektrischen Zahnbürste von China nach Europa nur einen Cent, die Reise einer Flasche Wein kostet sechs Cent, und acht Euro machen die Frachtkosten eines 1000 Euro teuren Fernsehers aus. Da sei selbst bei Abkürzungen über die Arktis keine nennenswerte Preissenkung zu erwarten, folgern Analysten des Schiffsfinanzierers HSH-Nordbank.

1 Wenn die arktischen Gletscher (wie hier auf Spitzbergen) beschleunigt abschmelzen, könnte sich der weltweite Meeresspiegel erhöhen. Schmelzendes Meereis ändert ihn dagegen kaum.

2 Robert E. Peary behauptet, am 6. April 1909 den Nordpol erreicht zu haben. Bis heute ist nicht geklärt, ob das wahr ist – und wer der erste Mensch am Nordpol war *(links)*.

3 Stolz der russischen Ozeanforschung sind die zwei »Mir«-Tauchboote, die allerdings schon mehr als zwei Jahrzehnte alt sind *(unten)*.

4 Eine drei Meter lange elektromagnetische Sonde (»EM-Bird«), die von einem Hubschrauber über dem Eis entlang bewegt wird, misst per Laserradar die Eisdicke. ▶

5 Ein von Dänemark im Mai 2008 auf Grönland organisiertes Gipfeltreffen brachte Minister der fünf Polarstaaten zusammen.

6 Das Absetzen der russischen Fahne auf dem Meeresgrund am Nordpol am 3. August 2007 gab den Startschuss zum neuerlichen Rennen um die hohe Arktis.

7 In Ny Ålesund auf Spitzbergen befinden sich zahlreiche Forschungsstationen, darunter auch die deutsch-französische AWIPEV-Basis.

8 In einem speziellen Kühlraum des Alfred-Wegener-Instituts (AWI) in Bremerhaven lagern Sedimentkerne, die vom Forschungsschiff »Polarstern« gezogen wurden.

9 Der Spitzbergenvertrag von 1920 erlaubt es den Russen, auf Spitzbergen Siedlungen zu errichten. Die einzig derzeit genutzte …

10 … ist der Ort Barentsburg. Die Kumpel der dortigen Mine holen allerdings kaum noch Kohle aus dem Boden.

11 Der Elefantenfußgletscher in Kronprins Christian Land, Nordostgrönland (im Jahr 1994).

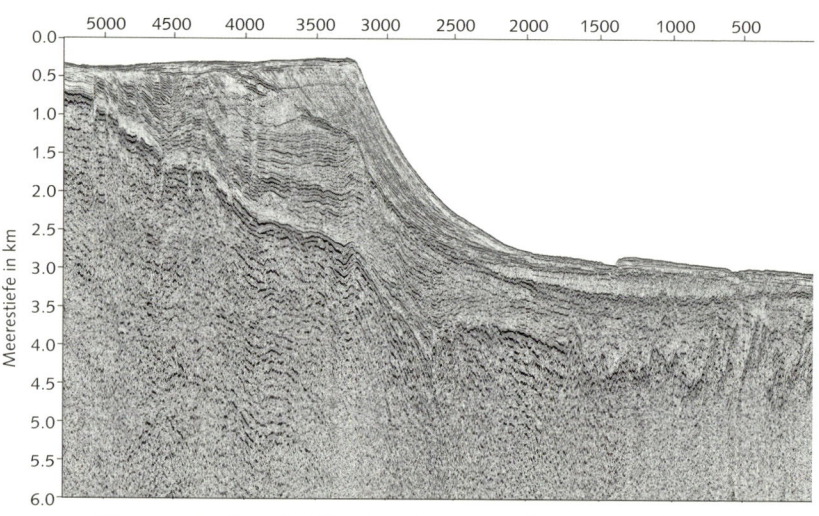

12 Ein seismisches Profil zeigt den Ozeanboden vor dem Ostgrönlandschelf, etwa auf 74 Grad nördlicher Breite.

13 Damit der deutsche Eisbrecher »Polarstern« wie bisher in der Arktis forschen kann, ist in der Region ein Geist der Kooperation und kein zähnefletschender Wettbewerb nötig.

14 Die Felsen auf Spitzbergen bieten Wissenschaftlern sowie Fachleuten von Ölgesellschaften und Explorationsfirmen wertvolle Informationen über die geologischen Verhältnisse am Grund des arktischen Ozeans.

15 Arktische Eisberge vor der Küste von Westrussland (im Jahr 2006).

16 Forscher ließen das Segelboot »Tara« absichtlich im Treibeis des Polarmeers festfrieren, wo es mehr als 500 Tage mit einer Durchschnittsgeschwindigkeit von zehn Kilometern pro Tag bewegt wurde.

17 Bei der internationalen »Arctic Coring Expedition« (Acex) gelang im Sommer 2004, was zuvor noch niemand geschafft hatte: dem Meeresboden in der Nähe des Nordpols mehrere längere Bohrkerne abzutrotzen.

18 Ein Modell des europäischen Forschungseisbrechers »Aurora Borealis« wird in einem finnischen Eistank getestet *(links)*.
19 Ein Tanker mit Flüssiggas an Bord navigiert durch die nordnorwegischen Küstengewässer *(rechts)*.

20 Das Snøhvit-Feld vor der norwegischen Küste ist der wohl wichtigste Prototyp für die arktische Gasproduktion. Von einer vollautomatischen Fabrik am Meeresboden strömt der wertvolle Rohstoff über Pipelines zu einer Gasverflüssigungsanlage auf der Insel Melkøya bei Hammerfest.

21 Der Eisbrecher »Healy« übernimmt einen großen Teil der US-Präsenz in den arktischen Gewässern.

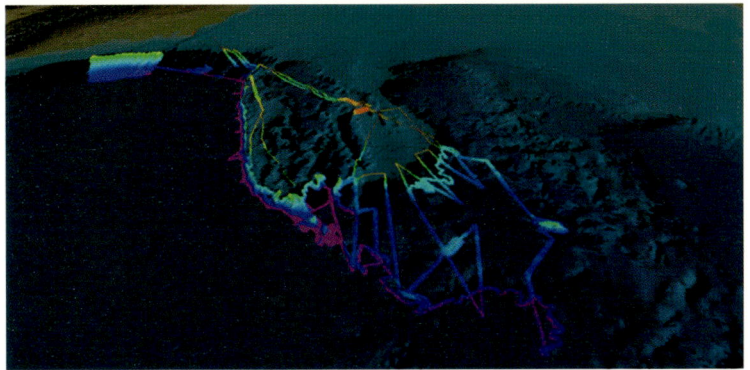

22 Die USA kartieren derzeit den Meeresboden vor Alaska, die bunten Bereiche zeigen Areale, die bereits bei Eisbrecher-Expeditionen vermessen wurden *(oben)*.
23 Falschfarbenaufnahme des Lenadeltas in Nordrussland, wo der tauende Permafrost große Mengen des Klimagases Methan freizusetzen droht *(unten)*.

24 Die traditionellen Bewohner der Arktis (hier Inuit-Jäger Dines Mikalesen vor der grönländischen Insel Ammassalik, 2007) werden durch das zunehmende Schmelzen des Eises vor zahlreiche Probleme gestellt.

25 Die Klimaaktivisten Lesley Butler *(li.)* und Rob Bell *(re.)* protestieren in Longyearbyen auf Spitzbergen gegen den menschengemachten Klimawandel (April 2007).

26–28 Auch für viele Tierarten, hier sind Küstenseeschwalbe, Walross und Eisbär zu sehen, wird der Klimawandel in der Arktis zur existentiellen Herausforderung.

Was gibt es zu holen?

Eine Fahrt durch die Nordostpassage erfüllt immerhin alte Entdeckerträume: Jahrhundertelang forderte die mystische Schifffahrtsroute die Fantasie und den Wagemut von Geografen und Abenteurern heraus, mit oft tragischen Folgen. Im 16. Jahrhundert blieben vor allem englische und niederländische Schiffe im Packeis stecken, als sie versuchten, das von Papst Alexander VI. im Vertrag von Tordesillas erlassene Monopol auf den Ozeanrouten zu umgehen. Laut diesem Vertrag bekamen die Spanier das Exklusivrecht für Reisen westlich des 46. Längengrades, die Portugiesen für solche östlich davon. Russischen Expeditionen gelang die Fahrt nur in einigen Küstenabschnitten, niemand schaffte die ganze Strecke. Unterdessen war noch nicht einmal bekannt, ob die Passage überhaupt existierte. Einer ihrer glühendsten Verfechter war ausgerechnet ein Binnenländer: Der Schweizer Bibliothekar und Politiker Samuel Engel schrieb im 18. Jahrhundert Abhandlungen über die Möglichkeit einer Nordostpassage. Ausgehend von existierenden Landkarten seiner Berner Bibliothek postulierte er, dass das Meer im hohen Norden schiffbar sei. Man müsse nur zur rechten Zeit im Jahr zwischen Spitzbergen und Nowaja Semlja aufbrechen und ungefähr den achtzigsten Breitengrad einhalten. Dann käme man innerhalb weniger Wochen an die Wasserstraße zwischen Asien und Amerika. Im Grundsatz ist das nach wie vor richtig.

Die erste Durchquerung der eisigen Gewässer des flachen Küstenmeeres gelang allerdings erst über 100 Jahre später. Der Finnlandschwede Adolf Erik Nordenskiöld schaffte das Kunststück mit seinem Walfängerschiff »Vega«, das einer Werft in Bremerhaven entstammte. Der hölzerne Dampfer war im Sommer 1878 gestartet und im September in einer Bucht der Tschuktschen-Halbinsel vom Packeis eingeschlossen worden. Doch am 18. Juli 1879 konnte die Mannschaft die Reise fortsetzen und über die Beringstraße zunächst nach Japan und von dort über den Suezkanal wieder nach Europa fahren. Weitere fünf Jahrzehnte später, im Jahr 1932, gelang dem kleinen Eisbrecher

Kapitel Fünf

»Alexander Sibirjakow« die Bewältigung der Strecke erstmals innerhalb einer Saison. Nach dem Zweiten Weltkrieg bemühte sich die Sowjetunion um die Nutzung der arktischen Verbindung und stampfte zahlreiche Siedlungen entlang des Wegs aus dem Boden. Westliche Schiffe dürfen die Strecke seit 1991 nutzen, nachdem bereits 1987 der damalige sowjetische Präsident Michail Gorbatschow dazu eingeladen hatte. In jenem Jahr erlebte die Strecke ihre bislang beste Zeit, rund sieben Millionen

Abkürzung durch die Arktis

Tokio
Nordwestpassage
14 000 km
Panamakanal-Route
18 200 km
New York

Nordostpassage
13 000 km
Hamburg
Tokio
Suezkanal-Route
21 000 km

Was gibt es zu holen?

Tonnen Güter wurden damals befördert. Der große Boom steht bis heute aus. Derzeit passieren zwischen anderthalb und zwei Millionen Tonnen pro Jahr die Strecke, wobei es sich normalerweise um Fahrten entlang einzelner Küstenabschnitte handelt, nicht um Transitreisen über die komplette Länge der Passage.

Kommerzielle Schiffe aus dem Westen befahren die komplette Strecke von Europa nach Asien so gut wie gar nicht. Der Grund dafür: Die Nutzung des Nördlichen Seewegs ist noch immer unglaublich kompliziert und vor allem teuer. Die Reisen müssen lange vorher angemeldet werden, im Hafen von Murmansk werden die betreffenden Schiffe dann eingehend auf Eistauglichkeit, Seekarten oder Lebensmittelvorräte geprüft. Und dann das Tarifierungsmodell, das die Russen nach der Wende eingeführt haben, um ihre Atomeisbrecherflotte zu finanzieren! Es macht den Preis für eine Nutzung der Passage für Schiffseigentümer und Kapitäne komplett unberechenbar – und treibt den Betrag im Zweifelsfall nach oben. Die Gesamtkosten für die russischen Eisbrecher liegen bei ungefähr 120 Millionen Euro pro Jahr, seit 1993 werden sie zu einem Großteil auf die durchfahrenden Schiffe umgelegt. Dadurch kann eine Fahrt entlang der Passage für ein Containerschiff mit mehr als 100 000 Dollar zu Buche schlagen, wobei sich der Preis noch nicht einmal an den tatsächlichen Kosten orientiert. Selbst Schiffe, die im Hochsommer fahren, müssen den vollen Betrag zahlen. Ein Unding, wie der Eisexperte Schwarz findet. Er fordert stattdessen fixe Durchfahrtskosten, um den Verkehr anzukurbeln.

Eine optimale Nutzung der Passage wird auch dadurch behindert, dass die russische Infrastruktur entlang der Küste derzeit arg zu wünschen übrig lässt. Seit dem Ende der Sowjetunion wurde nur noch sporadisch investiert. Genau hier kommt Joachim Schwarz ins Spiel. Er leitet eine deutsch-russische Arbeitsgruppe, die für neue Technik sorgen soll. Es geht um den Aufbau einer Routenvorhersage (»Ice Route Optimization«), die einem Kapitän die für ihn beste Reisestrecke entlang der Küste vor-

Kapitel Fünf

schlägt. An dem Projekt sind unter anderem das Hamburger Max-Planck-Institut für Meteorologie, das Bundesamt für Seeschifffahrt und Hydrografie, die Schiffbauversuchsanstalt und mehrere Reedereien beteiligt. »In der Nordostpassage werden wir viele offene Rinnen haben, und die zeigen wir den Schiffen«, sagt Schwarz. Zwar bekommen die Schiffskapitäne bereits seit den Siebzigern Satellitendaten der Region auf die Brücke geliefert, doch für eine zügige Navigation durchs Eis sind die nicht aktuell genug. Wenn ein Kapitän sich auf den Weg zu einer vielversprechend aussehenden Durchfahrt durchs Packeis macht, kann diese schon bald wieder geschlossen sein. Also gilt es Wetterinformationen in Echtzeit zusammenzuführen mit Satellitendaten über Dicke und Beschaffenheit des Eises. Im Jahr 2010 soll ein großer Feldtest stattfinden. Paradoxerweise ist eine akribische Routenplanung gerade in der tauenden Arktis extrem wichtig, denn durch die steigenden Temperaturen ist das Eis unberechenbarer. Weil es dünner wird, bricht es leichter auf und bildet mehr Schollen. Durch den Wind können diese sich zu den gefürchteten Presseisrücken auftürmen, im schlimmsten Fall bis zu 20 Meter hoch. Dagegen kann kein Eisbrecher

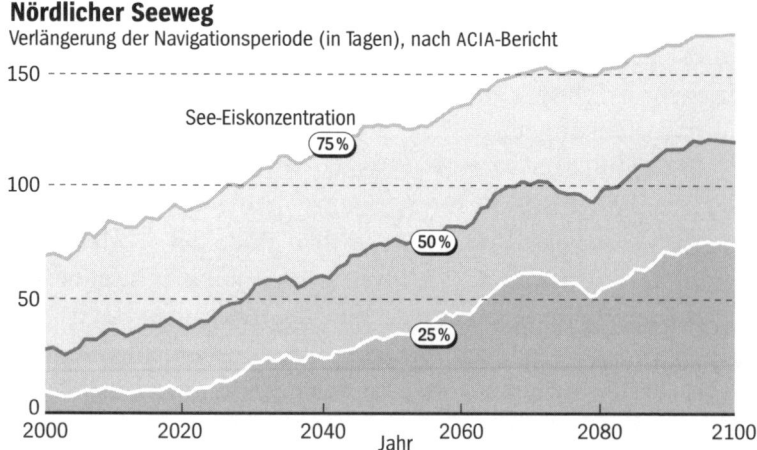

Nördlicher Seeweg
Verlängerung der Navigationsperiode (in Tagen), nach ACIA-Bericht

Was gibt es zu holen?

der Welt ankommen. Also gilt es den idealen Weg zu finden. Problematisch ist allerdings, dass das langwierige Suchen nach passierbaren Routen die Schiffe verlangsamen könnte. Verzögerungen sind jedoch bei den Fahrplänen der riesigen modernen Containerschiffe, die wie Linienbusse die Häfen um den Globus ansteuern, nicht vorgesehen.

Der bereits erwähnte »Arctic Climate Impact Assessment« (ACIA)-Bericht des Arktischen Rates von 2005 kommentiert die Zukunftsaussichten der Nordostpassage folgendermaßen: Derzeit ist die Navigationsperiode, also der Zeitraum, in dem die Seeeisbedeckung unter 50 Prozent liegt, jedes Jahr rund 20 bis 30 Tage lang. Ende August 2008 war die Passage für einige Zeit sogar komplett eisfrei. Die ACIA-Experten glauben, dass die Navigationsperiode bis zur nächsten Jahrhundertwende auf rund 120 Tage pro Jahr ansteigt. Durch den Einsatz von Routenvorhersagesystemen könnte sich diese Zahl nochmals erhöhen. »Der Nördliche Seeweg wird während sechs Monaten eisfrei sein«, sagt Joachim Schwarz. Der Deutsche Reederverband hat erklärt, dass die Strecke bereits dann interessant wäre, wenn sie garantiert länger als drei Monate pro Jahr passierbar sei. Erste Firmen wie die Bremer Reederei »Beluga« des Selfmademillionärs Nils Stolberg interessieren sich durchaus für die Reise über die russischen Gewässer. Der strohblonde Unternehmer lässt gezielt eistaugliche Schiffe bauen, um für alle Eventualitäten gerüstet zu sein. Eigentlich, so sagt Firmensprecherin Verena Beckhusen, habe man bereits im Sommer 2008 ein Schiff durch die Nordostpassage schicken wollen. Doch die russischen Behörden erteilten die notwendigen Genehmigungen nicht rechtzeitig. Dennoch ist laut Beckhusen die Nutzung des Nördlichen Seeweges eine strategische Marschrichtung des Unternehmens.

Kimmo Juurmaa, Entwicklungschef beim finnischen Schiffsbauer Deltamarin Contracting, der sich auf die Entwicklung eisgängiger Schiffe spezialisiert hat, sagt, der Verkehr auf der kompletten Länge der Nordostpassage werde im Jahr 2010 star-

Kapitel Fünf

ten, zumindest auf experimenteller Ebene. Die Russen gehen auf dem Nördlichen Seeweg von einem Transportvolumen von 4 bis 7 Millionen Tonnen im Jahr 2010 aus. Nach weiteren fünf Jahren sollen es dann 13 bis 15 Millionen Tonnen sein. Am Anfang dürften eher kleinere Schiffe den Nördlichen Seeweg nehmen, beladen mit Massengütern wie Öl oder Erz, später könnten dann Containerschiffe folgen. Doch US-Experten warnten, dass größere Containertransporter auf der Strecke schnell Probleme bekommen könnten. Nicht in erster Linie wegen des Eises, sondern weil in einigen Meeresabschnitten, etwa an den Neusibirischen Inseln, die Wassertiefe sehr gering ist. Die derzeit auf dem Nördlichen Seeweg eingesetzten Schiffe haben deswegen nur ein Viertel der Kapazität herkömmlicher Containerschiffe – ein Umstand, der mögliche Einsparungen durch eine kürzere Reisestrecke arg relativiert. »Ob sich am Ende eine Passage unter allen Einflüssen von Wind, Eisgang, Nebel, Untiefen und zusätzlichen Gebühren beispielsweise für Eisbrecher wirklich lohnt, kann nur die Praxis zeigen«, bestätigt Max Johns vom Verband Deutscher Reeder.

Neben dem Nördlichen Seeweg macht der Rückzug des arktischen Eises eine weitere Passage frei, die auch auf der anderen Seite des Atlantiks eine Abkürzungsmöglichkeit bietet: die Nordwestpassage. Sie führt von der Davisstraße und der Baffin Bay im Osten zur Beringstraße im Westen und war jahrhundertelang eine Art heiliger Gral für abenteuerlustige Entdecker. Nicht zuletzt das britische Königshaus schickte zahlreiche Expeditionen in die eisbedeckten Wasser des Nordens, um einen möglichst kurzen Weg nach Asien zu finden. Abenteurer wie Frobisher, Hudson, Baffin oder James – nach ihnen sind heute Meeresbuchten benannt – scheiterten jedoch. Die tragischste Expedition war wohl die Reise der Schiffe »Erebus« und »Terror« unter dem Kommando von John Franklin, bei deren Verschwinden im Jahr 1845 fast 130 Menschen ums Leben kamen. Wie viele andere Autoren hat auch Sten Nadolny das Geschehen aufgegriffen und

Was gibt es zu holen?

1983 in seinem erfolgreichen Roman »Die Entdeckung der Langsamkeit« verarbeitet.

Es war Roald Amundsen, der spätere Bezwinger des Südpols, der die mystische Nordwestpassage zwischen 1903 und 1906 zum ersten Mal befuhr. Dies gelang ihm mit der »Gjøa«, einem verhältnismäßig kleinen Schiff, das heute zusammen mit einem Amundsen-Denkmal am Norwegischen Seefahrtsmuseum auf der Insel Bygdøy am Rande des Zentrums von Oslo steht. Auf seiner Reise musste Amundsen allerdings mehrmals überwintern. Der praktische Nutzen der Passage war also recht beschränkt, zumal sich mit der Eröffnung des Panamakanals im Jahr 1914 das Interesse gehörig abschwächte. Zu gefährlich und zu unberechenbar war der Weg durch das Eis. Im Gegensatz zum Nördlichen Seeweg ist auf der Nordwestpassage bisher kein regelmäßiger Schiffsverkehr betrieben worden – mit einigen Ausnahmen: Im Spätsommer 1969 zum Beispiel wurde der eisverstärkte Supertanker »Manhattan« von der Ölgesellschaft Humble Oil & Refining Co, einem Vorläufer der heutigen Firma Exxon, durch die Passage geschickt. Es ging darum, einen Transportweg für das kurz zuvor entdeckte Öl aus dem Norden Alaskas in die Ballungsgebiete der US-Ostküste zu testen. Doch die Reise endete fast in einer Katastrophe. Das 300 Meter lange Schiff wurde bereits auf dem Hinweg in der am westlichen Ende der Passage liegenden Mc-Clure-Straße vom Presseis erfasst und in Richtung Küste getrieben. Im letzten Moment konnte die untermotorisierte »Manhattan« noch gerettet werden und dank der Hilfe der mitreisenden Unterstützungsschiffe »John A. Macdonald« und »Staten Island« ihre Route absolvieren. In Prudhoe Bay in Alaska nahm die Besatzung ein symbolisches Fass Öl an Bord und machte sich auf den Rückweg nach New York. Diese Fahrt verlief ohne größere Probleme, doch insgesamt hatte die Aktion vor allem eines gezeigt: Für den routinemäßigen Verkehr durch die Nordwestpassage waren Aufwand und Risiko deutlich zu hoch. Als die »Manhattan« im darauffolgenden Frühjahr vor

Kapitel Fünf

Baffin Island im Eis steckenblieb, stellten die Ölgesellschaften ihre Pläne für weitere Schiffsreisen komplett ein und sprachen sich stattdessen vehement für den Bau der fast 1300 Kilometer langen Alaska-Pipeline aus. Sie sollte von den Ölfeldern von Prudhoe Bay in Nordalaska zum eisfreien Hafen Valdez im Süden des Bundesstaates führen. Im Jahr 1977 wurde die Röhre zum Preis von 8 Milliarden Dollar fertig gestellt.

Trotz allem haben die USA und Kanada jahrzehntelang um die Nordwestpassage gestritten. Es ging um die Frage, wem die Passage eigentlich gehört. Die Regierung in Ottawa steht bis heute auf dem Standpunkt, dass es sich bei der Nordwestpassage um ein innerstaatliches Gewässer handelt. Die USA und die EU sehen das jedoch anders. Sie gehen davon aus, dass es sich um eine internationale Wasserstraße handelt. Das würde bedeuten, dass jedes Land die Route kostenlos und ohne Voranmeldung benutzen kann. Wie im Jahr 1985: Damals fuhr der US-Eisbrecher »Polar Sea« durch die Passage, und zwar ohne die Erlaubnis Kanadas. Der kanadische Eisbrecher »John A. Macdonald«, der die »Polar Sea« ein Stück begleitet hatte, musste sich wegen dicken Eises im Melvillesund zurückziehen. Die Amerikaner dampften weiter. Drei Jahre später einigten sich beide Seiten auf ein fragiles Arrangement, das von den Außenministern George Shultz (USA) und Joe Clark (Kanada) unterschrieben wurde: Die US-Küstenwache gibt den Kanadiern jedes Mal offiziell Bescheid, wenn ihre Schiffe durch die Passage fahren. Als Gegenleistung für die Benachrichtigung – von einer Bitte kann keine Rede sein – stimmt Ottawa jedes Mal zu. Militärische Schiffe sind von der Vereinbarung nicht betroffen. Amerikanische U-Boote benutzen die Passage angeblich bereits seit langem. Eine offizielle Bestätigung aus Washington gibt es dafür selbstverständlich nicht. Und so blieb der Streit um die Passage in der Folgezeit eher akademischer Natur: Die wenigen Kreuzfahrten und Expeditionsschiffe, die die Strecke nutzten, meldeten sich brav bei den Kanadiern an. Und die amerikani-

Was gibt es zu holen?

schen U-Boote, die sich durch die Inselwelt schlängelten, ließen sich nicht erwischen.

Mittlerweile gibt es jedoch sehr praktische Fragen: Am 21. August 2007 war die Passage zum ersten Mal seit Jahrzehnten komplett eisfrei, mithin auch für normale Schiffe befahrbar. Aus der theoretischen Möglichkeit der regelmäßigen Abkürzung durch den kanadischen Norden war nun eine reale Option geworden. Im folgenden Sommer bot sich dasselbe Bild: kein Eis, nirgends. Nordwest- und Nordostpassage waren sogar erstmals gleichzeitig eisfrei. Die »Polarstern« des AWI befuhr 2008 als erstes Forschungsschiff in einer Saison beide Passagen hintereinander, also einmal rund um den Nordpol. Das internationale Recht steht nun nicht unbedingt auf Seiten Kanadas: Wenn eine Zahl von Schiffen die Passage in Zukunft ohne die Genehmigung Ottawas befährt, verliert die Argumentation der dortigen Regierung an Kraft. Dann wäre die Passage wohl tatsächlich eine internationale Wasserstraße.*

Immerhin, einige Analysten sind eingeschränkt optimistisch, was den Streit um die Souveränität in der Nordwestpassage angeht. So schrieb die deutsche Stiftung Wissenschaft und Politik (SWP) in einem Gutachten, der Streit werde »in der Praxis der kommenden Jahre nicht so konfliktiv sein, wie manche Beobachter dies erwarten«. Kanadische Regierungen hätten mehrfach betont, dass sie »keinem ihrer Verbündeten und keiner seriösen europäischen Reederei, die bestimmte Sicherheits- und Umweltstandards akzeptiert«, die Durchfahrt durch die Passage verweigern würden. Scott Borgerson vom Council on Foreign Relations hat dazu ein

---

* Der Internationale Gerichtshof hat im Korfu-Kanal-Fall festgelegt, dass eine internationale Wasserstraße erstens zwei Bereiche der hohen See verbinden muss und zweitens eine nützliche Route für den internationalen Schiffsverkehr sein muss. Bis jetzt ist das zweite Kriterium nicht erfüllt, doch würden regelmäßig Schiffe ohne kanadische Genehmigung die Strecke befahren, sähe das wohl anders aus.

Kapitel Fünf

interessantes Modell entwickelt. Der frühere Kapitänleutnant der US-Küstenwache schlägt vor, dass Washington und Ottawa gemeinsam im hohen Norden für Ordnung sorgen. Vorbild soll das vor fast 200 Jahren geschlossene Rush-Bagot-Abkommen sein, welches der Demilitarisierung der Großen Seen diente. Als Ergebnis dieses Vertrages wurde – wenn auch mit großer zeitlicher Verzögerung – der Sankt-Lorenz-Seeweg zwischen den Großen Seen und dem Atlantik eingerichtet. Zwei semistaatliche Unternehmen, die jeweils in einem der beiden Länder ansässig sind, verwalten die Wasserstraße. Ähnliches schlägt Borgerson auch für die hohe Arktis vor, wobei er Kanada die Schlüsselrolle zuweist. Der Schiffsweg wird noch lange Zeit nautisch höchst anspruchsvolles Terrain bleiben. Verstärkt abschmelzende Gletscher auf den umliegenden Inseln und Grönland sorgen dafür, dass es auch in Zukunft viel Eis in der Passage geben wird. Manche Wissenschaftler wie Stephen Howell von der kanadischen University of Waterloo glauben sogar, dass sich dort besonders große Mengen an gefährlichem mehrjährigem Eis sammeln werden und die Schifffahrt noch lange Zeit behindern.

Doch im Prinzip verspricht auch die Nordwestpassage große Abkürzungen, könnte sie doch bei Transporten nach Asien die Reise durch den chronisch überfüllten Panamakanal in Mittelamerika überflüssig machen. Noch einmal die Beispielrechnung für die Containerschiffreise von Hamburg nach Yokohama, diesmal über die Nordwestpassage: In diesem Fall verkürzt sich die Reise von 11 500 auf 9400 Seemeilen. Die Reisedauer sinkt von 20 auf 16 Tage. Besonders nützlich wäre die Passage für Transporte von der US-Ostküste nach China. Auch von der US-Westküste nach Europa würden sich die Wege drastisch verkürzen. Optimisten wie Scott Borgerson schätzen das Potenzial bei einem großen Containerschiff auf 20 Prozent, wobei die Durchfahrtsgebühren für den Panamakanal, die Treibstoffkosten und andere Faktoren mit eingerechnet sind. Borgersons Fazit lautet deswegen: »Die Schifffahrtsindustrie könnte jährlich Milliarden sparen.«

Was gibt es zu holen?

Jörn Brossmann, Analyst bei der HSH Nordbank in Hamburg, macht folgende Beispielrechnung auf: Wenn ein Post-Panamax-Containerschiff – also eines, das für die Reise durch den Panamakanal zu groß ist – mit 8000 TEU (20-Fuß-Containereinheiten, rund 2,50 Meter breit und 6 Meter lang) in der Standardgeschwindigkeit von 24 Knoten unterwegs ist, verbraucht es rund 250 Tonnen Schweröl pro Tag. Auf dem internationalen Markt wird das Öl in zwei Hauptqualitäten angeboten:
- das billigere MFO (»Marine Fuel Oil«)
- und das teurere MDO (»Middle Destillate Oil«)

Die Preise für den Treibstoff variieren recht stark im Verlauf der Zeit und auch von Ort zu Ort. Fachinformationsdienste wie »Bunker World« verkünden stets die aktuellen Konditionen. Im Sommer 2008 waren mehr als 600 Dollar pro Tonne MFO eine realistische Größe. »Mithin beliefen sich die Bunkerkosten im angenommenen Beispiel auf über 150 000 Dollar am Tag«, rechnet Brossmann vor. Doch der Treibstoff taugt nur bedingt für arktische Reisen, denn er ist wenig bekömmlich für die Umwelt. Vor allem fallen bei der Verbrennung große Mengen an Schwefelverbindungen und Ruß an. Deswegen ist der Einsatz von MFO bereits jetzt in längst nicht allen Meeresgebieten erlaubt. Brossmann glaubt, dass auch in der Arktis eher das etwas umweltschonendere – aber auch etwa doppelt so teure – MDO zum Einsatz kommen dürfte. Nach Brossmanns Rechnungen bringt eine Schiffsroute über die Nordwestpassage im gewählten Beispiel eine Einsparung von rund 800 Tonnen Öl (also 16 Prozent). Bei einer Nutzung der Nordostpassage fallen die Zahlen sogar noch positiver aus. Hier kommt der Analyst auf eine Ersparnis von rund 1800 Tonnen (also etwa 36 Prozent). Allerdings scheut sich Brossmann davor, die finanziellen Sparmöglichkeiten genau aufzurechnen: »Da man weder den zukünftigen Preis noch die erforderliche Qualität für das Bunkeröl kennt, ist es schwierig, aus heutiger Sicht einen Kos-

Kapitel Fünf

tenvergleich anzustellen beziehungsweise das Einsparpotenzial genau zu berechnen.«

Der medienscheue US-Immobilienmagnat Pat Broe aus Denver ist ein ganz besonderer Arktis-Schifffahrtsenthusiast. Vor gut zehn Jahren kaufte er den verrotteten Tiefwasserhafen des kanadischen Städtchens Churchill an der Hudson Bay für schlappe zehn kanadische Dollar. Damals hielten ihn alle für verrückt: Die Gewässer um den 1100-Einwohner-Ort, dessen Bevölkerung ihr Geld vor allem mit eisbärverrückten Touristen gemacht hatte, waren viel zu oft zugefroren, um dort einen profitablen Güterumschlag zu betreiben. Immerhin ist Churchill rund 960 Kilometer vom Polarkreis entfernt, und ohne den Golfstrom, der Europa wärmt, ist es in diesen Breiten schon empfindlich kalt. Doch weil das Eis taut, kann sich Broe nun die Hände reiben. Allerdings hat er zuvor 80 Millionen Dollar in die Modernisierung des Hafens investiert, so dass dort mittlerweile auch Schiffe der Panama-Klasse mit 60 000 Tonnen anlegen können. Das erste russische Schiff im bis dahin so verschlafenen arktischen Hafen war im Oktober 2007 die »Kapitan Swiridow«, die Dünger aus Russland nach Kanada brachte und nach einigen Tagen mit 20 000 Tonnen Weizen wieder Richtung Europa abdampfte. Auch Kanadas Premierminister Stephen Harper hat inzwischen millionenschwere Investitionen in den Hafen und in die dorthin führende Eisenbahnstrecke angekündigt. Churchill, der Schifffahrtsweg dorthin ist derzeit von Juli bis November geöffnet, soll sowohl ein Umschlagplatz für Transporte nach Europa als auch nach Asien werden. Die Russen schwärmen bereits, dass Seefracht von Murmansk nach Nordamerika nun in sieben statt wie bisher 18 Tagen transportiert werden kann. Und auch kanadische Weizenbauern begeistern sich zunehmend für den Hafen hoch im Norden. Im Jahr 2008 habe man 450 000 Tonnen Getreide umgeschlagen, erklärte Michael Ogborn von Broes Firma Omnitrax, die den Hafen betreibt.

Schiffe für die neue Arktis

Wer Seefahrt in der tauenden Arktis betreiben will, muss sich beizeiten um die passenden Schiffe kümmern. Deren wirtschaftliche Lebensdauer liegt bei 20 bis 30 Jahren. Deswegen arbeiten derzeit Fachleute an Transportern, die schon bald die arktischen Routen befahren sollen. Selbst Reedereien in China, Japan und Korea investieren kräftig in schwimmende Transporter, die auf Routen durchs Eismeer eingesetzt werden sollen. Der russische Bergbaukonzern Norilsk Nickel hat sich auf den deutschen Werften in Wismar und Rostock-Warnemünde, die mittlerweile mehrheitlich der russischen Investmentgesellschaft FLC gehören, gleich mit einer ganzen Flotte von eistauglichen Schiffen eingedeckt. Sie sollen Erz von den Abbaugebieten am Jenissej zur Weiterverarbeitung nach Murmansk bringen und können dabei auch ohne die Hilfe teurer Eisbrecher durch bis zu anderthalb Meter dickes Eis pflügen.

Wie Schiffe für die neue Arktis aussehen müssen, damit beschäftigt sich unter anderem Walter Kühnlein. Er ist Joachim Schwarz' Nachfolger bei der Hamburgischen Schiffbau-Versuchsanstalt (HSVA); »Head of Department Ice & Offshore« steht auf seiner Visitenkarte. Die Versuchsanstalt liegt etwas versteckt an einer Hochbahntrasse im Hamburger Stadtteil Barmbek-Nord und ist eine Adresse mit wechselvoller Geschichte. Kurz vor dem Ersten Weltkrieg gegründet, wurden in bis zu 300 Meter langen Wasserbassins U-Boote, Kriegsschiffe und Torpedos fürs Kaiserreich und später für das NS-Regime erforscht. Nach dem Krieg ließen die Briten die Anlage demontieren, im Jahr 1952 wurde die Schiffbau-Versuchsanstalt neu gegründet – und zwar nicht als reine Forschungsstätte, sondern als kommerzielles Unternehmen. Deswegen sind die HSVA-Teststände gut gesichert und in vielen Fällen für Besucher strengstens gesperrt. Kameras und Handys müssen in jedem Fall draußen bleiben, im Interesse der zahlenden Kunden, die die neugierigen Augen von Industriespionen fürchten.

Kapitel Fünf

Für die Arktis besonders interessant ist das Eisbassin der Versuchsanstalt, zwei Etagen unter Kühnleins schmucklosem Büro. Das knapp 80 Meter lange und 10 Meter breite Wasserbecken kann mithilfe mächtiger Kühlaggregate mit Eis überzogen werden. Bei Lufttemperaturen von bis zu -20°C wächst die Eisschicht im Wasser pro Stunde um etwa zwei Millimeter. Ist das zweieinhalb Meter tiefe Becken komplett zugefroren, werden dort Schiffsmodelle bis zum Maßstab 1:20 auf ihre Eisgängigkeit getestet. Mit einer Schleppvorrichtung ziehen die Techniker die Holzmodelle durch das splitternde Eis, während mehrere Dutzend Kameras den Vorgang beobachten. So probieren die Ingenieure die Wirkung verschiedener Schiffsbauformen aus. In der Vergangenheit ersannen sie so unter anderem Eisbrecher, die nicht mit schierer Kraft gegen Eismassen anrennen, sondern die Schollen zunächst nach unten biegen, um sie dann mit dem Rumpf zu Bruch zu bringen.

Eisgängigkeit wird auch in Zukunft wichtig für Arktisschiffe sein. »Die Schiffe müssen sowohl im Eis als auch im offenen Wasser gut funktionieren«, erklärt Kühnlein. Denn selbst bei einer massiven Eisschmelze dürfte es in der Arktis auch auf lange Sicht selbst im Sommer noch Treibeis geben, das sich übereinanderschieben und auftürmen kann. Das bedeutet, dass die Schiffe der Arktisfahrer nicht über einen Wulstbug verfügen dürfen, wie er an den allermeisten modernen Schiffen zu finden ist. Diese Form, die unter der Wasserlinie an ein U-Boot erinnert, stellt im Eis einen Nachteil dar, weil sie einen riesigen Widerstand produziert. Im schlimmsten Fall könnten die Kräfte dort so stark werden, dass die unterseeische Nase einfach abreißt. Doch außer der Bugform sind kaum größere Änderungen nötig, sagt Kühnlein. Sein finnischer Kollege Kimmo Juurmaa von Deltamarin Contracting sieht das ähnlich. Es gehe darum, »ein Design zu finden, bei dem das Schiff unter allen Bedingungen eine hohe Geschwindigkeit von 15 bis 20 Knoten« fahren könne. Die Technologie werde im Grund-

Was gibt es zu holen?

satz auf derjenigen basieren, die bereits heute für Schiffe in der Ostsee angewendet werde. Interessant sind zum Beispiel die sogenannten Double-Acting-Tanker, die unter anderem von Juurma konzipiert wurden. Diese Schiffe sind Tanker und Eisbrecher zugleich und sollen auf Routen durch die Arktis zum Einsatz kommen, auf denen auch auf längere Sicht zumindest zeitweise mit Behinderungen durch Eis gerechnet werden muss. An zwei Schiffen, den Tankern »Tempera« und »Mastera«, lässt sich eindrücklich sehen, wie das Konzept funktioniert: Mit dem klassischen Wulstbug voran bewegen sich die 250 Meter langen Gefährte normalerweise durchs Wasser. Doch wenn Eis in Sicht ist, dann drehen sich die Tanker in Windeseile um 180 Grad. Ihr Heck ist nämlich so konstruiert, dass es bis zu anderthalb Meter dickes Eis durch das Eigengewicht des Schiffes brechen kann. Angetrieben wird das Schiff durch eine drehbare Außenbordgondel mit Elektromotoren und Stahlpropeller. Diese sogenannten Pod-Antriebe sind zwar technisch kompliziert und auch teurer als klassische Antriebstechnik, erlauben aber ein Wenden auf kleinstem Raum. So interessant das Konzept dieser Zwei-in-eins-Schiffe auch ist, denkbar ist allerdings, dass es durch den Klimawandel schlicht überflüssig wird. Joachim Schwarz, der Eisveteran, sagt zum Beispiel, Double-Acting-Tanker seien Schiffe für die »alte Arktis«. Sie seien zu langsam im Eis unterwegs, weil sie sich immer umdrehen müssen, wenn sie als Eisbrecher fungieren. In der »neuen Arktis« sei das in etwa so, als wenn man mit Kanonen auf Spatzen schieße. Stattdessen brauche man Schiffe, die auch vorwärts schnell durch vergleichsweise dünnes Eis schneiden können und doch robust genug sind, um auch einem Presseisrücken beizukommen.

Wie viel Schiffsverkehr in den kommenden Jahren tatsächlich über die arktischen Routen abgewickelt wird, debattieren die Experten noch. Der Arktische Rat lässt gerade einen Bericht zur Schifffahrt in der Arktis ausarbeiten (»Arctic Marine Shipping Assessment«). Kanada, Finnland und die USA sind die führen-

Kapitel Fünf

den Autoren. Um drei Szenarien geht es: heute, 2020 und 2050. Neben der Nutzung der Nordost- und der Nordwestpassage sprechen Schifffahrtsexperten auch über Routen, die direkt über den Nordpol laufen könnten, zum Beispiel von Island nach Dutch Harbor in Alaska. Doch noch ist das Zukunftsmusik. Versicherungsgesellschaften müssen erst ihre Prämienkalkulationen anpassen und Tarifmodelle für arktische Reisen vorstellen, interessierte Reeder Erfahrungen mit Transporten durch die Arktis sammeln. »Es ist klar, dass bei neuen Seewegen und möglichen Abkürzungen von Handelswegen die ganze Branche ein starkes Interesse an dem Thema hat. Ein konkretes Projekt entwickeln aber erst sehr wenige Reedereien für den Nördlichen Seeweg«, sagt Max Johns vom Verband Deutscher Reeder. Neben den bereits vorgestellten Herausforderungen gibt es weitere mögliche Probleme, zum Beispiel dürfte die Sturmhäufigkeit und Sturmstärke im hohen Norden in Zukunft zunehmen.

Die Schifffahrt über die nördlichen Abkürzungen wird auf längere Sicht ein Nischengeschäft bleiben. »Wenn Nordwest- und Nordostpassage befahrbar sind, dürfte hier anfangs maximal ein Prozent des globalen Transportvolumens abgewickelt werden«, sagt etwa der HSH-Analyst Brossmann. »Mehr als eine gute Handvoll Schiffe pro Tag werden auf einer befahrbaren Nordwestpassage voraussichtlich nicht unterwegs sein. Damit sprechen wir nur von einem Bruchteil des Welthandels«, so Brossmann. Zum Vergleich: Den Panamakanal passieren derzeit etwa 35 bis 40 Schiffe pro Tag. Das Problem der arktischen Routen könnte die verbleibende Unberechenbarkeit sein, so dass die strengen Zeitpläne der Reedereien nicht einzuhalten wären.

»Eines lässt sich schon jetzt klar absehen«, sagt Reeder-Sprecher Johns. »Der Seeverkehr über arktische Routen wird zunächst mit eher kleinen Schiffen mit geringem Tiefgang und niedrigerer Geschwindigkeit stattfinden.« Regelmäßige Linienfahrten von großen Containerschiffen durch arktische Gewässer werde es einstweilen nicht geben.

Was gibt es zu holen?

Auch Umweltprobleme sind ein wichtiges Thema. Zwar könnte man meinen, die kürzeren Wege in der Arktis böten für die Umwelt nur Vorteile, weil weniger Treibstoff verbraucht wird. Doch ein Schifffahrtsboom brächte in Wahrheit ökologische Probleme in die an vielen Stellen noch unberührte Arktis: eine Belastung durch Schwefelverbindungen aus minderwertigem Schiffsdiesel zum Beispiel sowie Unmengen an Ruß. Gerade die Belastungen durch den pechschwarzen Ruß dürften weit höher ausfallen als bisher angenommen, wie eine Studie der US-Wetterbehörde NOOA belegt. Deren Forscher haben vor kurzem herausgefunden, dass große Frachtschiffe mehr als doppelt so viel Ruß ausstoßen als vermutet. Tanker und Containerschiffe blasen knapp ein halbes Gramm Ruß für jedes verbrannte Kilogramm Treibstoff in die Luft. In der Summe, so bilanzierten die Forscher, ist die weltweite Schifffahrt für 130 000 Tonnen Ruß pro Jahr verantwortlich. Das ist eine beeindruckende Zahl, denn die Verbrennungsrückstände spielen auch bei der Erderwärmung eine wichtige Rolle und wirken in der Arktis besonders stark. Von ausgelaufenem Treibstoff havarierter Tankschiffe ganz zu schweigen: »Ein Ölunfall hat hier oben einfach wesentlich schlimmere Folgen als irgendwo in der Karibik oder auf dem offenen Atlantik«, warnt Marc Rothwell, Kapitän des kanadischen Eisbrechers »Louis S. St.-Laurent«. Beim Verband Deutscher Reeder sieht man diese Gefahr ebenfalls. »Sollte es wirklich einmal zu einem Schiffsunglück kommen, kann sich die arktische Lebenswelt nur sehr viel langsamer regenerieren als in gemäßigten Breiten. Hier gilt es, ein sensibles Ökosystem zu schützen«, sagt Verbandssprecher Johns. In jedem Fall werden Schiffsversicherer die Policen für Arktisfahrten wegen der höheren Umweltrisiken vergleichsweise teuer verkaufen.

Kapitel Sechs
Wer will was? Die Mitspieler beim Arktischen Monopoly

»Jetzt soll ich weit, weit nach dem Norden hinauf,
wiederum in dem Großen Spiel.«
Rudyard Kipling, Kim, *1901*

Die Arktis, so bilanzierte der kanadische Politikwissenschaftler Michael Byers vor einiger Zeit, steht derzeit an einer Weggabelung: »Ein Weg führt zur Kooperation und einer zum Konflikt.« Mit einem Mini-Gipfeltreffen in Grönland wollte die dänische Regierung Ende Mai 2008 einen harmonischen Friedensgipfel inszenieren, um die Welt auf Kurs zu bringen. Die Kleinstadt Ilulisat mit ihren knallbunten Holzhäusern ist die drittgrößte Siedlung der Insel, im kleinen Hafen drängen sich Freizeit- und Fischerboote. Auf den Bergen um den Ort lagen noch Schneereste, als die Diplomaten eintrafen. In den Weltmedien war zu dieser Zeit immer wieder vom »Großen Spiel«, dem »Great Game«, in der Arktis die Rede.

In diesem Kapitel werden die wichtigsten Akteure des Arktischen Monopoly vorgestellt. Da wären zunächst einmal die fünf Arktisanrainer, jene Länder also, die sich in Grönland 2008 zum Gipfel trafen: Russland, die USA, Kanada, Dänemark – beziehungsweise das von ihm außenpolitisch vertretene autonome Gebiet Grönland – und Norwegen. Sie präsentieren die bedeutendsten Mitspieler und können bis auf die USA, die dem Seerechtsabkommen noch nicht beigetreten sind, bei der Uno Gebietsforderungen in der hohen Arktis stellen. Dazu kommen weitere Akteure, von denen wir uns einige ebenfalls näher ansehen wollen: die Inuit, also die traditionellen Bewohner der Arktis, der Arktische Rat, die Europäische Union, Deutschland und schließlich sogar China, denn auch Peking hat ein Auge auf die Arktis geworfen.

Wer will was? Die Mitspieler beim Arktischen Monopoly

Doch zunächst zurück nach Ilulissat, wo sich die wichtigsten Player, die Polarstaaten, trafen: Anderthalb Tage lang beschäftigten sie sich mit der Zukunft der Arktis. Dänemarks graubärtiger Außenminister Per Stig Møller konnte seine russischen und norwegischen Kollegen Sergej Lawrow und Jonas Gahr Støre begrüßen, die USA schickten Vizeaußenamtschef John Negroponte, für Kanada saß Naturressourcenminister Gary Lunn mit am Tisch, in dessen Verantwortungsbereich die Vermessungsmissionen des arktischen Meeresbodens fallen. Kanadas Außenminister Maxime Bernier war – zum Missfallen der kanadischen Presse – wegen innenpolitischer Probleme zu Hause geblieben. Und noch während des Gipfeltreffens musste er seinen Hut nehmen, wegen einer dubiosen Bettgefährtin mit Verbindungen zum kriminellen Milieu, die auch Zugriff auf kanadische Geheimdokumente gehabt haben soll. Immerhin hatte er zuvor noch telefonisch erklärt, er unterstütze die Gespräche in Grönland.

Schweden, Finnland und Island wurden von den Dänen nicht zu dem Mini-Gipfel eingeladen, was für beträchtliche Verstimmung sorgte. »Die Dänen untergraben, absichtlich oder unabsichtlich, die Bemühungen, mehr als ein unilaterales Ad-hoc Regime in der Arktis auf die Beine zu stellen«, bemerkte der kanadische Politikwissenschaftler Rob Huebert verärgert. Auch die Inuit saßen nicht als Verhandlungspartner mit am Tisch. Einzig ihr Vertreter Aqqaluk Lynge durfte vor den Ministern eine Präsentation halten, gerade einmal zehn Minuten lang. Zumindest der Ort des Treffens war gut gewählt. Das beste Hotel am Platze in der zwischen Granitfelsen versprengten Kleinstadt, in der lediglich 5200 Menschen und mindestens ebenso viele Schlittenhunde leben. Gleich nebenan liegt der Ilulissat-Eisfjord, in den der Gletscher Sermeq Kujalleq ununterbrochen große Mengen Eisberge kalbt und dabei rapide schrumpft: In der Zeit von 2001 bis 2007 hat sich die Eiszunge um zehn Kilometer zurückgezogen. Pro Jahr verliert der Gletscher, der 2004 von der Unesco zum Weltnaturerbe gekürt wurde, etwa 20 Millionen Tonnen an

Kapitel Sechs

Eis. Die Aussicht auf die Bucht ist spektakulär: Eisberge so groß wie Inseln treiben ebenso hinaus ins Meer wie kleinere Bruchstücke. Manche der Eisblöcke wirken wie glattpoliert, andere sind spektakulär zerklüftet. Die kleinsten Gletscherstückchen verleihen dem Fjordwasser an manchen Stellen die Konsistenz von »Frozen Margarita«.

Um den Wandel der Arktis aus nächster Nähe erleben zu können, bestiegen die politischen Honoratioren am Mittag des zweiten Gipfeltages ein Boot, um den Gletscher aus der Nähe zu betrachten. Alle trugen feinen Businesszwirn, US-Vizeaußenminister Negroponte außerdem noch garniert mit einem Cowboyhut; nur der Norweger Jonas Gahr Støre hatte einen grauen Strickpullover mit Eisbärenlogo an – ein Modell, das er dem deutschen Außenminister Frank-Walter Steinmeier bei dessen Besuch in der Arktis 2007 geschenkt hatte. Weil der weißblaue Kutter »Smilla«, benannt nach der Protagonistin von Peter Høegs Erfolgsroman »Fräulein Smillas Gespür für Schnee«, recht klein war, hatten nur die Minister mit einer Begleitung auf dem Boot Platz. Der Rest der Delegationen musste auf einem Extraboot fahren. Doch zu kungeln gab es eigentlich nichts. Denn der Wortlaut der zweiseitigen, völkerrechtlich nicht verbindlichen Abschlusserklärung »Ilulissat Declaration« stand bereits vor dem Treffen fest: »Der Arktische Ozean steht an der Schwelle zu tiefgreifenden Veränderungen«, heißt es in dem Papier. Aufgrund ihrer »Souveränität, souveränen Rechte und Jurisdiktion über große Teile des Arktischen Ozeans« sehen sich die fünf Unterzeichnerstaaten in einer »einzigartigen Position«, um diese »Möglichkeiten und Herausforderungen« anzugehen. Und so weiter, in windelweichem Diplomatenenglisch. Das Papier ist rundum affirmativ, konkrete Verpflichtungen ergeben sich daraus nicht, ebenso wenig wie jedwede Ansprüche. Die Staaten erklären darin, sie »verpflichteten sich weiterhin«, den existierenden »juristischen Rahmen« zu achten und mögliche überlappende Gebietsforderungen »geordnet« zu lösen.

Wer will was? Die Mitspieler beim Arktischen Monopoly

Umweltschützer beklagten, dass die Staaten keinen Beschluss zum Stopp des Rohstoffabbaus fassten. Sie hätten es gern gesehen, wenn die Arktis zu einer Art Reservat geworden wäre. »Wir würden vorschlagen, dass sich die Länder dort oben einigen sollten, das Gebiet nicht für die Ölförderung zu öffnen«, sagte Tarjai Haaland von Greenpeace Nordic. Ein solches Moratorium hatte bereits einige Monate zuvor der World Wildlife Fund for Nature (WWF) gefordert. Doch durchsetzen konnten sich die Umweltaktivisten nicht. »Es ist klar, was passiert«, beklagte der Greenpeace-Sprecher Mike Townsley. »Sie nutzen Gesetze des Seerechts, um die Rohstoffe unter sich aufzuteilen, aber sie ignorieren die Gesetze des gesunden Menschenverstandes – dass die fossilen Brennstoffe den Klimawandel antreiben.« Besonders harsch kritisierte der schottische Umweltschützer, dass das Treffen auf Grönland so intransparent verlaufen sei: »Sie wissen, dass das, was sie zu tun versuchen, inakzeptabel ist.« Die russische Zeitung »Kommersant« beklagte, der Gipfel sei wie eine zweite Konferenz von Jalta verlaufen, weil es den Polarstaaten nur um die Aufteilung der arktischen Ressourcen gegangen sei. Auch der deutsche Polarforscher Winfried Jokat teilt diese Deutung: »Das Treffen ist der erste Hinweis darauf, dass die Polarstaaten sagen: ›Wir teilen die Arktis auf!‹«

Doch die Politik wollte gute Nachrichten verbreiten: »Hauptsache, wir verhindern einen wilden Wettlauf zum Nordpol«, hatte der Däne Møller vor dem Start der Gespräche die Linie vorgegeben. »Wenn wir an die Bodenschätze unter dem Meeresgrund denken und an den derzeitigen Ölpreis, dann wissen wir, dass hier wirklich unglaublich viel Geld auf dem Spiel steht«, so der Minister weiter. Effektiv wurde darüber aber keineswegs verhandelt. Denn das Treffen an der Diskobucht diente vor allem einer Sache: Die direkten Arktisanrainer – die arktischen G-5, wie sie manche Kommentatoren nannten – versicherten sich noch einmal gegenseitig, dass sie kein Interesse an einem umfassenden Schutzvertrag für die Polregion haben. Ein solcher

Vertrag ist für die Antarktis seit 1961 in Kraft und schützt das sensible Gebiet zumindest bis zum Jahr 2041 vor allzu rabiater Ausbeutung. Für die Arktis wird es einen solchen internationalen Schutzvertrag definitiv nicht geben. Die Arktisstaaten haben kein Interesse an neuen völkerrechtlichen Verpflichtungen: »Wir sehen keine Notwendigkeit, ein neues umfassendes internationales Rechtsregime für das Nordpolarmeer zu entwickeln«, heißt es in der Abschlusserklärung von Ilulissat. Diese Haltung der unmittelbaren Arktisanrainer hatte sich bereits angedeutet, als im Oktober 2007 Spitzendiplomaten aus Kanada, Dänemark, Norwegen, Russland und den USA in Oslo zusammentrafen. Die Vorstellung, dass das Seerecht bereits ein hinreichendes Regelwerk biete, ist, wie im dritten Kapitel gezeigt, vor allem eines: Wunschdenken. Denn die Uno-Festlandsockelkommission hat ausdrücklich kein Mandat, um überlappende Gebietsforderungen, wie sie am Pol auftreten dürften, zu klären. Das Arktische Monopoly wird also vor allem ein politisches Spiel bleiben.

USA

> »Wenn es ein Fünf-Nationen-Rennen um den Nordpol gibt, dann sind wir gerade Fünfter.«
> Gene Brooks, Admiral der US-Küstenwache, im August 2008

Amerika hat in der Arktis einiges aufzuholen, und der oberste Polarforscher des Landes kann seine Wut darüber kaum verbergen: »Wir wissen eine Menge mehr über den Mond als über die Arktis«, beklagt Mead Treadwell auf seiner Webseite. Treadwell, ein Geschäftsmann aus Anchorage, ist Chef der US-Arctic Research Commission, hat 30 Jahre lang in Alaska gelebt und zetert nun: »Zum Kuckuck, wir haben noch nicht einmal brauchbare Karten.« Es sei »allerhöchste Zeit«, sich mit den wirtschaftlichen und geopolitischen Folgen des Klimawandels aus-

Wer will was? Die Mitspieler beim Arktischen Monopoly

einanderzusetzen, forderte auch der US-Militär Timothy McGee bei einer Fachtagung im Sommer 2007, nur wenige Tage vor der russischen Tauchfahrt. McGee ist bei der Marine zuständig für die Bereiche Meteorologie und Ozeanografie; er will, dass Washington sein Interesse an der Arktis deutlich offensiver als bisher vertritt. Zur Begründung zieht er einen bemerkenswerten Vergleich heran: Die Arktis heutzutage sei wie der Nahe Osten vor 100 Jahren. Damals, so McGee, habe der Westen um die Vorherrschaft in jenem Gebiet gerungen; nun gebe es dieselbe Situation im hohen Norden. In Nahost habe der Westen nicht optimal reagiert, diesmal müsse das anders laufen: »Wir können uns jetzt nicht erlauben, Fehler zu machen.«

Scott Borgerson vom Council on Foreign Relations sieht das ähnlich. Der ehemalige Küstenwachenoffizier mit flott gegeltem Kurzhaarschnitt hat sein Büro in einer noblen Stadtvilla in New Yorks Upper Eastside, nahe dem Central Park. Von dort versucht er als überparteilicher Politikberater, das Establishment in Washington für die Arktis zu begeistern – eine Aufgabe, die angesichts der angespannten Lage im Irak und in Afghanistan alles andere als einfach ist. Zumal Borgerson den Politikern eine Art Spagat vorschlägt: »Die Vereinigten Staaten müssen führend bei einer kooperativen Lösung sein, gleichzeitig muss sich eine verantwortungsvolle Außenpolitik zunächst an unseren eigenen Interessen orientieren.«

Als weltgrößter Verbraucher fossiler Energieträger, der 2007 zu 65 Prozent auf Importe angewiesen war, haben die USA neue Öl- und Gasvorkommen bitter nötig; die inländische Produktion liegt auf historisch niedrigen Werten. Und nirgendwo fiel der Förderungsrückgang so stark aus wie in Alaska, wo die Firmen ein Minus von rund 50 Prozent verkraften mussten. Die Ölfelder der sogenannten North Slope, die auf einem schmalen Streifen an der Küste liegen, beginnen sich zu leeren. Dabei deckten die dortigen Vorkommen, allen voran die Ölquellen von Prudhoe Bay im National Petroleum Reserve-Alaska (NPR-A), seit Ende

Kapitel Sechs

der Siebziger etwa ein Fünftel des US-amerikanischen Ölbedarfs. Mit der Trans-Alaska-Pipeline erkauften sich die USA ein Stück politischer Unabhängigkeit von den Lieferanten im Nahen Osten. Doch die Ölmengen, die durch diese Pipeline geschickt werden, fallen seit 1988 konstant. Mittlerweile befördert die Leitung nur noch ein Drittel der technisch möglichen Menge gen Süden, und die Werte fallen weiter. Verzweifelt suchen die Konzerne nach neuen Fördermöglichkeiten in der Arktis, dabei werden auch bereits bekannte Reservoirs noch einmal unter die Lupe genommen. Möglicherweise lohnt sich jetzt eine Förderung, die noch vor einigen Jahren unwirtschaftlich erschien. Größter Produzent in Alaska ist ConocoPhillips. Gemeinsam mit Royal Dutch Shell suchen die Amerikaner in der Tschuktschensee nach geeigneten Feldern. Im Frühjahr 2008 haben dort Ölfirmen zusammen 2,6 Milliarden Dollar für Bohrrechte gezahlt. Man kann diese Zahl als Gradmesser für das Öl- und Gaspotenzial der Arktis sehen – oder für die wachsende Verzweiflung der Ölkonzerne. Mit 2,1 Milliarden kam das meiste Geld von Shell, das 275 Einzellizenzen erwarb. ConocoPhillips zahlte gut 500 Millionen für 98 Lizenzen. Genau genommen erwerben die Firmen Leasingverträge (»leases«), die ihnen das Recht zur Suche und Förderung von Öl und Gas geben.

Für rund 80 Prozent der US-Gewässer im hohen Norden gab es über 25 Jahre ein Moratorium, demzufolge dort nicht nach Öl und Gas gebohrt werden durfte. Der Kongress setzte das Verbot im Oktober 2008 außer Kraft. Die Frage nach einer Ausweitung der Offshore-Bohrungen war auch ein wichtiges Thema im US-Präsidentschaftswahlkampf. Während sich das republikanische Duo John McCain und Sarah Palin vehement für eine Ausweitung der Offshore-Förderung aussprach, plädierte der spätere Wahlsieger Barack Obama eher dagegen. Zusammen mit der demokratischen Mehrheit im Kongress will er nur in Ausnahmefällen erlauben, dass vor den US-Küsten nach Öl und Gas gesucht wird. Doch für Alaska spielt das nur am Rande eine

Rolle: Ein gehöriger Teil der Tschuktschensee war von dem bisherigen Moratorium nicht erfasst. Die Ölfirmen preisen das Gebiet und vergleichen sein Potenzial mit dem Golf von Mexiko. So verweisen euphorische Manager gern darauf, dass es in der Tschuktschensee bisher fünf Bohrlöcher gebe, während das etwa gleich große Gebiet des Golfes rund 50 000 Bohrstätten aufweist. Nach Prognosen des US Minerals Management Service (MMS) gibt es in der Tschuktschensee 15 Milliarden Barrel förderbares Öl und fast zwei Billionen Kubikmeter Gas.

Neben der Tschuktschensee interessieren sich die Konzerne auch für die Beaufortsee, wo unter anderem Shell Lizenzen für Dutzende Millionen Dollar hält. Der Ölkonzern beklagt, dass ihm Rechtsstreitigkeiten das Leben dort besonders schwer machten. Die Arbeiten am früher »Hammerhead« genannten »Sivulliq«-Projekt in der östlichen Beaufortsee sollten eigentlich im Sommer 2007 starten, doch ein Gericht in San Francisco verhängte einen vorläufigen Bohrstopp. Geklagt hatten Umweltaktivisten und Anwohner des Nordhangs, die negative Auswirkungen auf Wale und andere Lebewesen befürchteten. Frustriert gab Shell im Juni 2008 bekannt, man werde die geplanten Bohrungen um ein Jahr verschieben müssen. Weitere Verzögerungen ergaben sich, als ein Gericht in Alaska urteilte, die Behörden hätten die Umweltauswirkungen nicht genau genug untersucht. Eugene Browler, ein einheimischer Walfänger aus Barrow an Alaskas Nordküste, bringt es auf den Punkt: »Öl ist nicht alles. Was ist mit all den Menschen, die hier entlang der Küste leben? Was ist mit unserem Lebensstil?« Die Einheimischen seien zwar nur ein paar Tausend, aber der Ozean habe allen immer genug zu essen gegeben. »Und das werde ich nicht zum Nutzen der großen Ölgiganten aufgeben, damit die hier so auftreten, als dürften sie alles tun.«

Nach dem Ende des Kalten Krieges war die strategische Bedeutung Alaskas jahrelang gleich null. Dieser Zustand ändert sich nur langsam. So wussten die Amerikaner lange Zeit noch nicht

Kapitel Sechs

einmal so recht, was sich in ihren eigenen Gewässern zutrug: Im Sommer 2007 landete ein deutsches Kreuzfahrtschiff mit 400 Touristen an Bord in Alaskas nördlichstem Ort Barrow. Dessen Bewohner waren vollkommen unvorbereitet, weil niemand das Schiff hatte kommen sehen. Eine peinliche Erfahrung für die US-Küstenwache, der für eine bessere Überwachung die passende Technik fehlt. Dafür setzt sich Thad Allen, der Chef-Küstenschützer, dieser Tage vehement ein. Als er im Juli 2008 vor den Mitgliedern des Küstenwach-Unterausschusses im US-Repräsentantenhaus auftrat, wählte der Mann mit dem militärischen Kurzhaarschnitt drastische Worte. Die strategischen Interessen der USA in der Arktis würden immer größer, doch das Land sei denkbar schlecht gerüstet: »Ich habe Angst, dass sich unsere Eisbrecherkapaziät weiter verschlechtert und die Abhängigkeit von fremden Eisbrechern steigt«, warnte Allen. Mead Tredwell, der Chef der Arctic Research Commission, äußerte sich in der Anhörung ähnlich. Und in der Tat, die USA, deren Marine so groß ist wie die 17 nächstkleineren nationalen Flotten zusammen, verfügen gerade einmal über drei Eisbrecher – und die sind längst nicht alle einsatzbereit: Seit rund zwei Jahren dümpelt die »Polar Star« am Pier 36 des Hafens von Seattle vor sich hin. Der mehr als 120 Meter lange rot-weiße Riese, der in der Lage ist, bis zu sechs Meter dickes Eis zu brechen, ist aus Altersgründen im Wartestand. Seine Zukunft ist ungewiss. Dem ebenfalls rund 30 Jahre alten Schwesterschiff »Polar Sea« geht es kaum besser. Immerhin wurde sie für 6,3 Millionen Dollar zuletzt notdürftig auf Vordermann gebracht und konnte im Spätherbst 2008 wieder die arktischen Gewässer befahren. Doch der Großteil der Last entfällt auf das dritte Schiff, die im Jahr 2000 in Dienst genommene »Healy«.

Großmachtstellung sieht anders aus. Einige von Amerikas Topmilitärs, die Chefs des Pazifikkommandos, des Nördlichen Kommandos und des Transportkommandos, haben diesen Zustand bereits in einem gemeinsamen Brief als unhaltbar angeprangert. Neue Eisbrecher müssten her, und zwar schnell. Auch die Wissenschaft macht Druck. Milliarden, vielleicht Billionen, so Mead Treadwell, könne der Staatshaushalt zukünftig aus der Arktis gewinnen. Da sei das Geld für neue Eisbrecher auf jeden Fall gut angelegt. Außerdem könne die Arktis notfalls sogar als neue Truppentransportroute in entlegene Weltgegenden dienen – wenn man die passenden Schiffe habe. Der demokratische US-Kongressabgeordnete Rick Larsen hat sich die Angelegenheit auf seine Fahne geschrieben. Doch er kann nur wenige Parlamentarierkollegen begeistern. Bezeichnenderweise kommen die meisten Befürworter aus den Bundesstaaten Alaska und Washington, also aus Orten, wo die Eisbrecher entweder gebraucht werden oder zumindest ihren Heimathafen haben.

In einer neuen Strategie zur Arktis, die von der Regierung Bush in den letzten Tagen ihrer Amtszeit im Januar 2009 veröffentlicht wurde, findet sich kein konkreter Hinweis zum Bau neuer Eisbrecher. Für das Jahr 2009 sind darin nur 30 Millionen Dollar für die allernötigsten Instandhaltungsarbeiten vorgesehen. Für einen Neubau hatte der Wissenschaftliche Dienst des US-Kongresses in einem Gutachten Kosten von bis zu 925 Millionen Dollar errechnet. Will man nebenbei auch noch die aktuellen Eisbrecher dienstbereit halten, wird die Sache noch einmal deutlich teurer: Experten rechnen dann mit Gesamtkosten von 1,5 Milliarden Dollar. Im Übrigen wird selbst bei einer positiven Entscheidung die Lage Washingtons hinsichtlich der Eisbrecher eine ganze Zeitlang heikel bleiben. Solch riesige Schiffe baut man nicht von heute auf morgen; acht bis zehn Jahre Bauzeit gelten als realistisch. Dazu kommt ein weiteres Problem, wie Scott Borgerson vom Council on Foreign Relations erklärt: »Es gibt keine Werft in den USA, die solch ein Schiff bauen kann.« Der Kongress werde aber wegen eines Gesetzes aus den 1920ern wohl kein großes Schiff dieser Art in Europa oder Asien bauen lassen. Eine Einschätzung, die durchaus überzeugend klingt, wenn man sich an das innenpolitische Gerangel erinnert, das einer zwi-

Kapitel Sechs

schenzeitlichen US-Entscheidung für den Kauf von europäischen Militärtankflugzeugen folgte.

Ein Indiz dafür, dass Washington der Arktis zumindest etwas mehr Aufmerksamkeit als zuvor widmet, war der zweitägige Besuch des damaligen Heimatschutzministers Michael Cherthoff bei der Küstenwache in Alaska im August 2008. Dort zeigten die Küstenschützer in einer Übung ihr Können: Der Minister bekam eine Such- und Rettungsmission zu sehen sowie ein Manöver zum Schutz von potenziell gefährdeten Öl- und Gaseinrichtungen. Doch all diese Aktionen fanden weitgehend unbemerkt von der US-Öffentlichkeit statt, wie der Branchendienst »Homeland Security Today« kritisierte. Weder habe es einen öffentlichen Auftritt des Ministers auf seiner Nordlandfahrt gegeben noch eine Pressemitteilung seines Hauses. Dennoch will sich die Küstenwache verstärkt um die Arktis kümmern und hat dafür bereits einen neuen Stützpunkt in der Arktis eröffnet. In Barrow wurden außerdem ein Hubschrauber und mehrere kleine Boote stationiert.

Unzureichende Technik ist noch nicht einmal das drängendste Problem der Amerikaner in der Arktis. Denn Washington fehlt beim Gebietsstreit um den Pol ein noch viel entscheidenderer Hebel: Die Regierung hat bis heute das Uno-Seerechtsübereinkommen nicht ratifiziert. Damit können die USA keine Ansprüche aus dem Vertrag ableiten. Sein Land sei in einer »geschwächten Position«, beschwert sich etwa Konteradmiral Brian Salerno von der US-Küstenwache. Deswegen sei es auch fraglich, ob die USA – so wie andere Länder – ihren Anspruch auf eine eigene, angemessen große Wirtschaftszone in der Arktis durchsetzen könnten. Lisa Murkowski, republikanische Senatorin aus Alaska, wurde noch deutlicher: »Wir haben die Chance, unser Ressourcenpotenzial im Norden auszudehnen. Dafür müssen wir das Seerechtsübereinkommen unterschreiben. Meiner Ansicht nach ist das so simpel, dass man darüber nicht einmal nachdenken muss.« Doch ganz so einfach stehen die Dinge nicht, denn es gibt mächtige Widerstände gegen den Vertrag. »Ich würde sagen, dass es fünf, vielleicht sechs Senatoren sind, die sich gegen den Vertrag sträuben«, sagt George Newton, früherer US-U-Boot-Kapitän und Exchef der Arctic Research Commission.

Es sind Menschen wie Senator James M. Inhofe aus Oklahoma oder seine Kollegen David Vitter aus Louisiana und John Cornyn aus Texas, die gegen das Abkommen kämpfen. Sie befürchten, dass die USA zu viel Souveränität abgeben müssten, wenn sie sich der Internationalen Meeresboden-Behörde in Jamaika und dem Internationalen Seegerichtshof in Hamburg unterwerfen. Inhofe – er hat die Erderwärmung als »größten Witz, der den Amerikanern jemals zugemutet wurde« bezeichnet – und seine Mitstreiter stoßen sich auch daran, dass das Seerechtsübereinkommen den Meeresboden »jenseits der Grenzen des Bereichs nationaler Hoheitsbefugnisse sowie seine Ressourcen« als »gemeinsames Erbe der Menschheit« bezeichnet. Das klingt den strammen Republikanern deutlich zu kommunistisch und damit suspekt. Dabei hatte einer ihrer eigenen Präsidenten die Idee in die Welt gesetzt: Es war 1970 der Vorschlag Richard Nixons gewesen, den Ozeanboden zum »gemeinsamen Erbe der Menschheit« zu erklären; und Nixon hatte sich sogar an der Ausarbeitung des Vertrages beteiligt. Doch Präsident Ronald Reagan, der außenpolitisch auf eine Politik der Stärke setzte, sprach sich 1982 gegen den Vertrag aus. Angeblich schasste er sogar Mitarbeiter des Außenministeriums, die bei der Ausarbeitung des Vertrages mitgewirkt hatten. In den Neunzigern startete Präsident Bill Clinton mit einer etwas modifizierten Version des Vertrages einen neuen Anlauf. Doch diesmal lehnte der Senat das Abkommen ab.

Seit dem neuerlichen Stopp diskutiert man in Washington von Zeit zu Zeit immer wieder über einen möglichen Beitritt – bis heute ohne Erfolg. Immerhin: Militär, Umweltverbände, Schiffbauvertreter, Handelsverbände und Fischindustrie stehen hinter dem Abkommen. Präsident Barack Obama hat versprochen, sich

Kapitel Sechs

für die Ratifizierung einzusetzen. Und auch andere Politiker wie Vizepräsident Joe Biden oder der Republikaner Richard Lugar sind für den Vertrag. Selbst in der neuen Arktisstrategie der USA, die einstweilen unter der Regierung Obama Bestand haben dürfte, wird eine Ratifizierung angemahnt. »Wir würden einen Platz am Tisch bekommen, wenn der Arktische Ozean aufgeteilt wird«, wirbt Walt Parker, der von 1974 bis 1980 Mitglied der US-Verhandlungskommission für das Seerechtsübereinkommen war. Der Weg zur Verabschiedung des Vertrags ist nach wie vor steinig, denn schon ein einziger Senator kann das Projekt zu Fall bringen. Das Senatskomittee für Auswärtige Beziehungen stimmte Ende Oktober 2007 mit der klaren Mehrheit von 17 zu 4 Stimmen dafür, den Vertrag zu ratifizieren. Doch um den Beitritt zu dem Abkommen endgültig zu verabschieden, müssen zwei Drittel der Senatsmitglieder zustimmen. Ein solches Votum hat bis zur Drucklegung dieses Buches nicht stattgefunden.

Sollten die USA dem Seerechtsübereinkommen eines Tages tatsächlich beitreten, dann wollen sie zumindest ihren Antrag auf arktische Gebiete bei der Festlandssockelkommission quasi fertig in der Schublade haben.

Über die Größe des betreffenden Gebiets gibt es höchst unterschiedliche Angaben. Manchmal ist von 450 000 Quadratkilometern die Rede, manchmal von der dreifachen Fläche des US-Bundesstaates Kalifornien, das entspräche sogar 1,2 Millionen Quadratkilometer. Wichtig sind in jedem Fall akribisch gesammelte, solide wissenschaftliche Daten. Schließlich möchte Washington vor der Uno-Festlandsockelkommission nicht dasselbe Fiasko erleben wie seinerzeit die Russen. Ein Expertenpapier kam im Jahr 2002 zu dem Schluss, dass die US-Datengrundlage für mögliche Gebietsforderungen zu diesem Zeitpunkt nicht hinreichend war. Seither intensivieren Wissenschaftler des »Center for Coastal and Ocean Mapping/Joint Hydrographic Center« der Universität von New Hampshire ihre Untersuchungen des Ozeanbodens im hohen Norden.

Wer will was? Die Mitspieler beim Arktischen Monopoly

Fünfmal innerhalb der vergangenen sechs Jahre fuhr der Eisbrecher »Healy« zu Messmissionen in die Arktis. Die Welt interessierte sich zunächst kaum dafür, zumal die Amerikaner diese Einsätze nicht an die große Glocke hängten. Erst als sich der Eisbrecher Mitte August 2007 erneut für vier Wochen auf den Weg in die Arktis machte, wurde das international registriert. Viele Journalisten hielten die Fahrt damals für eine überstürzte Reaktion der Amerikaner auf die russische Fahnenaktion am Nordpol. Doch die Mission zur Kartierung des Ozeanbodens war schon lange geplant. Das Ziel war das Tschuktschenkap, eine bisher wenig erforschte Region vor der Küste Alaskas. Wegen der Rekordschmelze des polaren Meereises konnte die »Healy«-Crew auch in Bereiche vordringen, die bisher noch kein Eisbrecher befahren hatte. »Das ist Teil der Vorbereitungen für Gebietsforderungen der USA«, bestätigt George Newton, der frühere Chef der Arctic Research Commission. Die Vorbereitungsarbeiten konnten auch ohne die Zustimmung des Senats gestartet werden. Eine spezielle Expertengruppe (»Extended Continental Shelf Task Force«) führt Mitarbeiter aus dem Außen- und Innenministerium mit Fachleuten der Wetterbehörde NOAA zusammen. Anfang 2008 veröffentlichten die beteiligten Forscher einen Teil ihrer Ergebnisse – und die lassen aufhorchen: Der Fuß des Kontinentalabhangs liegt in dem betreffenden Seegebiet deutlich weiter vom US-Festland entfernt als gedacht. Von 100 Seemeilen, also fast 190 Kilometern, ist die Rede. »Das war die große Entdeckung«, sagte Chefwissenschaftler Larry Mayer. Wir erinnern uns: Wenn Staaten bei der Uno einen Antrag auf zusätzliche Seegebiete stellen, dann ist der Fuß des Kontinentalabhangs der Bereich, ab dem sie anfangen zu zählen. Wenn dieser Bereich nun weiter vor der Küste Alaskas liegt als gedacht, dann wird die USA Anspruch auf weit größere Ozeanbereiche anmelden können. Die »Healy« sammelt genau dafür seit Jahren Daten, allein im Jahr 2008 standen für die Messeinsätze rund 5,6 Millionen Dollar zur Verfügung. Sogar eine gemeinsame Mission mit den Kanadiern gehörte dazu – und das, obwohl die

Kapitel Sechs

beiden Länder in der Beaufortsee einen Grenzstreit haben. Er entzündet sich an einem Abkommen zwischen Großbritannien und Russland aus dem Jahr 1825. Beide Staaten legten darin die östliche Grenze von Alaska fest: der 141. Längengrad sollte das Gebiet vom heutigen Kanada abtrennen. Seitdem stellt sich allerdings die Frage, ob diese Feststellung auch für das angrenzende Meeresgebiet gilt, wie die Kanadier fordern. Die Amerikaner hingegen vertreten die These, dass sich die Vereinbarung nur auf die Landgrenze bezieht. Im Meer sei das sogenannte Äquidistanzprinzip aus dem internationalen Recht anzuwenden, wodurch sich eine Verschiebung der Grenze nach Nordosten, also auf von Kanada beanspruchtes Gebiet, ergeben würde. Umstritten ist eine Fläche von rund 24 000 Quadratkilometern. Seit den Siebzigern hat es bei den Verhandlungen keine Fortschritte gegeben. Und als George Newton in Washington den aktuellen Stand der Dinge nachfragte, erhielt er eine Antwort, die wenig Hoffnungen auf eine kurzfristige Lösung macht: »Die Kanadier kennen unsere Telefonnummer.«

Kanada

> »Kanada hat seine Souveränität viel zu lange viel zu leicht genommen.«
> *Stephen Harper, kanadischer Premierminister, im August 2007*

Eine mysteriöse Explosion erschütterte im Sommer 2008 die sonst so stillen Gewässer vor dem Nordosten der Baffin-Insel in Kanadas Arktis. Jäger hörten den Knall und berichteten später von einer großen schwarzen Rauchwolke. Die Inuit aus dem Ort Pond Inlet jagen dort oft nach Walen, Robben, Eisbären und anderen Tieren. Das Bild, das sich ihnen bot, war reichlich mysteriös: Der Knall hatte offenbar mehreren Walen das Leben gekostet. Doch was sich genau am 31. Juli 2008 zugetragen hatte, wusste niemand. Auch beim kanadischen Militär herrschte Rat-

Wer will was? Die Mitspieler beim Arktischen Monopoly

losigkeit: Von Schiffen in der Gegend wusste man nichts, es war vollkommen unklar, was die Explosion verursacht hatte. »Die kanadische Armee nimmt unübliche Aktivität im Norden, von der sie erfährt, sehr ernst«, sagt Sébastien Monger. Der Leutnant arbeitet für die Pressestelle der Truppen in Ottawa und muss unbedingt den Eindruck vermitteln, die kanadische Regierung habe ihr riesiges nördliches Hinterland im Griff. Doch Berichte wie der von der Baffin-Insel lassen zweifeln. Bereits im Sommer zuvor hatte es mehrere Meldungen über mysteriöse Objekte in den Gewässern jener Gegend gegeben. Bei ihren spärlichen Patrouillen hatten die Militärs nichts gefunden. Man untersuche alle Vorfälle und reagiere, wenn nötig, auf angemessene Art und Weise, sagt Leutnant Monger. Vielleicht drückt sich der Militärsprecher so besonders behutsam aus, weil er weiß, dass dies nicht immer möglich ist.

In Kanada hat man ein fast schon schizophrenes Verhältnis zur Arktis. Einerseits gehört der hohe Norden zum Mythos des Landes, schließlich wird er in der kanadischen Nationalhymne erwähnt: »Dies ist der wahre Norden, frei und stark.« 40 Prozent des kanadischen Territoriums liegen in der Arktis. In Abgrenzung zum Nachbarn USA definiert man sich in Kanada kollektiv als Bewohner des hohen Nordens. Andererseits war dieser Arktisbezug für die allermeisten immer etwas sehr Theoretisches, und die kanadische Präsenz in den nördlichen Gebieten blieb stets schwach. Die meisten Kanadier leben einfach zu weit entfernt, um ein wirkliches Gefühl für die Bedeutung des hohen Nordens, und vor allem für seine Weite, zu haben. Der größte Teil der Bevölkerung lebt auf einem schmalen Küstenstreifen an der Grenze zu den USA; hier befinden sich die großen Metropolen Vancouver, Toronto und Montreal. Alles, was auch nur 50 Kilometer nördlich der kanadischen Ballungsräume liegt, gilt für den Durchschnittskanadier bereits als »der hohe Norden«. Mit der Arktis hat das meistens wenig zu tun. Wie weit weg diese Region für die Kanadier tatsächlich ist, zeigt ein Blick in

Kapitel Sechs

den Atlas: Oft genug sind Orte wie die Ellesmere- oder die Axel-Heiberg-Insel auf der Hauptkarte abgeschnitten und auf eine Mini-Extrakarte verbannt, weil sie zu weit ab vom Schuss liegen. Von Vancouver bis zum Cape Columbia auf der Ellesmere-Insel, dem nördlichsten Punkt Kanadas, sind es rund 4000 Kilometer Luftlinie. Doch Maschinen von Kanadas größter Fluglinie Air Canada mit dem großen roten Ahornblatt am Leitwerk fliegen normalerweise nur bis Yellowknife. Die Hauptstadt der Nordwestterritorien liegt 400 Kilometer unterhalb des Polarkreises, von dort aus sind es noch 2500 Kilometer bis zur Nordspitze des Landes. 2500 Kilometer, auf denen es mit der kanadischen Souveränität längst nicht so weit her ist, wie es die Regierung in Ottawa gern hätte. Von Kanadas 243 772 Kilometern Küstenlinie liegt ein großer Teil in der arktischen Region. Deren Größe entspricht der Landfläche Europas. Es sind Dimensionen, bei denen man sich vorstellen kann, dass kanadisches Militär und Küstenwache nur einen Bruchteil davon im Blick haben können.

Andererseits blickt Kanada ebenso wie Russland auf eine lange Tradition von arktischen Forderungen zurück. Schon seit rund 100 Jahren beansprucht das Land ein Stück vom arktischen Kuchen. Der kanadische Senator Pascal Poirier stellte 1907 seine Sektorentheorie vor: Die Grenzen sollten entlang der Längengrade verlaufen und die Arktis unter den Anrainern aufteilen wie eine Geburtstagstorte. Dem Senator aus Neubraunschweig ging es vor allem um die zahllosen Inseln der nordamerikanischen Arktis zwischen dem 141. und 60. Grad West. Dieses Gebiet, bis hinauf zum damals noch nicht entdeckten Pol, beanspruchte er für Kanada. Der Hintergrund der Deklaration waren Zweifel an Ottawas völkerrechtlichem Anspruch auf die Inseln. Denn viele der Eilande waren nicht etwa von Kanadiern, sondern von Ausländern entdeckt worden. Prominente Beispiele sind die Axel-Heiberg- und die Ringnes-Insel, die der Norweger Otto Sverdrup bei seiner »Fram«-Expedition in den Jahren 1899 bis 1902 auf die Landkarte setzte.

Um die kanadischen Ansprüche zu legitimieren, dehnte das Parlament im Mai 1924 die Landesgesetze auch auf die Nordwestterritorien aus. Norwegen gab 1931 seine Ansprüche auf Inseln im kanadischen Arktisarchipel auf, seitdem bezweifelt niemand Kanadas Souveränität über die nordische Inselwelt. Bis auf eine klitzekleine Ausnahme: Die Hans-Insel wird auch von Dänemark beansprucht, um sie wird es später noch gehen. Anders verhält es sich, wie bereits erwähnt, mit dem Rechtsstatus der Nordwestpassage. Die Regierung in Ottawa schrieb die kanadische Kontrolle im Jahr 1970 per Gesetz fest. Im »Arctic Waters Pollution Prevention Act« zogen die Kanadier eine 100 Meilen breite Umweltzone um ihre Gewässer, die im Spätsommer 2008 sogar auf 200 Seemeilen ausgeweitet wurde. »Diese Maßnahme sendet eine klare Botschaft in die Welt: Kanada übernimmt die Verantwortung für den Umweltschutz und dessen Durchsetzung in unseren arktischen Gewässern«, erklärte Premierminister Stephen Harper bei einem Besuch im Polarort Tuktoyaktuk.

Kapitel Sechs

Immer wieder hat Harper die kanadischen Ansprüche auf die Arktis herausgestellt. Mit der arktischen Souveränität, erklärte der Premierminister selbstbewusst, sei es recht simpel: »Nutze sie, oder verliere sie!« Und seine Regierung, daran solle niemand zweifeln, plane sie zu nutzen. »Kanada hat seine Souveränität viel zu lange viel zu leicht genommen.« Dabei ist das kanadische Militär wie erwähnt nicht sehr schlagkräftig. Auch ein Bericht der deutschen Stiftung Wissenschaft und Politik bestätigt das: »Die kanadische Marine kann in den arktischen Gewässern mangels adäquater technischer Ausstattung nur im Sommer operieren.« Immerhin unternimmt das Militär regelmäßig sogenannte Souveränitätsmissionen, bei denen Patrouillen zu Land und zu Wasser wenigstens einmal im Jahr die abgelegenen Gebiete besuchen, um somit ein Achtungszeichen zu setzen.

Schweres Gerät soll die Marinepräsenz in Zukunft verbessern. Im Juli 2007 kündigte Premierminister Harper den Kauf von sechs bis acht bewaffneten Patrouillebooten an. Deren Kosten liegen bei rund 3,1 Milliarden kanadischen Dollar, und sofern alles nach Plan läuft, sind sie 2013 oder 2014 fertig. »Arctic/Offshore Patrol Ships« (A/OPS) heißen die Schiffe in der Sprache der Militärs. Ihr Design orientiert sich an einem erfolgreichen Vorbild: dem norwegischen Küstenschutzboot »KV Svalbard«. Dieses rund 100 Meter lange Schiff fährt seit dem Sommer 2002 durch die Barentssee und die Gewässer um Spitzbergen, wo Souveränitätsfragen ebenfalls eine wichtige Rolle spielen. Was Oslo erfolgreich vormacht, strebt nun auch Ottawa an: Souveränität selbst in abgelegene Gewässer projizieren zu können. Ursprünglich hatte Premier Harper im Wahlkampf der Marine sogar drei schwere Eisbrecher versprochen, musste diesen Plan jedoch aus Kostengründen ad acta legen. Nun sollen es die Patrouillenboote richten. Als Ergänzung ist ein weiterer, größerer Eisbrecher vorgesehen, der noch einmal mit 720 Millionen kanadischen Dollar zu Buche schlägt und um 2017 seine erste Fahrt unternehmen soll.

Wer will was? Die Mitspieler beim Arktischen Monopoly

Um große Gesten bemüht, flog Harper im August 2007, wenige Tage nach der russischen Tauchfahrt, eilig nach Resolute, ein 250-Seelen-Dorf auf der Insel Cornwallis am östlichen Eingang der Nordwestpassage. Kanadas zweitnördlichste Gemeinde heißt in der Inuitsprache »Qausuittuq«, Ort der Dämmerung, und ist ein reichlich öder Platz: Bäume gibt es nicht, zwischen den meist eingeschossigen Häusern der Siedlung wirbelt im Sommer der Staub der Schotterstraßen, weil extrem wenig Niederschläge fallen. Um den Ort herum gibt es nur Stein, Geröll und Bachläufe. Die Durchschnittstemperaturen liegen im Winter zwischen -20 und -30°C. Von November bis Februar herrscht in Resolute die Finsternis der Polarnacht. Harper verkündete, an dieser Stelle ein Militär-Trainingscamp zu errichten, mit dem Kanada seine Schlagkraft im hohen Norden verbessern will: Wie baut man Iglus und Schneehöhlen? Wie hält man sich bei -40°C warm? Und wie jagt man notfalls auch einmal ein Karibu?

Außerdem plant die Regierung in Ottawa für die Küstenwache einen arktischen Tiefwasserhafen in Nanisivik an der Nordspitze von Baffin Island. Gleich nebenan gibt es bereits einen Flugzeuglandeplatz. Die Bauarbeiten für die Küstenwachstation sollen im Jahr 2010 starten, 2015 soll das Projekt für bis zu 100 Millionen kanadische Dollar dann fertig gestellt sein. Am liebsten würde das kanadische Militär die Nordwestpassage auch mit elektronischer Lauschtechnik überwachen, aufgrund der hohen Technikkosten mangelt es dabei bislang an Expertise. Im Sommer 2008 richtete das Militär eine temporäre Horchstation nahe Gascoyne Inlet auf der Devon-Insel ein. Insgesamt drei Sommer lang soll dort Technologie ausprobiert werden: Unterwassersensoren in der Barrow-Straße, die über ein 10 Kilometer langes Kabel mit der Station an Land verbunden sind, wo es noch zusätzliche Spähgeräte gibt. Einfach ist die Technikentwicklung nicht, muss das System doch auch die Treibeismassen des harten Winters überstehen.

Kapitel Sechs

Wie dünnhäutig die Kanadier in Bezug auf ihre Souveränität in der Arktis sind, beweist auch eine Episode aus dem Frühjahr 2008. Damals hatte die US-Firma Alliant Techsystems (ATK) Interesse am Kauf der Raumfahrtsparte des kanadischen Konzerns MacDonald, Dettwiler and Associates (MDA) bekundet. Immerhin wollten sie dafür 1,3 Milliarden Dollar auf den Tisch legen. Doch die Regierung in Ottawa blies den Deal ab, weil sie um ihre Hoheit über die arktischen Territorien fürchtete. Es war das erste Mal seit 19 Jahren, dass die kanadischen Offiziellen eine ausländische Investition im Land verboten. Der Hintergund: MDA betreibt auch den Weltraumspäher Radarsat 2, der aus 800 Kilometern Höhe die Gebiete in Kanadas hohem Norden beobachtet: Seeeiskarten, Schiffsroutenkontrolle, Eisbergbeobachtung und so weiter. Die Regierung hatte mit 400 Millionen kanadischen Dollar den Großteil der Kosten für den Satelliten übernommen, ein Verkauf an die Amerikaner hätte diese Investition sinnlos gemacht. Das Militär hätte dann wohl auch sein 60 Millionen kanadische Dollar teures Überwachungsprogramm »Project Polar Epsilon« zu den Akten legen können. Dabei werten Militärs in zwei Beobachtungszentren in Halifax an der Ostküste und Esquimalt an der Westküste unter anderem Radarsat-2-Daten aus der Arktis aus, Tag und Nacht. Ihr Ziel dabei: Auch kleinere fremde Schiffe zu erkennen. Die Satellitenbilder haben im feinsten Modus eine Auflösung von drei Metern.

Doch was wäre, wenn die Späher tatsächlich eine Bedrohung ausmachen würden? Bis jetzt hat Kanada kaum Ressourcen für eine echte Präsenz im hohen Norden. So gibt es nur einen schweren Eisbrecher, die rund 40 Jahre alte »Louis S. St. Laurent«. Dazu kommen vier kleinere Schiffe, die zumindest in dünnerem Eis operieren können. In der Luft sieht es mit der Technik kaum besser aus: Hier muss sich das Militär mit fast 30 Jahre alten »Lockheed CP-140 Aurora«-Flugzeugen behelfen. Die Propellermaschinen, ursprünglich von der Nato als U-Boot-Jäger im

Wer will was? Die Mitspieler beim Arktischen Monopoly

Nordatlantik eingesetzt, fliegen ein gutes Dutzend Mal pro Jahr über den hohen Norden, um Kanadas Stärke zu demonstrieren. Im Winter 2007/2008 musste das kanadische Militär seine Patrouillenflüge in der Arktis allerdings für mehrere Monate einstellen. Es gab zu wenig einsatzbereite Maschinen, um alle Küsten überwachen zu können, und die Oberkommandierenden gaben Atlantik und Pazifik den Vorzug.

Am Boden setzt die kanadische Regierung auf Mithilfe der traditionellen Einwohner – in Form der »Canadian Rangers«, einer aus Inuit bestehenden Teilzeit-Freiwilligentruppe. »Die ›Canadian Rangers‹ sind eine unerlässliche Informationsquelle in Kanadas Norden«, sagt Sébastien Monger aus dem Pressestab der Truppen in Ottawa. Ausgestattet mit roten Sweatshirts, roten Basecaps, Rettungswesten und britischen Lee-Enfield-Gewehren aus dem Zweiten Weltkrieg, sollen die knapp 5000 Mann als eine Art Hilfssheriffs die regulären kanadischen Truppen, die kaum Arktiserfahrung haben, unterstützen. Wie zu Zeiten des Kalten Krieges sollen die Inuit-Freiwilligen auch in Zukunft die erste Informationsquelle des Militärs sein. »Wir sind die Augen und Ohren der kanadischen Streitkräfte im Norden«, sagt etwa Mark Amarualik, der in der Nähe von Resolute für die Ranger Streife fährt. »Wir melden, wenn wir etwas Ungewöhnliches oder Verdächtiges sehen. Flugzeuge, die sonst nicht über unsere Gemeinden fliegen, oder Schiffe, die unangekündigt auftauchen.« Mehrmals, so ist in Medienberichten zu lesen, hätten die Ranger in den vergangenen Jahren verdächtige Schiffe und U-Boote bemerkt, von denen sie glaubten, sie stammten aus Russland. Beweise dafür gibt es nicht, die Schiffe könnten genauso gut aus den USA gekommen sein.

Ottawa legt großen Wert auf Machtdemonstrationen. Nicht nur Soldaten machen sich deswegen mit dem Norden vertraut, sondern auch Politiker: Ende August 2008 versuchte die kanadische Regierung auf einer dreitägigen PR-Tour durch die Arktis Punkte im eigenen Land zu sammeln. Das Kabinett traf sich

Kapitel Sechs

unter anderem zu einer Sitzung in Inuvik und beschloss, die arktischen Bodenschätze in Zukunft verstärkt auszubeuten. Unter anderem kündigte Ministerpräsident Harper den Start eines 100 Millionen kanadische Dollar schweren Unterstützungsfonds an, mit dem die Kartierung der hohen Arktis durch Gas-, Öl- und Minenunternehmen gefördert werden soll. »Was wir bisher gefunden haben, ist gerade einmal die Spitze des sprichwörtlichen Eisberges«, erklärte Harper. Auf weitere Rohstoffe hofft Ottawa in den Gebieten, die Kanada bei der Uno für sich beanspruchen möchte. Sein Land hoffe, so erklärte Ressourcenminister Garry Lunn, auf einen Gebietszuwachs von bis zu 1,75 Millionen Quadratkilometern im hohen Norden. Das wäre eine Fläche von der dreifachen Größe Frankreichs. Mindestens 40 Millionen Euro lässt sich Kanada die dafür nötige Vermessung des Ozeanbodens kosten.

Der Antrag, der bis Ende 2013 bei der Uno vorliegen muss, soll sich auf Ergebnisse von Messmissionen stützen, die gemeinsam mit Dänemark durchgeführt wurden und im August 2008 auf dem Internationalen Geologenkongress in Oslo vorgestellt wurden: Danach ist der Lomonossow-Rücken, auf den auch die Russen ihre Ansprüche stützen, mit dem Nordamerikanischen Kontinent und Grönland verbunden. Die öffentliche Präsentation in Oslo verfolgte vor allem ein Ziel: Wenn die wissenschaftliche Community die Ergebnisse der Messungen anerkennt, dürfte es den Uno-Experten in einigen Jahren schwerfallen, dieselben Ergebnisse komplett unter den Tisch fallen zu lassen. Dann hätten Kanadier und Dänen einen Trumpf in ihrer Hand.*
Die Kanadier gaben sich siegesgewiss: »Das wird Kanada helfen, seine äußeren Grenzen festzulegen«, erklärt Jacob Verhoef, einer der wichtigsten Geologen des Landes, »einmal und für

---

* Weil die Russen derselben Logik folgten, starteten auch sie auf dem Kongress eine Präsentation, wonach der Lomonossow-Rücken eindeutig mit dem eurasischen Kontinent verbunden ist.

Wer will was? Die Mitspieler beim Arktischen Monopoly

immer.« Verhoef ist der Direktor des Geological Survey of Canada – und mit seiner eckige Brille aus Metall regelmäßiger Gast in den Abendnachrichten des Landes. Aus seiner Sicht muss Ottawa mit Gebietsforderungen nicht zwangsläufig am Pol stoppen: »Das Sammeln von Daten auf der anderen Seite des Pols gehört nicht zu unseren wichtigsten Prioritäten«, führt Verhoef weiter aus. »Wir könnten uns aber durchaus entscheiden, einige zusätzliche Daten in dem Gebiet zu sammeln« – also auf russischer Seite.

Ein Konflikt mit Moskau scheint also ins Haus zu stehen, zumal viele Geologen die Vorstellung wundersam finden, dass der Lomonossow-Rücken sowohl auf der nordamerikanischen wie auf der eurasischen Seite mit den Kontinentalplatten verbunden sein soll. »Ich kenne keine Periode der Erdgeschichte, in der diese beiden Kontinentalplatten verbunden waren«, sagte der kanadische Geograf Frederic Lasserre von der Laval University. »Es wird einen Kampf geben zwischen den kanadischen und den dänischen Forschern auf der einen Seite und den Russen auf der anderen.« Die dänische Geologin Trine Dahl-Jensen widersprach: Sie habe »kein Problem« mit der Vorstellung, dass das unterseeische Gebiet mit beiden Kontinentalplatten verbunden sein könnte. Demgegenüber zählt der deutsche Polarforscher Winfried Jokat zu den Skeptikern: »Möglich ist das, aber alles, was wir aus anderen Regionen der Welt wissen, spricht dagegen.« Im Zweifelsfall tendiere er dazu, eher den Russen zu glauben als den Kanadiern und den Dänen.

Neben dem Lomonossow-Rücken suchte Ottawa noch zwei andere Stellen nach Beweisen für die eigenen Gebietsforderungen ab: den Alpha-Rücken nordwestlich der Ellesmere-Insel und die Beaufortsee, in der Grenzregion zu Alaska. Für letztere Region schlossen sich die Kanadier interessanterweise mit den USA zusammen. Im Spätsommer 2008 machten sich die Eisbrecher »Louis S. St. Laurent« (Kanada) und »Healy« (USA) gemeinsam auf den Weg. Es war eine Zweckehe, die die Kana-

Kapitel Sechs

dier und Amerikaner für ihre Datensammlung am Ozeanboden gebildet hatten – ungeachtet noch ungeklärter Grenzziehung in Teilen der Beaufortsee und des Streits um den Status der Nordwestpassage. Je nach Eislage und Fahrtabschnitt übernahm mal das eine Schiff die Führungsarbeit beim Eisbrechen, mal das andere. Auch in der Forschung ergänzten sich beide Staaten: Auf der »Healy« kam ein Multibeam-Sonar zum Einsatz, das auf einem drei Kilometer breiten Streifen entlang der Schiffsroute Daten für ein dreidimensionales Bild des Ozeanbodens sammeln konnte. Auf der »Louis S. St. Laurent« wurden ebenfalls seismische Daten gesammelt. Bis auf 83 Grad Nord stieß die amerikanisch-kanadische Messmission vor. Danach jubelten die Kanadier: Die Sedimente des Mackenzieriver-Deltas reichten auf dem arktischen Meeresboden weit in den Norden – und damit auch der kanadische Gebietsanspruch.

Ein scheinbar unwichtiger Zwist mit Dänemark könnte Kanadas Erfolgsaussichten vor der Uno indes gefährden: Der Streit um die Hans-Insel, ein drei Kilometer langes und wenige hundert Meter breites Stück Fels am Eingang zur Nordwestpassage, auf halbem Weg zwischen der kanadischen Ellesmere-Insel und der grönlandischen Küste. Die Regierungen in Ottawa und Kopenhagen streiten sich um die kleine Insel, auf der es keine Menschen, Tiere oder größere Pflanzen gibt. Dabei hatten beide Staaten im Jahr 1973 eigentlich einen Vertrag geschlossen, um die gemeinsame Grenzziehung ein für alle Mal festzulegen.

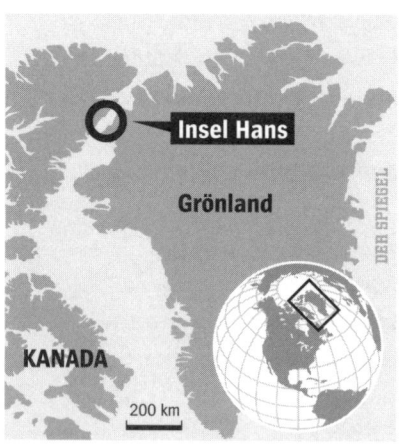

Doch die Insel Hans, entdeckt im Jahr 1872 vom grönländischen Inuit-Forscher Hans Hendriksen, sowie das umgebende Meeresgebiet wurden von dem Abkommen nicht erfasst. Eben deshalb erheben beide Staaten Anspruch auf die Insel. In

Wer will was? Die Mitspieler beim Arktischen Monopoly

den Jahren 1980 bis 1983 forschte der kanadische Konzern Dome Petroleum dort nach Öl, ohne belegbaren Erfolg. Anschließend kamen mehrmals dänische Offizielle auf das Eiland und hissten die Fahne ihres Landes, den Dannebrog. Die dänische Marine startete in den Jahren 2002 und 2003 weitere Expeditionen, hisste wieder die dänischen Farben und stellte frech ein Schild auf: »Seid willkommen auf dieser dänischen Insel.« Die Antwort der Kanadier kam im Juli 2005, als der frühere Verteidigungsminister Bill Graham mit Begleitung auf dem Felseiland einschwebte. Das Trüppchen war bestens gelaunt. Einige Inuit-Ranger mit ihren roten Basecaps waren dabei, der Rest bestand aus regulären Militärs. »Frozen Beaver« hieß die Mission, mit der Ottawa seinen unmissverständlichen Anspruch auf das öde Eiland deutlich machen und »Präsenz zeigen« wollte, wie Graham sagte. Eine sechs Meter hohe Fahne aus Blech mit Metallfuß, beschwert von eilig zusammengesammelten Felsbrocken, sollte den arktischen Stürmen trotzen. Doch vergeblich: Schon nach kurzer Zeit krachte das so wichtige Symbol einfach um. Vor allem jedoch nahmen die Kanadier die dänische Fahne mit, um sie später süffisant dem dänischen Botschafter in Ottawa zu schicken. Die Eskalation ließ nicht lange auf sich warten: Dänemark sandte ein Fischerei-Kontrollschiff zur Insel, Kanada antwortete mit zwei Militärschiffen. Sogar im Internet tobte der Konflikt, als User aus beiden Staaten bei der Suchmaschine Google Werbeanzeigen für ihre jeweilige Sache schalteten. Im September 2005 trafen sich schließlich die Außenminister beider Länder am Rande der Uno-Generalversammlung in New York und gaben anschließend bekannt, dass man an einer langfristigen Lösung des Problems arbeite.

Einen Kompromissvorschlag machte der kanadische Politikwissenschaftler Michael Byers von der University of British Columbia: Man solle die Insel unter die gemeinsame Souveränität beider Staaten stellen und dort einen Nationalpark errichten. Das würde auch den Abbau von Rohstoffen unmöglich machen.

Kapitel Sechs

Ganz andere Pläne hatte allerdings der kanadische Rohstoffexperte John Robins aus Vancouver. Er sicherte sich im Jahr 2006 eine Prospektionslizenz für die kleine Insel. Robins arbeitet vorwiegend auf eigene Rechnung und hat einen guten Riecher für die Reichtümer der Natur; er entdeckte wertvolle Diamantengründe in Kanadas Ostarktis. Für die Lizenz zur Suche auf Hans zahlte Robins 50 Dollar. Aber ob er die Insel tatsächlich jemals betreten hat, ist nicht bekannt.

Grönland/Dänemark

> »Das Überleben in der Arktis hat uns zäh und dickköpfig gemacht.«
> *Per Berthelsen, grönländischer Außen- und Finanzminister, im Januar 2009*

Die ersten Feuerwerksraketen stiegen schon in die Nacht, bevor das Ergebnis überhaupt offiziell feststand. Sie überzogen den Himmel über Grönlands Hauptstadt Nuuk mit einem flirrenden Feuerregen. Denn bereits am frühen Abend des 25. November 2008 war klar: Die Bevölkerung von Grönland hatte in einem Referendum für weitgehende Unabhängigkeit gestimmt. In den Tagen vor der Abstimmung hatten sich die Anhänger einer Loslösung von Dänemark noch einmal kräftig ins Zeug gelegt. Mit Fackeln waren rund 400 Menschen durch Nuuk gezogen. Und bei einem fünfstündigen Konzert hatten Bands für maximale Selbstbestimmung gerockt. Die Punk-Truppe »Pitsukkut« hatte ihr Konzert mit der grönländischen Hymne eröffnet. Schließlich waren Aktivisten des Bündnisses »Nammineerta« sogar in der kleinen Fußgängerzone von Nuuk ausgeschwärmt. Gekleidet in dicke rote Jacken, hatten sie grüne Armbänder an die Passanten verteilt, um für den Vertrag mit den Dänen zu werben.

Die Charmeoffensive der Nationalisten fruchtete. Wenige Tage vor der Abstimmung veröffentlichte »Sermitsiaq«, Grönlands größte Zeitung, eine Meinungsumfrage der Universität Nuuk, die eine Zustimmungsrate von 75 Prozent verzeichnete. Allerdings trat ein Riss zutage, der durch die grönländische Gesellschaft geht: Vor allem die ältere Inselbevölkerung befürwortet ein hohes Maß an Eigenständigkeit. Bei den Jüngeren liegt die Zustimmung zur Selbstverwaltung signifikant niedriger. Und doch fiel am Ende das Votum der 28 268 Abstimmungsteilnehmer klar aus: 75,54 Prozent der Grönländer, die sich an der Wahl beteiligten, stimmten mit »Ja«, 23,57 Prozent mit »Nein«. »Ich danke den Bürgern von Grönland für dieses überwältigende Ergebnis«, sagte Premierminister Hans Enoksen, ein studierter Volkswirtschaftler, in einer emotionalen Fernsehansprache. »Grönland hat das Mandat bekommen, einen Schritt weiter zu gehen.« Sollte Grönland eines Tages komplett unabhängig werden, wäre das Land der vierzehntgrößte Staat der Erde.

Vier Jahre hatten Politiker aus dem Mutterland und der Exkolonie an dem Entwurf des Abkommens gearbeitet. Grönlands Freiheit, so das Verhandlungsergebnis, hat einen Preis: In dem Maß, wie dort in Zukunft Rohstoffeinnahmen fließen, muss die Insel auf Geld aus Kopenhagen verzichten. Und Subventionen aus dänischen Steuertöpfen gab es reichlich: Ungefähr 430 Millionen Euro erhielt Grönland bisher jedes Jahr. Künftig wird es weniger sein: Nur die ersten zehn Millionen Euro grönländischer Einnahmen aus dem Verkauf von Rohstoffen werden nicht auf die Subventionszahlungen angerechnet. Danach überweist Kopenhagen pro Krone, die die Grönländer einnehmen, 50 Öre weniger in die Exkolonie. Wenn Grönland eines fernen Tages einmal 800 Millionen Euro aus Rohstoffgeschäften verdienen sollte, dann müssen die Dänen gar nichts mehr zahlen. Umgekehrt haben beide Seiten festgesetzt, dass sich die Zuschüsse aus Kopenhagen selbst im Falle wirtschaftlicher Probleme Grönlands nur um die Inflationsrate erhöhen. »Das ist ein großer

Kapitel Sechs

Tag in der gemeinsamen Geschichte von Grönland und Dänemark«, erklärte Dänemarks Premier Anders Fogh Rasmussen voller Pathos. »Wir müssen das grundlegende Eigentumsrecht der Grönländer an den Ressourcen des Landes beschützen und unser Recht, das Land wieder selbst zu steuern, sichern«, setzte der grönländische Regierungschef Enoksen hinzu.

Das Verhältnis von Grönländern und Dänen ist nicht frei von Spannungen. Die traditionellen Einwohner der Insel, die Kalaallit, kamen einst aus Sibirien und über die Aleuten-Inseln und Nordkanada auf die Insel,* doch seit 1721 gehört Grönland zu Dänemark. Damals nahm der Missionar Hans Egede das Gebiet für sein Land in Besitz, nachdem schon die Wikinger – allen voran der legendäre Erik der Rote – zwischen dem 10. und dem 15. Jahrhundert dort gesiedelt hatten. Trotz des wärmeren Klimas im Mittelalter war der Name »grünes Land« vermutlich vor allem ein Werbetrick des findigen Wikingers, um neue Siedler für das harte Leben in der ungemütlichen Arktis zu gewinnen.

Dänemark hat lange von Grönland profitiert und in früheren Zeiten durch den Verkauf von Tran eine erkleckliche Summe Geld verdient. Doch irgendwann reichte es den Arktisbewohnern: »Im Weltkrieg Nr. 2 sahen die Grönländer dann, dass ihr Land sich auch ohne Kopenhagen ganz gut regieren ließ«, schrieb der »SPIEGEL« im Jahr 1950. »Zwar bilden die zarten Keime einer grönländischen ›Los-von-Dänemark‹-Bewegung noch keine akute Gefahr für das dänische Herrenvolk.« Doch Kopenhagen sei »neuerdings entschlossen, in Grönland einer Revolution von unten zuvorzukommen«. Und tatsächlich: Die Insel verlor im Sommer 1953 ihren Status als dänische Kolonie, und seit 1979 kümmert sich eine Selbstverwaltung um viele Politikbereiche. Die Grönländer sind zwar mit zwei demokratisch

---

* Das fand der dänische Professor Eske Willerslev heraus. Er untersuchte das Erbgut einer Haarprobe, die 4000 Jahre im Permafrost an der Diskobucht überdauert hatte.

Wer will was? Die Mitspieler beim Arktischen Monopoly

gewählten Abgeordneten im Kopenhagener Parlament, dem Folketing, vertreten, doch fühlen sich viele Grönländer in keiner Weise als Dänen. Diese Mentalitätsunterschiede sind auch ein zentrales Element in Peter Hoegs Erfolgsroman »Fräulein Smillas Gespür für Schnee«.

Im Kalten Krieg war die Insel strategisch wichtig: Die Amerikaner errichteten dort mehrere Basen, von denen Bomber zum Angriff auf die Sowjetunion hätten starten können, allen voran die noch heute bestehende Thule Airbase in der nordgrönländischen Region Avanersuaq. Dieser Militärstützpunkt wurde ab 1952 eingerichtet, ein Jahr später mussten die ursprünglich in dem Gebiet lebenden Inuit umsiedeln. Im Januar 1968 gab es dann einen dramatischen Zwischenfall: Eine atomar bewaffnete B-52 der U.S. Air Force (»B-52G HOBO 28«) stürzte nahe Thule ab. Von den vier B28-Wasserstoffbomben mit je 1,1 Megatonnen Sprengkraft, die die Maschine an Bord hatte, konnte eine nie geborgen werden. Möglicherweise liegt der Sprengkörper mit der Seriennummer 78252 noch immer in der Polarsternbucht des Wolstenholmefjords. Nach dem Absturz war das Gebiet großflächig kontaminiert: Experten des Lawrence Livermore National Laboratory fanden pro Quadratmeter Eisfläche bis zu 380 Milligramm Plutonium. Insgesamt 9000 Kubikmeter verseuchten Schnee ließen die Amerikaner einsammeln und per Schiff auf Deponien in die USA bringen. Dafür wurden 700 Menschen eingesetzt, die in den meisten Fällen keine Ahnung hatten, wie gefährlich ihre Arbeit war. Erst mit jahrelanger Verspätung – und auch nur unvollständig – wurden die Grönländer informiert. So erhielten betroffene Inuit für Gesundheitsschäden durch die tödliche Fracht auf der Thule Airbase erst im Jahr 1995 eine kleine Entschädigung. Auf Geld für die Umsiedlung mussten sie weitere vier Jahre warten.

Die Rieseninsel ist mit nur 56 000 Einwohnern extrem dünn besiedelt. Rund 90 Prozent der Grönländer sind Inuit, die Grönländisch, oder Kalaallisut, als offizielle Amtssprache sprechen.

Kapitel Sechs

Auch im Schulsystem der Insel wird längst wieder komplett auf Grönländisch unterrichtet. Einheimische besetzen mittlerweile die allermeisten Posten der Regionalregierung, die sich um alle Angelegenheiten der Insel kümmert. Ausgenommen sind die Verteidigungs- und Außenpolitik, über die nach wie vor die dänische Zentralregierung entscheidet. Durch den Vertrag mit Dänemark, für dessen Annahme die Grönländer im Herbst 2008 stimmten, wechseln weitere Bereiche wie Polizei und Justiz in ihre Verantwortung.

Doch viel bleibt noch zu tun: Für eine komplette Unabhängigkeit fehlen Grönland neben Geld derzeit vor allem fähige Führungsfiguren. Aleqa Hammond, bis dahin Finanz- und Wirtschaftsministerin, trat im September 2008 von einem Tag auf den anderen zurück. Sie war frustriert, dass ihre Warnungen vor einer desaströsen Finanzlage bei den Regierungskollegen ungehört verhallten. Denn bisher spürt Grönland nichts vom erhofften Rohstoffboom: Das Haushaltsdefizit im Jahr 2009 liegt bei 40 Millionen Euro. Die folgenden drei Jahre dürften nach aktueller Planung der grönländischen Regierung ähnliche Fehlbeträge bringen – und damit den Traum von einer vollständigen Unabhängigkeit der Insel noch eine Weile aufschieben.

Eine hohe Armutsrate, schlechte Schulbildung und fehlende Perspektiven machen vielen Bewohnern zu schaffen. Das grönländische Bruttosozialprodukt liegt bei zwei Drittel des dänischen Wertes, die Selbstmordrate ist sieben Mal so hoch. Gerade in Ostgrönland ist die Lage katastrophal. Im Jahr 2006 gab es auf der Insel insgesamt 58 Selbstmorde. Jedes fünfte Mädchen zwischen 15 und 17 hat bereits einen Suizidversuch unternommen, und selbst bei denen, die es noch nicht getan haben, ist die Verzweiflung groß: Rund 20 Prozent aller Jugendlichen haben schon einmal ernsthaft über Selbstmord nachgedacht. »Diese Probleme sind ein Erbe der Kolonialzeit«, sagt Ministerpräsident Enoksen. »Wir müssen etwas dagegen tun, aber wir sollten auch nicht vergessen, dass wir viele gut funktionierende Familien und junge Menschen haben.« Gegner einer vollständigen Unabhängigkeit wie der frühere grönländische Diplomat Finn Lynge sind deutlich skeptischer: »Niemand kann einen unabhängigen Staat auf exzessives Trinken aufbauen.« In der Tat trinkt statistisch jeder Grönländer pro Kopf und Jahr fast zwölf Liter reinen Alkohol, ein sehr hoher Wert. Allerdings kommt auch Deutschland auf eine nur unwesentlich niedrigere Menge von zehn Litern pro Kopf und Jahr. Länder wie Italien oder die USA liegen bei acht.

Bislang verdienen die Grönländer ihr Geld vor allem mit Fischfang – meist geht es um Heilbutt, Kabeljau und Krabben – sowie mit dem Tourismus. Doch die Insel, die fast ein Synonym für das stetige Aufheizen unseres Planeten ist, könnte eventuell vom Klimawandel profitieren. Mittlerweile expandiert die Landwirtschaft wie zu Zeiten der Wikinger. Damals waren die Nordmänner in Grönland geblieben, weil die Insel zumindest an den Küsten gute Voraussetzungen für die Landwirtschaft bot, unter anderem für die Rinder- und Schafzucht. Nun gehen wieder Bilder von Kartoffelbauern um die Welt, die ihre Kulturen vor der eindrücklichen Kulisse weißer Gletscher auf grünen Feldern aufziehen. Die Wachstumsperiode im Süden Grönlands ist mittlerweile vergleichbar mit derjenigen von Alpenorten auf 1500 Metern Höhe. Jeden Sommer ergrünt ein bis zu 150 Kilometer breiter Küstenstreifen.

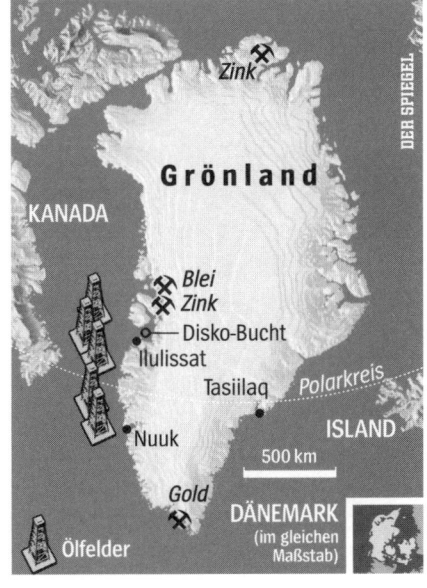

Vor allem hofft Grönland darauf, einen Teil seiner Probleme durch zusätzliche Rohstoffeinnahmen zu lösen. Denn unter der Insel und vor ihren Küsten warten große Reichtümer an Zink und Öl.

Kapitel Sechs

Bisher waren diese nur schwer zu erreichen, doch für Rohstoffsucher ist die Erwärmung interessant: Im Jahr 2004 eröffnete die britische Minenfirma Crew Gold eine Goldmine im südgrönländischen Nalunaq. Es war das erste Mal seit 30 Jahren, dass ein neuer Versuch unternommen wurde, auf der Insel Bodenschätze zu erschließen. Die Prospektoren gaben sich in dieser Zeit in Grönland die Klinke in die Hand, die Regierung vergab mehrere Dutzend Lizenzen: Diamanten, Zink, Blei, Silber sowie seltene Minerale wie Zirkon, Niob und Molybdän sollen schon bald gefördert werden. Alles deutete auf einen Boom hin: Die kanadische Firma Hudson Ressources meldete nahe Kangerlussuaq, im Garnet-Lake-Gebiet, den Fund eines 2,4 Karat schweren Diamanten. Der US-Konzern Alcoa zog im Südwesten des Landes ein riesiges Aluminiumwerk hoch. Den Strom dafür liefert das Tauwasser des schwindenden grönländischen Inlandeises. Und das britische Minenunternehmen Angus & Ross arbeitete an der Wiedereröffnung der 1990 geschlossenen Mine »Black Angel«, wo wieder Blei und Zink gefördert werden sollten – zum Missfallen von Umweltschützern, die ein Fischsterben im nahen Fjord befürchten. Die Regierung wollte bei der steigenden Geo-Begeisterung auch die Durchschnittsgrönländer mitnehmen. Diese sollten mit dem Amateur-Mineralogen-Wettbewerb »Ujarassiorit« (»Geht und sucht Steine«) für die Erkundung – und die später folgende wirtschaftliche Ausbeutung – ihrer Heimat begeistert werden.

Dann kam allerdings die internationale Finanzkrise und verpasste vielen Plänen einen Dämpfer. Crew Gold schloss seine Mine in Nalunaq, weil der Goldpreis im Laufe des Jahres 2008 um rund ein Viertel eingebrochen war. Angus & Ross legte die Pläne für die umstrittene Zinkmine zu den Akten, und die kanadische Bergbaufirma Quadra Mining stoppte die Vorarbeiten für die Molybdängewinnung in Ostgrönland. In allen Fällen ließen die sinkenden Rohstoffpreise die Investitionen nicht mehr lukrativ erscheinen. In den Siebzigern hatte sich in Grönland schon einmal ein Rohstoffboom angedeutet, der dann doch nicht eintrat. Damals ging es um Öl. Zunächst sechs Firmen besorgten sich Explorationslizenzen und sammelten auf insgesamt 36 000 Kilometern seismische Daten in den Gewässern vor Westgrönland. 1976 und 1977 wurden insgesamt fünf Probebohrungen durchgeführt. Es war eine Zeit voller Euphorie, aber die Bemühungen schlugen fehl, nirgends wurde etwas gefunden. Auch in Ostgrönland gab es Erkundungsflüge. Anfang der Neunziger gab es dann erneut geologische Aktivitäten an Land und im Meer, doch wieder blieben Probebohrungen ohne Erfolg. Die Industrie war desillusioniert: In anderen Teilen der Welt ließen sich Öl und Gas so viel einfacher fördern, warum sollte man also ausgerechnet im eisigen Grönland weiter investieren? Bei einem Wettbewerb um Lizenzen in den Wassern westlich der Eisinsel fand sich kein einziger Interessent.

Seit einiger Zeit ist die Stimmung wieder etwas optimistischer. Für Gebiete in Nordost- und Nordwestgrönland interessiert sich ein Firmenzusammenschluss unter dem Namen Kanumas (»Kalaallit Nunaat Marine Seismic Project«). Die Unternehmen BP, Exxon, Japan National Oil Company, Shell, Statoil, Texaco und Nunaoil traten in den Neunzigern zusammen, um geologische Explorationsarbeiten gemeinsam zu finanzieren. Sollten in den erkundeten Gebieten tatsächlich Ölförderungslizenzen vergeben werden, haben die Kanumas-Firmen, zu denen mittlerweile auch die Konzerne Chevron und StatoilHydro zählen, bis heute Vorrang. Passiert ist bislang aber nichts. Nach den bisherigen Plänen sollen in den Jahren 2010 (Nordwestgrönland, Baffin Bucht) und 2013 (Nordostgrönland) Lizenzen zur Ölsuche vergeben werden. Bereits jetzt haben elf Firmen im westgrönländischen Gebiet Disko West solche Genehmigungen erhalten.

Wie viel Öl es tatsächlich in grönländischen Gewässern gibt, ist bis heute nicht ganz klar, doch ein Bild beginnt sich zu formen. Im Jahr 2000 präsentierte der Geologische Dienst der

Kapitel Sechs

USA eine erste Schätzung mit vielversprechenden Zahlen: Vor Grönlands Ostküste lägen 47 Milliarden Barrel Öl-Äquivalent, also weit mehr als etwa in der Nordsee, erklärten die US-Experten. Dazu kämen Gasvorkommen im Bereich von 2,3 Billionen Kubikmetern und 4 Milliarden Barrel Flüssiggas. Doch die Zahlen waren mit Vorsicht zu genießen, denn sie entsprachen nur statistischen Durchschnittswerten. Das »Handelsblatt« sprach daher auch von einem »Wahrscheinlichkeitsroulette«. Die Tabellen der Ölexperten sind kompliziert und wimmeln von Abkürzungen. Der Code F95 bezeichnet zum Beispiel Lagerstätten, die mit einer 95-prozentigen Wahrscheinlichkeit vorhanden sind. Außerdem gibt es noch die Kategorien F50 für eine Fifty-fifty-Wahrscheinlichkeit und die Kategorie F5 für eine fünfprozentige Wahrscheinlichkeit. In die F95-Spalte schaffte es in Ostgrönland keine einzige Lagerstätte, zu groß sind die Unsicherheiten wegen der raren geologischen Daten. In der F5-Spalte hingegen stand die beeindruckende Zahl von 117 Milliarden Barrel, das wäre etwa der vierfache Jahresverbrauch der Welt. Die Wahrscheinlichkeit für einen realen Fund aus dieser Kategorie ist jedoch niedrig.

In späteren Berechnungen korrigierten die Amerikaner ihre Schätzungen für das 500 000 Quadratkilometer große Gebiet nach unten. Auf Basis der Kanumas-Daten legten die USGS-Forscher im Herbst 2007 eine neue Vorhersage vor. Nun vermuteten die Forscher sehr viel weniger Öl, aber etwas mehr Gas unter dem arktischen Boden. Die USGS-Forscher gehen aufgrund von Statistiken aktuell von 31 Milliarden Barrel Öl-Äquivalent aus. In der F95-Spalte gibt es nach wie vor keine Angaben, ganz sicher ist man sich also nach wie vor nicht. Doch für zwei ostgrönländische Untersuchungsbereiche, die auf der Höhe von Spitzbergen liegen, finden sich in den Fifty-fifty-Spalten beeindruckende Werte für Öl und vor allem für Gas. Würden die prognostizierten 31 Milliarden Barrel Öl-Äquivalent in Ostgrönland tatsächlich gefunden und geologisch abgesichert, brächte es das Gebiet auf Platz 19 der weltweit 500 Erdölfördergebiete, mit immerhin einem Drittel der Lagerstätten der Nordsee. In jedem Fall dürften die Vorräte nur sehr schwer zu fördern sein: Zwar ist das Meer in den betrachteten Gebieten häufig nicht besonders tief, die meisten Bereiche sind flacher als 500 Meter, doch ist das Eis unberechenbar. Selbst in Zeiten einer schmelzenden arktischen Polkappe treibt ein Packeisstrom Eisschollen vor der ostgrönländischen Küste entlang Richtung Süden. Hinzu kommt eine eher politische Schwierigkeit: Große Teile Ostgrönlands sind geschützt. Der Northeast Greenland National Park umfasst insgesamt ein Gebiet, das dreimal so groß ist wie Norwegen.

In gewisser Weise ergeht es den Grönländern wie den Russen: Direkt vor der eigenen Haustür werden vielversprechende Öl- und Gasvorkommen vermutet. Doch diese können wegen diverser Schwierigkeiten – vor allem wegen der nach wie vor harschen klimatischen Bedingungen – nur schwer gefördert werden. Dennoch interessiert man sich für zusätzliche Meeresgebiete, die weit abseits vom Festland liegen. Ein Antrag bei der Uno soll auch Grönland zu 180 000 zusätzlichen Quadratkilometern verhelfen, das wäre ein Gebiet von der vierfachen Fläche Dänemarks. Weil die Regierung in Kopenhagen, die sich weiterhin um die außenpolitischen Belange Grönlands kümmert, das Uno-Seerechtsübereinkommen erst im Jahr 2004 unterschrieben hat, kann sie sich mit ihrem Antrag bis zum Jahr 2014 Zeit lassen. Und offenbar will Kopenhagen diese Frist auch ausnutzen, schließlich soll der Claim gut vorbereitet sein. Dazu fanden bereits mehrere Missionen statt:

Beim Forschungsprojekt »Lorita« (»Lomonosov Ridge Test of Appurtenance«) machten sich im Frühjahr 2006 kanadische und dänische Forscher gemeinsam auf den Weg, um eine mögliche Verbindung des Lomonossow-Rückens mit dem nordamerikanischen Festland zu beweisen. Die Fahrt ging in einen der gottverlassensten Landstriche des Planeten: die Lincolnsee im Norden von Grönland. Kaum offenes Wasser gibt es dort, stattdessen besonders dick aufgeschichtetes Meereis, das durch die Drift in diesen Bereich des Arktischen Ozeans getrieben wird. Die aneinanderkrachenden Eisschollen können einen Schallpegel von bis zu 180 Dezibel erzeugen – mehr als ein Düsenjet! Selbst die mächtigsten Eisbrecher der Welt laufen dort oben Gefahr, stecken zu bleiben.

»Lorita war als solches keine politische Mission«, sagte Trine Dahl-Jensen vom Geologischen Dienst Dänemarks, die Chefwissenschaftlerin der Mission, nach ihrer Rückkehr. Das dänische Projekt zur Erforschung des Kontinentalschelfs an sich sei »natürlich aus politischen Gründen« initiiert worden. »Die Planung und Datensammlung von Lorita war aber wissenschaftliche Arbeit.« Forscher wie Dahl-Jensen müssen damit leben, dass ihre Forschungsergebnisse später zum Spielball von Politikern werden, und trotzdem übt sie sich in Zweckoptimismus: »Das Uno-Seerechtsübereinkommen und die Entscheidung Dänemarks und Grönlands, einen Gebietsantrag in der Arktis zu stellen, haben mir die Chance zu Forschungen gegeben, die ansonsten viel zu teuer gewesen wären.«

Im Sommer 2007 schickten beide Länder eine weitere gemeinsame Messmission mit dem Namen »Lomrog« (»Lomonosov Ridge off Greenland«) zum Lomonossow-Rücken. Beteiligt waren der schwedische Eisbrecher »Oden« und das russische Atom-Kraftpaket »50 Let Pobedy«. »Ziel der Expedition war es, Daten zu sammeln, um zu sehen, ob der Rücken geologisch mit Grönland verbunden ist«, erklärte Niels Hovmand, Berater des dänischen Wissenschaftsministers Helge Sander. Um die Verbindung zu belegen, will die Regierung noch zwei Expeditionen aussenden, bevor Dänemark seine Beweise bei der Uno präsentiert. »Lorita und Lomrog haben beide Daten geliefert, die wir für einen Antrag bei der Festlandsockelkommission brauchen. Aber wir sind immer noch dabei, die Daten auszuwerten und zu planen, was wir außerdem noch benötigen«, erklärte Forscherin Dahl-Jensen. Viele Fachkollegen sind allerdings noch nicht überzeugt. »Die Dänen überinterpretieren ihre Daten«, warnt etwa der deutsche Polarforscher Winfried Jokat, während Lawrence Lawyer von der University of Texas bemerkt, das Projekt beruhe »eher auf Wunschdenken als auf Geologie«.

Norwegen

> »Es ist kein natürlicher Zustand, wenn zwei Staaten sich nicht auf eine Grenze einigen können.«
> *Jonas Gahr Støre, Norwegischer Außenminister, im Februar 2006*

Norwegens Interessen im hohen Norden sind weit pragmatischer als die einiger Polarrivalen. Es geht nicht um Prestige oder die potenzielle Kontrolle abgelegener Seegebiete – es geht um die Sicherung des Wohlstands für die künftigen Generationen des Landes. Denn die Förderung von Öl und Gas ist längst zum wichtigsten Wirtschaftsfaktor Norwegens geworden. Sie hat aus einer ärmlichen, zwischen Felsen und Fjorden versprengten Ansammlung von Bauern und Fischern eine der führenden Wirtschaftsnationen gemacht – immerhin gehört das Land zu den Top Ten der Ölproduzenten. Sein »Staatlicher Pensionsfonds«, der die Öleinnahmen verwaltet, umfasst ein Vermögen von rund 350 Milliarden Euro. Das Geld aus diesem Topf, es handelt sich um einen der größten Staatsfonds der Welt, nutzen die Norweger für Investitionen in mehr als 3500 Unternehmen. Die Investitionen sind auf 42 verschiedene Finanzmärkte verteilt, die Fondsmanager müssen deswegen in 31 verschiedenen Währungen rechnen. Im Zuge der internationalen Finanz- und Wirtschaftskrise hat der Fonds besonders viele Aktien billig eingekauft und hofft darauf, dass seine Position in der Zukunft noch einmal besonders gestärkt wird.

Doch die Basis des Reichtums, die Reserven in den derzeit ausgebeuteten Öl- und Gasfördergebieten vor der norwegischen Küste, geht zur Neige. Per Terje Vold, der Chef des Verbandes der Ölindustrie, gibt unumwunden zu, dass viele Felder in der Nordsee ihr Fördermaximum, den sogenannten »Peak«, bereits überschritten haben. Das weiß auch die Regierung und erkennt darin ihr wohl wichtigstes Zukunftsproblem: Fast 60 Prozent des norwegischen Börsenwertes und 38 Prozent des Staatseinkommens gehen auf Energiefirmen zurück. Wie lange die Öl- und Gaslager noch reichen, darüber streiten die Experten. Der schwedische Energieforscher Kjell Aleklett von der Universität Uppsala kritisiert, kein Land auf der ganzen Welt betreibe eine schnellere Ölproduktion im Verhältnis zu seinen Reserven als die Norweger. Außerdem gebe es keinen Staat, dessen Lagerstätten sich vor denen Norwegens komplett leeren würden. Aleklett schätzt, dass das norwegische Öl gerade einmal bis zum Jahr 2030 reicht. Auf jeden Fall lässt sich bereits jetzt sagen, dass zunächst das Öl ausgehen wird und einige Zeit später auch das Gas.

Helge Lund, der smarte Vorstandsvorsitzende des norwegischen Energiekonzerns StatoilHydro, erklärt, seine Firma mache bereits jetzt kleinere Funde als vor zehn Jahren. Einen »big elephant«, so heißen große Ölfelder im Branchenjargon, gebe es vor Norwegens Küste nicht mehr. Das bedeutet, dass Norwegen ähnlich wie Russland kaum eine andere Wahl hat, als die Frage der arktischen Öl- und Gasförderung sehr offensiv anzugehen. »Die bequem zu fördernden Ölfelder sind schon alle leer gepumpt«, sagte Bente Nyland vom norwegischen Ölministerium dem »SPIEGEL« bereits 2006. »Wo wir jetzt ranmüssen, wird es kompliziert.« Spätestens im Jahr 2014 müsse der nördliche Teil der Barentssee für Bohrungen geöffnet werden, fordert Ölmanager Per Terje Vold. Noch darf dort nicht gebohrt werden, doch die Entscheidungsträger in Oslo haben – unter lautstarker Kritik von Umweltschützern – signalisiert, dass sie

Wer will was? Die Mitspieler beim Arktischen Monopoly

sich das im Grundsatz durchaus vorstellen können. In einem Strategiepapier der Regierung heißt es, man werde die »Weiterentwicklung der Erdöl- und Erdgasgewinnung in der Barentssee durch eine aktive Vergabe von Explorations- und Fördergenehmigungen« fördern, die »an den Ergebnissen der Erdöl- und Erdgassuche und der Notwendigkeit neuer Aufschlussgebiete orientiert ist«. Wenn der Markt will, wird also wohl gebohrt – und der Markt will. Vor allem die EU macht sich für zusätzliches arktisches Öl und Gas aus Norwegen stark. Die Regierung in Oslo weiß das, doch die notwendigen neuen Förderstätten werden nicht von heute auf morgen entstehen. Der Verband der norwegischen Ölindustrie schätzt, dass von der Öffnung der nördlichen Barentssee bis zu einem Produktionsstart 15 bis 20 Jahre vergehen könnten.

Norwegen ist mit seinen arktischen Offshore-Erfahrungen und -Plänen schon deutlich weiter als viele andere Polarstaaten. Eine ganze Industrie hat sich herausgebildet, die zum einen Vorhaben im eigenen Land vorantreibt, zum anderen rund um den Planeten auf lukrative Aufträge hofft: Designer für Öl- und Gasplattformen, Reedereien, die die wertvollen Rohstoffe befördern, Werften, die technisch ausgefeilte Transport- und Unterstützungsschiffe herstellen können. All das sichert Einnahmen ebenso wie den kontinuierlichen Aufbau von Know-how. Um die Schlagkraft der heimischen Ölindustrie weiter zu stärken, entschloss sich die norwegische Regierung Ende 2006, die beiden großen Firmen in diesem Sektor zusammenzuschließen. In nur vier Tagen handelten die Manager von Statoil und Norsk Hydro in einer Villa bei Oslo die Bedingungen ihrer Fusion aus, bei der Statoil de facto die Ölsparte der angeschlagenen Norsk Hydro übernahm, die zwischenzeitlich zum Übernahmekandidaten ausländischer Konzerne geworden war. »Es entsteht damit ein weltumfassender Energieriese, ein global operierendes Powerhouse, das in 40 Ländern tätig und das weltgrößte Offshore-Unternehmen ist«, jubilierte Premier Stoltenberg im Interview mit dem

Kapitel Sechs

»SPIEGEL«. Seine Regierung, mit 65 Prozent auch Mehrheitseigner im neuen Unternehmen, wollte sogar noch mehr, auch wenn Stoltenberg das wohl niemals öffentlich zugegeben hätte: Es ging darum, einen Gegenspieler zum russischen Gasriesen Gasprom zu schaffen, der auf dem norwegischen Markt und in der Arktis tief verwurzelt ist.

Dass Norwegen seine Ansprüche im hohen Norden in Zukunft deutlich offensiver als bisher vertreten will, beweist ein Strategiepapier der Regierung. In ihm ist die Rede von »mehr Aktivität und der stärkeren Betonung strategischer Aspekte, um bekannte norwegische Interessen wahrzunehmen«. Um das zu erreichen, erwägt Oslo zum Beispiel den Bau neuer »eisgängiger Forschungsschiffe zur Sicherung der ganzjährigen Präsenz Norwegens in nördlichen Gewässern«. Doch selbst innerhalb der Regierung ist die Arktispolitik offenbar nicht unumstritten. In einem internen Schreiben des Außenministeriums beklagten Mitarbeiter, dass es Oslo zwar bei seinen arktischen Unternehmungen nicht an Rhetorik fehle, wohl aber an Substanz. Es gebe eine Lücke zwischen dem, was die Regierung verspreche, und dem, was gehalten werde. Oslo muss eine Gratwanderung unternehmen. Einerseits ist eine Ausbeutung der arktischen Ressourcen in der Barentssee nur in Zusammenarbeit mit Russland möglich, andererseits gilt es, Stärke und Glaubwürdigkeit zu demonstrieren. Dazu gehört auch aufwändige Militärtechnik. So hat die Marine im teuersten Verteidigungsprojekt in der Geschichte des Landes fünf 130 Meter lange Fregatten des Typs »Fridtjof Nansen« gekauft, von denen die letzte im Herbst 2010 in Dienst gehen dürfte.

Auch die Küstenwache will mit einer neuen Klasse von Booten ihre Präsenz im Eismeer weiter ausbauen. Die in Rumänien gebaute »KV Barentshav« und mindestens zwei Schwesterschiffe sollen neben den klassischen Inspektionstätigkeiten weitergehende Aufgaben übernehmen, etwa havarierte Schiffe von besonders gefährdeten Küstenabschnitten wegschleppen und bei der Beseitigung der Folgen einer eventuellen Ölkatastrophe helfen.

Die wichtigste Aktion zur Sicherung der norwegischen Interessen ist aber zweifelsohne Norwegens Antrag auf zusätzliche Gebiete in der Arktis, den die Regierung im November 2006 gestellt hat. Vorbereitet wurde er vom Ölministerium. Sieht man sich den Antrag einmal näher an, dann könnte man auf den ersten Blick meinen, Oslo wolle es beim Arktischen Monopoly einigermaßen ruhig angehen lassen. Denn der Nordpol, das so heiß umkämpfte Ende der Welt, ist nicht Teil des derzeitigen Antrags. »Der norwegische Kontinentalschelf reicht nicht bis zu den Gebieten, die sich in unmittelbarer Nähe des Nordpols befinden«, sagte Außenminister Jonas Gahr Støre zur Erklärung. Allerdings ist der vorliegende Antrag nur vorläufig und kann noch erweitert werden. Er hat es schon jetzt in sich. Zum einen sind die von Norwegen zusätzlich beanspruchten Gebiete mit 248 000 Quadratkilometern beinahe so groß wie Finnland, zum anderen ergeben sich brisante Überschneidungen mit Anträgen anderer Staaten: Im sogenannten »Banana Hole«, östlich der Insel Jan Mayen, hat Oslo ein riesiges Meeresgebiet beansprucht. Es würde die bereits existierenden 200-Seemeilen-Zonen vor dem norwegischen Festland und rund um Jan Mayen miteinander verbinden. Die Regierung in Oslo geht davon aus, dass ihre Forderungen im Süden des beanspruchten Gebiets mit ähnlichen Anträgen von Island und Dänemark (in diesem Fall als Vertreter der Färöer-Inseln) kollidieren könnten. Noch sind die Anträge dieser beiden Staaten nicht gestellt, aber die drei Kontrahenten haben sich bereits jetzt auf ein Vorgehen verständigt, wie sie mögliche Konflikte regeln wollen. Das Gebiet ist höchst interessant, weil viele Experten dort Öl und Gas vermuten. Island lässt in seinen Gewässern in Richtung von Jan Mayen nach diesen Rohstoffen suchen. Die Regierung in Reykjavík hat für ein Gebiet von 40 000 Quadratkilometern Explorationslizenzen vergeben. An möglichen Einnahmen der Isländer werden

Kapitel Sechs

übrigens auf Grund von zwischenstaatlichen Verträgen auch die Norweger beteiligt.

Außerdem hat Norwegen Gebiete im Norden von Spitzbergen beantragt, im Bereich des Westlichen Nansenbeckens. Hier liegen von Russland beanspruchte Gebiete in der Nähe, es gibt kleinere Überschneidungen. Doch die politisch brisanteste Interessenkollision betrifft die Barentssee. Hier reklamiert Oslo im Bereich des sogenannten »Loop Hole« Meeresgebiete, auf die auch Russland Anspruch erhebt. Beide Länder möchten unterschiedliche Verfahren für die Grenzziehung anwenden. Die Norweger fordern, dass das sogenannte Äquidistanzprinzip angewendet wird, man also die Grenzlinie in der Mitte zwischen beiden Küsten zieht. Russland hingegen plädiert für die Anwendung der sogenannten Sektorentheorie, nach der die Arktis wie ein Geburtstagskuchen in verschieden große Stücke aufgeteilt wird. Umstritten ist ein Bereich von rund 41 000 Quadratkilometern, die sogenannte »Graue Zone«. Seit mehr als 30 Jahren beraten beide Seiten über eine Lösung des Grenzstreits – ohne Erfolg. Es gibt immerhin eine Vereinbarung zwischen Oslo und Moskau, derzufolge es in dem betreffenden Areal so lange keine Exploration und Ausbeutung von Öl und Gas geben soll, bis sich beide Staaten über die Modalitäten einer Grenzziehung geeinigt haben. Bei Untersuchungen vor mehr als 30 Jahren wollen sowohl Sowjets als auch Norweger ein riesiges Gasfeld in dem umstrittenen Areal ausgemacht haben. Das Problem dabei: Je länger die Verhandlungen dauern, desto knapper werden die weltweiten Öl- und Gasvorräte. Dadurch steigt der Wert des Verhandlungsgutes, was wiederum eine Einigung schwieriger macht. In einer fragilen Abmachung haben sich Russen und Norweger in den Siebzigern zumindest auf gemeinsame Fischfangregeln für die »Graue Zone« geeinigt. Doch dass dieser Vertrag nur ein Provisorium ist, beweist allein der Umstand, dass er jedes Jahr verlängert werden muss. »Wir haben keine Übereinstimmung über den gemeinsamen Grenzverlauf vor der Küste und um Spitzbergen. Deshalb gibt es Teile der Barentssee, in denen wir nicht in der Lage sind, Gas- oder Ölfelder zu erschließen«, bilanzierte Norwegens Ministerpräsident Jens Stoltenberg Ende 2006 im »SPIEGEL«-Interview und forderte: »Das muss endlich geklärt werden.« Sein Außenminister Jonas Gahr Støre weiß, dass das eine langwierige Angelegenheit ist: »Es ist kein natürlicher Zustand, wenn zwei Staaten sich nicht auf eine Grenze einigen können. Aber wir müssen trotzdem kooperieren, auch wenn eine Lösung noch nicht gefunden worden ist.« Immerhin war es den Norwegern im Jahr 2006 gelungen, sich mit Dänemark über die Abgrenzung zwischen Spitzbergen und Grönland zu einigen.

Auch mit den Russen konnte Norwegen eine Detailfrage klären: Im Juli 2007 wurde die Grenzziehung im rund 100 Kilometer langen Varangerfjord geregelt, der in der Finnmark ganz oben im Nordosten Norwegens liegt. Weil beide Staaten hinter verschlossenen Türen miteinander sprechen, ist wenig Konkretes zum Stand der Verhandlungen über die weiterhin umstrittenen Gebiete in Erfahrung zu bringen. In Hintergrundgesprächen lassen norwegische Offizielle durchblicken, dass sie nicht von einer allzu schnellen Lösung des Streits ausgehen. Gleichzeitig bemüht sich die Regierung immer wieder um positive Schlagzeilen. So erklärte Außenminister Støre bereits im Frühjahr 2006, beide Länder seien nicht mehr »weit auseinander«. Im Oktober 2008 sagte Støre dann, man habe sich auf einen Fahrplan zur Lösung des Streits geeinigt. Ein Vorteil im Verhältnis zu den Russen könnte auf lange Sicht darin liegen, dass die Norweger bei der Offshore-Förderung von Öl und Gas ein beeindruckendes technologisches Wissen angehäuft haben – Know-how, das Moskau für die eigenen arktischen Projekte dringend braucht. So ist es auch nur folgerichtig, dass beide Länder im August 2008 ein Abkommen zur Kooperation bei der Rohstoffsuche in der Barentssee geschlossen haben, trotz ungeklärter Grenzfragen. Eine gemeinsame Arbeitsgruppe, das sogenannte Geo-Forum, soll sich in Zukunft um wissenschaftliche Fragen kümmern.

Kapitel Sechs

Doch politische Probleme bleiben, sie werden durch ein völkerrechtliches Kuriosum hoch im Norden Norwegens verkompliziert: Ein Vertrag, geschlossen im Februar 1920 in Paris, schreibt den Status von Spitzbergen fest. Diese Inselgruppe, auf Norwegisch Svalbard, liegt gerade einmal 1200 Kilometer vom Nordpol entfernt. Es geht um das Gebiet zwischen 74 und 81 Grad nördlicher Breite sowie zwischen 10 und 35 Grad östlicher Länge. Bei der Interpretation des Traktats vertreten Norweger und Russen – aber auch andere Staaten – recht unterschiedliche Positionen. Die grundlegenden Dinge sind klar: Der Spitzbergenvertrag legt fest, dass auf der Inselgruppe keine militärischen Anlagen errichtet werden dürfen. Das Gebiet ist unter norwegische Verwaltung gestellt. Allerdings haben auch rund 40 andere Nationen das Recht, hier zu siedeln und die natürlichen Ressourcen zu nutzen. De facto ist es mittlerweile sogar so, dass jedermann auf Spitzbergen bleiben kann, selbst wenn sein Heimatland nicht Vertragsstaat des Abkommens ist. Einzige Voraussetzung: Der oder die Betreffende muss für den eigenen Lebensunterhalt aufkommen können. Deswegen finden sich unter den fast 2000 Einwohnern der Inselhauptstadt Longyearbyen auch eine nicht unbeträchtliche Zahl exotischer Zuwanderer. Rund 50 Thailänder leben und arbeiten zum Beispiel hier – und ein Iraner, der in Deutschland studiert hat, betreibt in der Fußgängerzone des Örtchens den »Roten Eisbären«, den nördlichsten Kebab-Imbiss der Welt. Allerdings gibt es inzwischen auf Spitzbergen die Pflicht, sich bei Ein- und Ausreise auszuweisen – lange Zeit wäre das undenkbar gewesen.

Deutschland ist seit dem Jahr 1925 Partei des Spitzbergenvertrages. Als das Abkommen damals geschlossen wurde, ging es vor allem um den Zugriff auf die reichen Kohlevorkommen auf der Inselgruppe, doch auch Fische sind von dieser Regelung betroffen. Die Frage ist nun, welchen Bereich das Abkommen eigentlich umfasst. »Der Vertrag bezieht sich nur auf das Land sowie die umliegende 12-Meilen-Zone«, heißt es aus dem norwegischen

Außenministerium. Daher hat Norwegen um Spitzbergen eine normale 200 Seemeilen große ausschließliche Wirtschaftszone ausgerufen. Die Inseln lägen auf dem norwegischen Kontinentalschelf, deswegen sei man dazu berechtigt, argumentiert Oslo. Die anderen Vertragsparteien, so die Lesart der Norweger, dürften zwar die 12-Meilen-Zone um das Archipel nutzen, doch auch die nur im Rahmen der norwegischen Gesetze. Alle Gebiete, die zwischen 12 und 200 Seemeilen von der Küste Spitzbergens liegen, sollten komplett norwegisches Privileg bleiben. Diese rigide Auslegung der Regeln stößt bei den anderen Vertragsparteien auf Widerspruch. Die Briten erklären zum Beispiel, Spitzbergen habe sein eigenes Schelfgebiet und zähle damit nicht zum norwegischen Festland.

Doch die prononcierteste Kritik kommt aus Russland. Um auf der kalten und zugigen Inselgruppe Präsenz zu zeigen, leistet sich das Land einen teuren Außenposten: Barentsburg. Ein Ort, mit dem es sich näher zu befassen lohnt, weil er die Zähigkeit verdeutlich, mit der Moskau an seinen Ansprüchen auf Vorrechte in und um Spitzbergen festhält. Seit 1919 fördern Russen auf den Inseln Kohle. Mehrere Siedlungen, Grumant und Pyramiden, wurden bereits vor einiger Zeit aufgegeben und stehen nun als Geisterstädte in der arktischen Kälte. Nur in Barentsburg halten sich die Kohlekumpel noch, ausgestattet mit Leidensfähigkeit und Hoffnung. Auf den Felsen oberhalb des Ortes prangt eine Parole aus früheren Zeiten: «Миру мир!«, »Frieden für die Welt«, steht dort aus Holzplanken zusammengezimmert unter einem Sowjetstern. Die Landschaft ist trotz ihrer Kargheit traumhaft schön, wenn man von einem stinkenden Heizkraftwerk absieht, das mit seinen schwarzen Rauchschwaden so gar nicht in die arktische Idylle passen will.

Nur noch 300 Menschen leben in Barentsburg; 250 Männer und 50 Frauen. Zu besseren Zeiten standen fast zehn Mal so viel auf der Gehaltsliste der Kohlegesellschaft »Arktikugol«. In

Kapitel Sechs

jenen Zeiten saß in Moskau das Geld für die arktische Dependance noch etwas lockerer, und Kohle aus Barentsburg wurde auf dem Weltmarkt geschätzt. Doch all das ist längst vorbei, auch wenn die grimmig dreinblickende Lenin-Büste im Stadtzentrum die Erinnerung an die Vergangenheit ein wenig wachhält. Bloß 120 000 Tonnen Kohle pro Jahr kratzten die Kumpel von Barentsburg in ihren Sechsstundenschichten zuletzt aus dem Berg. Das waren nur vier Prozent dessen, was ihre norwegischen Kollegen in der 100 Kilometer südöstlich gelegenen Mine »Svea Nord« seit 2001 jährlich abbauen. Dort kann noch die nächsten 25 bis 30 Jahre eine energiereiche Kohle gefördert werden. Dagegen sind die russischen Vorräte fast erschöpft, und nach einem Brand im April 2008 musste das Bergwerk von Barentsburg komplett geschlossen werden.

Der mit Abstand repräsentativste Bau in Barentsburg ist das Konsulat, viele der anderen Häuser stehen längst leer. Noch drei Ärzte und vier Krankenschwestern arbeiten im Krankenhaus. Sie arbeiten mit einer Ausstattung, die ihnen ihre norwegischen Kollegen in Tromsö gespendet haben. Die Lebensmittelversorgung ist ebenfalls alles andere als üppig: Nur 90 Schweine stehen noch in den Ställen. Die Kuhställe und Gewächshäuser, die es früher gab, sind jetzt mit Müll gefüllt. Wer in Barentsburg einkehren möchte, kann in einem wundersamen Hotel am Ortsrand unterkommen, kurz vor den ziemlich heruntergekommenen Stationen der russischen Polarforscher. Doch allzu viele Gäste gibt es nicht, die Flure sind leer: Außer Besuchen im Souvenirladen »Polar Star« und dem »Pomor«-Museum gibt es für Touristen in Barentsburg nicht allzu viel zu tun. Und die einzige, mit Betonplatten ausgelegte Straße des Ortes mit ihren Mülleimern in Pinguin-Form ist man auch binnen weniger Minuten hinauf- und wieder hinuntergelaufen.

Für die auf der Insel lebenden Russen und Ukrainer wäre es ein Segen, wenn Moskau wieder mehr Geld für seine arktische Niederlassung ausgeben würde. Für das Verhältnis zu den Norwegern wäre ein selbstbewussteres Russland sicher nicht unproblematisch. Obwohl die Russen das Gegenteil beteuern: Längst sind es nicht mehr die Kohlevorkommen von einst, die Spitzbergen für sie interessant machen. Stattdessen geht es um die strategische Lage nahe am Pol und um vermutete Öl- und Gaslagerstätten in der 200-Meilen-Zone, auch wenn Geologen da nur wenig Hoffnung machen. Es hätten sich hier nach bisherigem Kenntnisstand einfach keine nennenswerten Erdölfallen bilden können, sagen sie. In der Tat hatten einige wenige Explorationsbohrungen nahe der Inseln entweder magere oder gar keine Resultate gebracht. Doch die Russen sind trotzdem interessiert an der Suche und verkündeten unter anderem, die Pomoren-Tiefe westlich der Inseln im Jahre 2009 seismisch untersuchen zu wollen. Sehr zum Ärger der norwegischen Regierung, die noch einmal darauf beharrte, dass auch die Unterzeichnerstaaten des Spitzbergenvertrages für solche Aktionen eine Genehmigung der Behörden aus Oslo bräuchten. Die Russen, die für andere Untersuchungen eine entsprechende Erlaubnis hatten, erklärten, die Geologie sehe vielversprechend aus. Norwegische Beobachter hielten diese Aussagen indes nur für einen Trick, um die Verhandlungsposition Moskaus im Konflikt um Gebiete in der Barentssee zu verbessern. Russland wolle in den kommenden Jahren wieder mehr Geld auf Spitzbergen investieren, lässt der norwegische Inselgouverneur Per Sefland durchblicken. Sefland, der sogenannte Sysselmann, ist Chef von zwei Dutzend Beamten und die oberste Autorität auf der Insel. Zwar ist die Aufschrift auf seiner Visitenkarte zweisprachig Norwegisch und Russisch, doch wer ihn unter dem Bild des norwegischen Königspaares sitzen sieht, weiß, dass er in seinem hellen Büro in Longyearbyen seiner Regierung in Oslo um Lichtjahre näher ist als der in Moskau.

Ein weiterer Streitpunkt zwischen den beiden Ländern ist die Fischerei um Spitzbergen. Im Jahr 1977 hatte die Regierung in Oslo unilateral eine 200 Seemeilen große Fischerei-Schutzzone um die Inseln ausgerufen, in der sie seither penibel die Ein-

Kapitel Sechs

haltung ihrer Umweltregeln kontrolliert. Die Russen antworteten mit einem klar hörbaren »Njet!«, sie erkennen die Zone bis heute nicht an. Immer wieder kommt es zum Streit. Einige Fälle verlaufen dabei besonders spektakulär, wie der von Walerij Jaranzew, der mit seinem lediglich zwölf Knoten schnellen Kutter im Oktober 2005 beinahe einen Fischereikrieg zwischen den beiden Staaten auslöste. Zwischen dem Kapitän der »Elektron« und der norwegischen Küstenwache kam es zu einer wilden Jagd in den eisigen Wassern der Barentssee. Das norwegische Küstenwachschiff »Tromsö« hatte den Kapitän zunächst angehalten. Der Vorwurf: Fischen mit zu kleinmaschigen Netzen. Als zwei norwegische Fischereiaufseher an Bord des Schiffes kamen, dampfte Jaranzew einfach mit ihnen von dannen – und nahm sie für fünf Tage sozusagen als Geiseln. Die Aufseher forderten die Besatzung der »Elektron« auf, den Hafen von Tromsö anzulaufen, wo die Russen eine hohe Geldstrafe erwartet hätte, möglicherweise wäre sogar ihr Schiff beschlagnahmt worden. Das wollte sich Jaranzew nicht bieten lassen und zog ab nach Osten. »Wenn nötig, riskiere ich auch eine Kollision«, erklärte er kämpferisch über Funk. Die Norweger schossen mit Leuchtraketen, versuchten angeblich, das Schiff zu entern, und warfen aus einem Hubschrauber ein Netz ab, das das Schiff lahmlegen sollte. Alles vergebens. Einige Pressevertreter glaubten ohnehin, dass die gerade neu ins Amt gekommene sozialdemokratisch-linke Regierung von Ministerpräsident Jens Stoltenberg nur mit halber Kraft kämpfen ließ. Man habe nicht gleich zu Beginn einen großen Konflikt mit Russland riskieren wollen. Die Verfolgungsjagd endete jedenfalls, als das Fischerboot die russischen Gewässer erreichte. Moskau hatte zum Empfang eine ganze Armada an Militärschiffen geschickt. Die russische Öffentlichkeit feierte den Kapitän als Helden, weil er der norwegischen Dominanz auf und um Spitzbergen einen gehörigen Dämpfer verpasst hatte. In einer Umfrage des Boulevardblattes »Komsomolskaja prawda« erklärte ein Viertel der Befragten,

Wer will was? Die Mitspieler beim Arktischen Monopoly

der renitente Fischer habe den Orden »Held Russlands« verdient, 27 Prozent wollten den Mann sogar mit Geld belohnen. Nur 17 Prozent forderten seine Bestrafung. Die russischen Offiziellen mussten jedoch Zugeständnisse an die aufgebrachten Norweger machen und klagten den Kapitän wegen Freiheitsberaubung und Fischwilderei an. Die Geiseln waren gleich nach Erreichen des ersten russischen Hafens freigelassen worden.

In Zukunft dürfte der Konflikt sich verschärfen. Die Russen strotzen vor neuem Selbstbewusstsein und haben mittlerweile angekündigt, mit einer stärkeren Präsenz ihrer Nordmeerflotte die Interessen der eigenen Fischer rund um Spitzbergen wieder offensiver vertreten zu wollen. Dazu startete im Frühjahr 2008 das russische Schiff »Mikula«, das rund zwei Monate lang selbständig Fischerboote rund um Spitzbergen kontrollieren wollte. Die Norweger reagierten verschnupft und forderten den Kahn nachdrücklich auf, den Hafen von Barentsburg, wo er ohne die notwendigen Genehmigungen zum Auffüllen seiner Wasservorräte festgemacht hatte, zu verlassen. Die russische Mannschaft grollte, doch willigte ein. Allerdings schickten die Russen wenig später weitere Schiffe, um dieselbe umstrittene Aufgabe zu übernehmen.

Im Sommer 2008 setzte die russische Marine außerdem ihre beiden Schiffe »Seweromorsk« und »Marschal Ustinow« in die Gewässer nahe der Inselgruppe in Bewegung. Die Norweger gaben sich unbeeindruckt und setzten quasi vor den Augen von Moskaus Militärs weitere russische Fischerboote wegen vermeintlicher Regelverstöße fest. Klar ist: Das Nato-Mitglied Norwegen spürt längst den Atem des wieder erwachenden russischen Bären im Nacken. Während im Jahr 2006 nur 14 russische Militärflugzeuge vor Norwegen beobachtet wurden, waren es

Kapitel Sechs

im Jahr darauf bereits 88, Tendenz weiter steigend. Das Norwegische Forschungsinstitut für Verteidigung (FFI) hat Russland nicht zuletzt deswegen in einem Bericht zur Vorbereitung der militärischen Planungen in der Zeit von 2009 bis 2012 als »militärische Bedrohung« bezeichnet und Norwegens Regierung vor einer möglichen »begrenzten militärischen Aktion« der Russen gewarnt. Das waren zwar moderatere Töne als in Finnland, wo sich Verteidigungsminister Jyri Häkämies wie folgt geäußert hatte: »Die drei sicherheitspolitischen Herausforderungen für unser Land heute sind Russland, Russland, Russland. Und nicht nur für Finnland, sondern für alle.«

Angesichts dessen sorgte in Norwegen ein interner Bericht umso mehr für Furore, den General Sverre Diesen, der Oberbefehlshaber der norwegischen Armee, verfasst hatte. In dem Papier, das im Sommer 2007 dem öffentlich-rechtlichen Fernsehsender NRK zugespielt worden war, beklagte der General, dass sich Norwegen im Falle eines »ernsten Konfliktes« mit Russland wohl nicht auf die Solidarität seiner Nato-Bundesgenossen verlassen könne. »Norwegen hat potenzielle, rein nationale Sicherheitsprobleme, bei denen davon auszugehen ist, dass sie ohne Unterstützung durch Alliierte aus eigener Kraft bewältigt werden müssen.« Die Allianz sei zu sehr mit der Terrorabwehr beschäftigt. Zwar drohe wohl kein russischer Einmarsch, so Diesen. Der Kampf um Fischressourcen, Öl und Gas könne sich aber zu einem ernsten militärischen Konflikt auswachsen. »Es geht hier nicht um einen plötzlichen Wechsel von tiefstem Frieden zu direkter Kriegsgefahr. Aber es gibt Grauzonen«, erklärte der General später im Rundfunk. Wenngleich diese Einschätzung durchaus plausibel klingt, war ein unbehagliches Rumoren nach dem Bekanntwerden des Papiers vernehmlich, sowohl vonseiten der Nato als auch aus Moskau. Der Norweger hatte gewagt, etwas auszusprechen, was bis dahin mit gutem Grund unausgesprochen geblieben war. Kurz nach dem Bekanntwerden seines eigentlich vertraulichen Dokuments musste Diesen öffentlichkeitswirksam

Wer will was? Die Mitspieler beim Arktischen Monopoly

zurückrudern. Eilig reiste der damalige Generalstabschef der russischen Streitkräfte, Jurij Balujewski, Anfang Dezember 2007 nach Norwegen. Bei einem kurzfristig angesetzten Gespräch am Osloer Flughafen Gardermoen ließ sich der glatzköpfige Militärchef des Kreml von General Diesen versichern, dass Norwegen die Russen doch nicht als Gefahr ansehe. Gleichzeitig verwies der Russe darauf, dass sein Land an der fast 200 Kilometer langen Grenze mit Norwegen nur minimal bestückt sei. Lediglich eine motorisierte Brigade gebe es in der Gegend.

Norwegen versucht bei Strategiedebatten in der Nato stets auf sogenannte symmetrische Bedrohungen des Bündnisgebiets zu verweisen, also solche durch andere Staaten. Im Gegensatz zu asymmetrischen Gefahren, etwa durch Terroristen, die insbesondere nach den Anschlägen vom 11. September 2001 die Diskussion in den militärischen Fachzirkeln bestimmten, spielte dieser klassische Typ des Konflikts in den Debatten jahrelang kaum eine Rolle. Mit dem Ende des Kalten Krieges schien es ausgeschlossen, dass Staaten in Europa wieder in militärische Konflikte verwickelt werden könnten. Eine irrige Annahme, wie sich zuletzt am Georgienkonflikt zeigte. »Zu erwarten ist [zwar] keine Rückkehr zum Paradigma der Blockkonfrontation, sondern vielmehr eine Gleichzeitigkeit asymmetrischer Risiken und oft geopolitisch definierter zwischenstaatlicher Konflikte«, warnt auch die Stiftung Wissenschaft und Politik in Berlin. Norwegen weiß das und versucht das Augenmerk der Nato-Partner auf diesen Umstand zu lenken. Gleichzeitig engagiert sich Oslo bewusst bei Nato und EU-Militärmissionen, um sich als glaubhafter Partner ins rechte Licht zu setzen – als Partner, den die anderen im Notfall auch verteidigen müssen.

Nach dem russischen Einmarsch in Georgien wuchs die Zahl der norwegischen Politiker, die Moskau als Bedrohung für das eigene Staatsgebiet wahrnahmen. Die russischen Großmachtansprüche könnten auch für Norwegens Positionen im hohen Norden gefährlich sein, warnte etwa Erna Solberg, die Chefin

Kapitel Sechs

der oppositionellen Konservativen im August 2008. Per Ove Width von der rechtsgerichteten Fortschrittspartei ging sogar noch weiter, indem er die »Möglichkeit eines direkten Angriffs« auf Norwegen nicht ausschloss. »Die Russen nutzen Gewalt, die Diplomatie kommt später«, erklärte Width in einem Zeitungsinterview.

Russland

»Die Arktis war immer russisch, und sie wird russisch bleiben.«
Artur Tschilingarow, russischer Politiker, im August 2007

Es war eine illustre Runde, die der frühere Topspion Nikolai Patruschew Mitte September 2008 in den hohen Norden einflog. Nur rund 1000 Kilometer vom Nordpol entfernt trafen sich der Chef des Inlandsgeheimdienstes FSB Aleksander Bortnikow, Verteidigungsminister Anatolij Serdjukow und Innenminister Raschid Nurgalijew sowie der Chef der Präsidenten-Administration Sergej Naryschkin, Regionalminister Dmitrij Kosak, Transportminister Igor Levitin und die Sprecher der beiden Parlamentskammern, Sergej Mironow und Boris Gryslow. Ministerpräsident Putins Intimus Patruschew, seit Mitte der Siebziger beim KGB, später Chef des Inlandsgeheimdienstes FSB und ausgezeichnet als »Held der Russischen Föderation«, ist inzwischen Chef des russischen Sicherheitsrates. Er hatte seine Kollegen in das Örtchen Nagurskoje auf Alexandraland im Westen der Inselgruppe Franz-Joseph-Land eingeladen. Dort gibt es neben einer Grenzschutz- und Wetterstation nur ein altes Flugfeld aus den Fünfzigern, auf dem dann und wann eine Militärmaschine landet. In kargen Holzhütten leben und arbeiten 30 Soldaten, 16 Wissenschaftler und 6 Meteorologen.

Die Mission der Herrenrunde in dieser tristen Umgebung mit einer jährlichen Durchschnittstemperatur von rund -15°C:

Wer will was? Die Mitspieler beim Arktischen Monopoly

Russlands Machtelite wollte Präsenz zeigen in der hohen Arktis. Die Rivalität der Staaten um die Ressourcen der Region werde immer härter, resümierte Patruschew nach dem Treffen. Und sein Land wolle da nicht zurückstehen. »Die Arktis muss künftig die strategische Ressourcenbasis für Russland werden.« Längst wissen Moskaus Diplomaten um den Effekt von Energie-Außenpolitik. Man hat im Kreml verstanden, dass sich auf dem internationalen Parkett das Wohlverhalten anderer Staaten im Tausch gegen Erdöl und Erdgas erkaufen lässt. Und über Ressourcen verfügt Russland reichlich: Unter dem Boden des Landes schlummern die zweitgrößten unausgebeuteten Erdölreserven der Welt. Beim Gas ist man sogar die Nummer eins, und zwar mit großem Abstand.

Das russische Verhältnis zur Arktis ist etwas Besonderes; nur wenige Menschen im Westen können es erfassen. »Polare Entdeckungen sind für die sowjetische Mentalität viel wichtiger als für den Westen«, bemerkt etwa der niederländische Polar-Geschichtsschreiber Pier Horensma. Andere Polarnationen können in ihrer Arktisgeschichte auf große Namen verweisen: die Amerikaner auf Cook und Peary, die Norweger auf Nansen und Amundsen und so weiter. Die russische Eroberung der Arktis blieb dagegen lange Zeit ohne populäres Gesicht und verlief doch umso wirkungsvoller. Konstant besiedelte etwa der Volksstamm der Pomoren ab dem 12. Jahrhundert den hohen Norden. Mit Fischerei, Walfang, Jagd und Rentierzucht konnten sie sich unter den widrigen Bedingungen der Arktis etablieren. Mit ihren schmalen Ein- und Zweimastsegelschiffen erforschten die Pomoren (der Name stammt von der Landschaftsbezeichnung Pomorje, Küstenland) die russische Nordküste, die Barentssee, Nowaja Semlja, Spitzbergen und angrenzende Gebiete. Zwischen Archangelsk und Sibirien gab es eine Handelsroute. Auch zu norwegischen Küstenstädten unterhielten die Pomoren rege Verbindungen.

Russische Gebietsansprüche vor der nördlichen Küste gibt es seit 1916. Damals wurde ein Memorandum veröffentlicht, das einige Inseln in der Nähe des Festlandes zum Teil des Staatsgebiets erklärte. Im April 1926 erweiterte Moskau dann seine Ansprüche gewaltig und verleibte sich ein riesiges Tortenstück vom arktischen Kuchen ein: In einem Dekret erhob die Sowjetunion Anspruch auf einen Sektor in der Arktis, der sich zwischen 32 Grad 4 Minuten 5 Sekunden östlicher Länge (an der norwegischen Grenze) und 168 Grad 49 Minuten und 30 Sekunden westlicher Länge (in der Beringstraße) erstreckt. Die Landnahme schloss möglicherweise unentdeckte Flächen ein. Nördliche Begrenzung des russischen Territoriums sollte der Nordpol sein. Praktisch nutzbar war das unwirtliche Gebiet kaum, aber es ging um die symbolische Wirkung. Wenn sich die Welt heute größeren russischen Gebietsforderungen in der Arktis gegenübersieht, dann ist es wichtig, sich zu erinnern, dass diese Forderungen im Kern nicht neu sind. »Es entsteht jetzt manchmal der Eindruck, wir haben uns das gerade erst ausgedacht«, sinnierte im Spätsommer 2007 etwas pikiert der damalige russische Richter am Internationalen Seegerichtshof, Anatolij Kolodkin.

Vorbild für die russische Forderung in der Arktis waren wohl vergleichbare Ansprüche anderer Staaten in der Antarktis, wo Großbritannien (1908 und 1917) und Frankreich (1924) Gebietsforderungen geltend gemacht hatten. In den dreißiger Jahren des 20. Jahrhunderts setzte die sowjetische Führung unter Stalin alle Hebel in Bewegung, um bei der Eroberung der Arktis die Nase vorn zu haben. Wirtschaftliche Interessen spielten eine ebenso wichtige Rolle wie der Wunsch, die in der Region lebenden sibirischen Völker mit allen Mitteln in die sowjetische Familie zu holen. Und schließlich der Drang des Landes nach eigenen Polarhelden: Ordensdekorierte Forscher, die im hohen Norden Bemerkenswertes vollbracht haben, gaben ideale Sympathie- und Identifikationsfiguren ab, die das System gut gebrauchen konnte. Manchmal halfen auch Tragödien dabei, solche Helden entstehen zu lassen – wie im Winter 1934, als der in Dänemark gebaute, nicht eisverstärkte Kohledampfer »Tscheljuskin« öst-

Wer will was? Die Mitspieler beim Arktischen Monopoly

lich der Wrangel-Insel vom Eis eingeschlossen und zerquetscht wurde.* Angeführt wurde die Gruppe von Moskaus oberstem Polarforscher Otto Schmidt, der 1929 die Inseln von Franz-Joseph-Land für die Sowjetunion in Besitz genommen hatte und den wir bereits als Teilnehmer der sowjetischen Flugexpedition zum Pol kennengelernt haben. Zusammen mit der 100 Mann starken Besatzung des 7500-Tonnen-Schiffes rettete er sich auf eine Eisscholle, wo die Gruppe zwei Monate in klirrender Kälte ausharrte. Das Wunder: Bis auf einen Matrosen kam niemand ums Leben. Sieben Piloten, die »Tscheljuskinzy«, retteten die Seeleute mit einmotorigen Maschinen und wurden bei ihrer Rückkehr nach Moskau heftig gefeiert. Außerdem erhielten sie auf Beschluss des Gesamtrussischen Zentralexekutivkomitees vom 16. April 1934 die Auszeichnung »Held der Sowjetunion«. Der neue Orden war als höchste Ehrung des roten Riesenreiches eigens dafür aus der Taufe gehoben worden. Vom System gefeiert wurden auch die Forscher, die im Winter 1937/38 auf der Nordpol-Driftstation NP-1 innerhalb von 274 Tagen vom Pol bis zur ostgrönländischen Küste trieben, allen voran Iwan Papanin und Otto Schmidt.

Die Besiedelung der Arktis stellte eine strategische Priorität der jungen Sowjetunion dar. Es ging um dringend benötigte Bodenschätze wie Öl, Gas, Nickel, Molybdän, Kupfer und Eisen. Mindestens zwei Millionen Menschen wurden deswegen nach Nordsibirien gebracht. Viele Sowjetbürger zogen freiwillig nordwärts, weil sie Arbeit in den schnell wachsenden Städten fanden. Doch viele wurden auch gezwungen: Das Regime errichtete in Sibirien seine berüchtigten Straf- und Arbeitslager. Das wohl wichtigste Instrument bei der Erschließung der Region war der Nördliche Seeweg, die Schiffsverbindung zwischen Murmansk und Wladiwostok. Der sowjetische Dampfeisbrecher »Sibirja-

---

* Ein kleiner Teil der Überreste der »Tscheljsukin« wurde übrigens im September 2006 von der Tauchexpedition »Chelyuskin-70« geborgen.

kow« fuhr die Strecke im Jahr 1932 zum ersten Mal in einem Rutsch, innerhalb von nur wenig mehr als zwei Monaten. Expeditionsleiter war Otto Schmidt. Die Reise gelang nur unter größten Mühen: Beide Schrauben der »Sibirjakow« wurden unterwegs durch das Eis beschädigt, die Beringstraße erreichte die Mannschaft segelnd. Doch der Beweis war erbracht: Die unbezwingbar erscheinende Passage konnte innerhalb eines Sommers befahren werden. Stalins Techniker jubelten. Die eigens eingerichtete Zentralverwaltung »Glawsewmorput« kümmerte sich fortan um den Aufbau der Infrastruktur und die Besiedlung der Arktis. Wissenschaftliche Stationen entstanden, Funkwetterwarten, Siedlungen für Eislotsen und Eisbrecherkapitäne. Die Versorgung dieser Orte per Schiff über den Nördlichen Seeweg gehörte zu den wichtigsten Aufgaben der Behörde. Doch das arktische Meer wollte sich nicht ohne weiteres erobern lassen. Im Jahr 1937 etwa wurden 42 Schiffe vom Presseis eingeschlossen. Dann stoppte der Krieg die ambitionierten arktischen Erschließungspläne. Vor dem Angriff auf die Sowjetunion benutzten noch deutsche Schiffe wie der Hilfskreuzer »Ems« und der Passagierdampfer »Bremen« die Nordostpassage. Nach dem Krieg, im Juli 1948, wurde wieder der regelmäßige Routenverkehr aufgenommen. Im Westen staunte man nicht zuletzt darüber, dass die Russen ihren Schiffen auf der Nordroute nicht nur Eisbrecher, sondern auch Großflugzeuge mit an die Seite gaben. Sie sollten auftretende Eisbarrieren im Zweifelsfall einfach wegbomben.

»Im Rennen um die Schlüsselpositionen zur Beherrschung des nördlichen Polarraums verfügt Russland über einen kräftigen Vorsprung: Millionen seiner Bürger haben sich seit vielen Jahren den besonderen Lebensbedingungen des arktischen Raumes angepasst. Sie sind dessen Härten nun durchaus gewachsen«, schrieb der »SPIEGEL« im Spätsommer 1949. Eine Vorstellung, die so manchem im Westen Angst einflößte. Hatte doch der amerikanische General Henry Arnold in einem damals viel zitierten Ausspruch festgestellt: »In einem dritten Weltkrieg

Wer will was? Die Mitspieler beim Arktischen Monopoly

wird der Nordpol das strategische Zentrum unseres Erdballs.« Um Wetterinformationen für die Schiffer auf dem Nördlichen Seeweg zu sammeln, vor allem aber, um in der hohen Arktis Präsenz zu zeigen, schickten die Sowjets eine Schar von »Poljarniki«, so hießen die Polarabenteurer, auf wissenschaftlichen Expeditionen dorthin. Generalstabsmäßig organisiert brachten Flugzeuge vom Typ Il-12 und An II Treibstoff, geländegängige Kraftwagen, wissenschaftliche Gerätschaften und, wie lakonische Beobachter im Westen kommentierten, »Produkte des Moskauer Fleischkombinats«. »Den Agitprop-Leuten dient das rege wissenschaftliche Treiben zu bombastischer Effektmacherei. Sie inszenieren am Nordpol eine Art rotes Volksfest mit eigens aus Moskau herbeigeflogenen Koteletts«, war 1954 im »SPIEGEL« zu lesen. Zeitweise tummelten sich mehr als 2000 Menschen auf sowjetischen Arktisstationen.

Moskaus Interesse für die Arktis war durchaus handfester Natur. Schließlich war der Weg über den Pol die kürzeste Verbindung, auf der amerikanische Fernbomber von ihren westgrönländischen Basen die Schwerindustriezentren der Sowjetunion hätten erreichen können. Außerdem stritt man zu dieser Zeit mit Washington darüber, wem mehrere große Eisinseln am Pol gehören. Dort ließen sich nämlich formidable Flugplätze einrichten. Für diplomatische Verstimmung sorgte im Jahr 1952 Moskaus einseitige Ankündigung, man werde die Karasee, die Laptewsee, das Ostsibirische Meer und die Tschuktschensee westlich der Beringstraße in Zukunft als Binnengewässer betrachten. »Damit hat die Sowjetunion in der Sache einen neuen arktischen Gefahrenherd geschaffen«, kommentierte der »SPIEGEL«. Grund waren vor allem unklare Grenzverläufe und Grauzonen, nicht zuletzt in der Beringstraße, bei denen ständig die Gefahr eines Konflikts mit den Amerikanern bestand.

Der Nördliche Seeweg blieb eine rein sowjetische Angelegenheit. Das höchste Frachtaufkommen auf der Strecke gab es im Jahr 1987, als 6,6 Millionen Tonnen transportiert wurden. Am

Kapitel Sechs

3. Oktober 1987 stellte der sowjetische Staatschef Michail Gorbatschow in einer fünfstündigen Rede in Murmansk ein Sechspunkteprogramm vor. Wichtigste Idee war die Schaffung einer kernwaffenfreien Zone in Nordeuropa, ein Schritt, den zuvor bereits finnische und schwedische Politiker vorgeschlagen hatten. Außerdem brachte Gorbatschow eine »friedliche Zusammenarbeit bei der Erschließung der Ressourcen des Nordens« ins Gespräch – und stellte eine Öffnung des Nördlichen Seewegs auch für westliche Schiffe in Aussicht, freigehalten von russischen Eisbrechern. Diese Rede bedeutete eine Kehrtwende in Moskaus Politik. Der Klassenfeind war auf einmal eingeladen, den sowjetischsten aller Wege mit zu benutzen. Doch der Westen reagierte wegen eines Details reserviert: In internationalen Meerengen, so forderte der Staats- und Parteichef, sollten in Zukunft keine Kriegsschiffe mehr fahren. Für die USA wäre das ein Problem gewesen, sah doch die damals gültige Marinedoktrin vor, im Kriegsfall an Engpässen wie der Beringsee (zwischen Alaska und dem Fernen Osten der Sowjetunion), der Davisstraße (zwischen der kanadischen Baffin-Insel und Grönland) und der Dänemarkstraße (zwischen Grönland und Island) der sowjetischen Flotte mit aller Macht den Weg zu verstellen.

Die Wendejahre brachten entscheidende Veränderungen für die russische Arktis. Am deutlichsten war zu spüren, dass von einem Tag auf den anderen das Geld aus Moskau ausblieb. Die einstigen Vorkämpfer des Sozialismus in der weißen Wüste des Nordens fühlten sich allein gelassen. Wohnorte, Forschungsstationen und Schifffahrtsinstallationen verfielen. Der Verkehr auf dem Nördlichen Seeweg brach ein. Auf den mächtigen Atomeisbrechern passierte etwas, das einige Jahre zuvor komplett undenkbar gewesen wäre: Um die klammen Kassen zu füllen, schipperten Kapitäne wie Anatolij Lamechow auf der »Rossija« ab dem Sommer 1990 Westtouristen zum Nordpol. Die Gäste zahlten satte 35 000 Mark für die Reise mit den schwimmenden Kraftpaketen; Lachs, Bärenschinken, Kaviar und vor allem

Wodka inklusive. Reisen dieser Art sind für Gutbetuchte bis heute möglich. Im politischen Tauwetter der Nachwendezeit schien sich auch eine Einigung zwischen Amerikanern und der auseinanderfallenden Sowjetunion in einem langjährigen Grenzstreit in der Beringsee anzubahnen. Der sowjetische Außenminister Eduard Schewardnadse handelte im Jahr 1990 einen Vertrag aus, demzufolge ein 50 000 Quadratkilometer großes Meeresgebiet an die Amerikaner fallen sollte. Das russische Parlament verweigerte jedoch die Zustimmung, und zwar bis heute. Offiziell kam damit der umstrittene Deal nie zustande, de facto halten sich jedoch beide Staaten an die Vereinbarungen.

Ein wichtiger Schritt zu Russlands polarer Renaissance war der Beitritt zum Uno-Seerechtsübereinkommen. Im Jahr 1997 ratifizierte Moskau das Vertragswerk, und bereits viereinhalb Jahre später, im Dezember 2001, sprach eine Delegation am Uno-Hauptsitz in New York vor. Es war das erste Mal überhaupt, dass ein Staat eine Gebietsforderung bei der Uno anmeldete: Ivan Gloumow, Vizeminister für Bodenschätze, präsentierte die Ansprüche: Insgesamt 1,2 Millionen Quadratkilometer wollte Moskau unter seine Kontrolle bringen, einschließlich des Nordpols. Neben der Arktis stellte der Kreml auch Ansprüche auf Gebiete im Ochotskischen Meer nahe der japanischen Inseln sowie der Beringsee nahe Alaska. Zahlreichen Staaten protestierten, darunter Japan, Dänemark, die USA, Kanada, Norwegen und Spanien.

Ein mit sieben Experten besetzter Unterausschuss der »Commission on the Limits of the Continental Shelf« nahm sich des Antrages an. Zwei Sitzungen am Tag waren angesetzt, an insgesamt 20 Tagen. Ein Drittel der Zeit räumten die Uno-Experten, zu denen auch der Deutsche Karl Hinz gehörte, den Russen für Erklärungen ein. Außerdem fand eine Art Betriebsausflug zum Lamont-Doherty Earth Observatory in Palisades im US-Bundesstaat New York statt, wo sich die Experten über zusätzliche Daten internationaler Expeditionen auf dem russischen Schelf informie-

Kapitel Sechs

ren konnten. Dann fiel ziemlich schnell das Urteil: Die Kommission gab Moskau im April 2002 einen Korb, weil die wissenschaftlichen Belege zu dürftig seien. Die Russen grollten, verkündeten jedoch, mit aussagekräftigeren Daten wiederzukommen.

Außer ein paar Experten in New York und einer Handvoll Diplomaten bekam kaum jemand etwas von dieser Diskussion mit. Die publikumswirksame Tauchfahrt der beiden »Mir«-Boote im Sommer 2007 änderte die Lage. Deren wissenschaftlicher Nutzen war zwar zweifelhaft, aber Russlands polare Ambitionen füllten auf einen Schlag die Titelseiten und Kommentarspalten der Zeitungen. Und Moskau bemüht sich weiter um relevante Daten, unter anderem durch erneuten Einsatz seiner Nordpol-Driftstationen. Von der Strömung getragen, wandern sie auf Eisschollen von Ost nach West durch das Nordpolarmeer, so lange, bis den Forschern das Eis unter den Füßen wegschmilzt. Auf der Driftstation NP-35 war im Winter 2007/08 für sieben Monate ein Deutscher zu Gast: der Wissenschaftstechniker Jochen Gräser vom Alfred-Wegener-Institut. Zwischen September 2007 und Juli 2008 legte die Station 2500 Kilometer zurück. Im Winter 2008/09 schickten die Russen dann NP-36 auf den Weg, ausgestattet mit 18 Forschern und 420 Tonnen Ausstattung und Nahrungsmitteln. Außerdem versucht Moskau, in den Wendewirren aufgegebene Forschungsstationen in seinen nördlichen Arktis-Gebieten wieder zu eröffnen und sogar neue Stationen zu bauen, wie etwa auf der Wrangelinsel.

Die Polarforscher sollen auch wissenschaftliche Beweise für die Uno sammeln. Das Ministerium für Natürliche Ressourcen und das Verteidigungsministerium haben bereits mehrere gemeinsame Messeinsätze organisiert. Das Forschungsschiff »Akademik Fjodorow« hat im Jahr 2005 am Mendelejew-Rücken geforscht, der Eisbrecher »Rossija« kreuzte im Frühsommer 2007 wochenlang über dem Lomonossow-Rücken. Weitere Messkampagnen folgten. Mittlerweile, so sagen die Russen, sind die nötigen Daten gesammelt. Der Lomonossow-Rücken sei eine »strukturelle Ver-

Wer will was? Die Mitspieler beim Arktischen Monopoly

längerung der sibirischen Kontinentalplatte«, beteuert etwa der Forscher Wiktor Posselow. Er leitet das Institut für Meeresgeologie, das der russischen Behörde für Bodenschätze angegliedert ist. »Keinesfalls« sei der Rücken vom russischen Festland getrennt, erklärt der Wissenschaftler. Posselow ist Anhänger einer wissenschaftlichen Schule, wonach es die Verschiebung der Kontinentalplatten, die sogenannte Plattentektonik, in Wirklichkeit gar nicht gibt. Eigentlich ist diese von Alfred Wegener entwickelte Theorie seit Jahrzehnten wissenschaftlicher Standard, doch zumindest viele ältere russische Forscher lehnen sie bis heute ab. Sie glauben, dass der Boden des arktischen Meeres vor der russischen Küste aus Bereichen besteht, die früher einmal an Land lagen und als Block abgesunken sind. Wann die Russen mit ihrem neuen Antrag bei der Uno vorstellig werden, ist noch nicht klar. Je nachdem, wem man zuhört, erhält man sehr unterschiedliche Signale.

Man sollte sich nicht täuschen: Russland beteuert zwar, dass man größere Mengen an Öl in dem beanspruchten Gebiet erwarte; so erklärte Vize-Ressourcenminister Jurij Trutnjow, er gehe von fünf Milliarden Tonnen Öläquivalent aus. Doch erstens kann diese Zahl als zweifelhaft gelten, und zweitens geht es bei der Suche nach Öl- und Gaslagerstätten nur am Rande um den Lomonossow-Rücken. Die bei der Uno beantragten Gebiete haben eher symbolischen Wert: Russland möchte vor allem wieder eine arktische Großmacht werden.

Die wirklich interessanten Lagerstätten liegen innerhalb der 4,1 Millionen Quadratkilometer großen 200-Seemeilen-Zone und gehören bereits unbestreitbar zu Russland. Das Land ist dringend auf Öl- und Gasvorkommen in der Arktis angewiesen, weil viele andere Reserven im Land zur Neige gehen. Industrie- und Handelsminister Wiktor Christenko warnte im Jahr 2008 öffentlich, dass das Förderniveau der Russischen Ölkonzerne in Zukunft stagnieren werde. Und Leonid Fedun, der Vizechef des Ölkonzerns Lukoil, gab folgenden, noch dramatischeren Satz zu

Kapitel Sechs

Protokoll: »Die russische Ölproduktion hat ihren Höhepunkt erreicht und kehrt möglicherweise nie mehr zu den aktuellen Mengen zurück.«

In folgenden Gewässern vor der russischen Küste gibt es Ölvorkommen:

❊ In der Barentssee, die zwischen Russland und Norwegen aufgeteilt ist. Dort liegt das riesige »Schtokman«-Feld, das die Russen zusammen mit Norwegern und Franzosen entwickeln wollen.

❊ In der Petschorasee, einem flachen Küstenmeer, das südöstlich an die Barentssee angrenzt. Dort liegt unter anderem das Ölfeld Prirazlomnoje.

❊ In der Karasee, zwischen den Inselgruppen Nowaja Semlja und Sewernaja Semlja.

❊ In der östlich davon liegenden, häufig besonders stark vereisten Laptewsee zwischen Sewernaja Semlja im Nordwesten und den Neusibirischen Inseln im Osten.

Dazu kommen große Vorkommen an Land, zum Beispiel auf der Halbinsel Jamal mit dem Bowanjenkowskoje-Gasfeld und im Timan-Petschora-Becken, wo sich das Juschno-Chyltschujuskoje-Feld befindet.

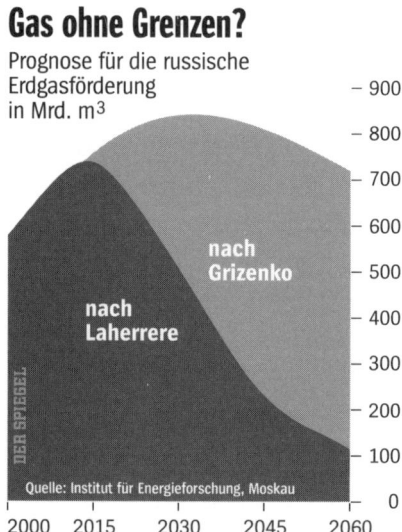

Gas ohne Grenzen?
Prognose für die russische Erdgasförderung in Mrd. m³

Doch Russland ist für die mit der Erschließung einhergehenden Herausforderungen nicht gut vorbereitet, wie das im fünften Kapitel vorgestellte Gasfeld Schtokman zeigt, wo Geld und Technologie fehlen. Zusätzlich erschwert wird die Sache dadurch, dass der verbliebene Teil der russischen Offshore-Technik im Moment weitgehend an ausländische Investoren vermietet ist. So sind das Bohrschiff »Walentin Schaschin«, das jetzt als »Deep Venture« firmiert, und die Bohrplattform »Murmanskaja« auf Jahre hinaus an norwegische Firmen verliehen. Der Leasingvertrag für das Bohrschiff endet erst im Jahr 2023, und das langsame Tempo bei der Erschließung des russischen Schelfs lässt inzwischen die Regierung in Moskau nervös werden. Aleksander Ledowskich, der Chef der russischen Ressourcenbehörde Rosnedra, rüffelte im Herbst 2008 die Staatskonzerne Gasprom und Rosneft. Geplante Explorationsbohrungen würden nur mit großer Verspätung durchgeführt, und allzu oft gar nicht.

Überall in der russischen Arktis sind große Investitionen nötig, zum Beispiel für die Erweiterung des Hafens von Murmansk durch neue Terminals und Industriegebiete, einen Flugplatz und das »Schtokman«-Flüssiggasterminal. Die für die Erschließung der Ressourcen des Nordens nötigen Summen sind derart hoch, dass einem schwindelig wird. Gasprom rechnet zum Beispiel damit, dass die Offshore-Aktivitäten der Firma bis zum Jahr 2030 mehr als 80 Milliarden Dollar kosten werden. Immerhin geht es um 200 unterseeische Fördersysteme, knapp 50 Plattformen, 140 Serviceschiffe, 90 Tanker der Eisklasse und bis zu 30 Flüssiggas-Shuttles für den Transport nach Nordamerika. Ohne ausländisches Kapital, so viel ist klar, geht gar nichts, doch nach der weltweiten Finanzkrise sitzt dieses Geld alles andere als locker.

Russisches Imponiergehabe und Großmannssucht verschrecken viele Investoren. Für die internationalen Ölfirmen kann die Luft von heute auf morgen dünn werden. Das bekamen zum Beispiel Shell und BP zu spüren, als der Staat sie aus Multimilliarden-Dollar-Projekten drängte. Shell musste wegen angeblicher Umweltschutzverstöße aus dem Sachalin-2-Projekt aussteigen, BP sich von seiner Beteiligung am Kowykta-Gasfeld verabschieden, nachdem dem Konzern der Bruch von Lizenzvereinbarungen vorgeworfen worden war. In beiden Fällen konnte Gasprom durch eine Intervention der Moskauer Regierung die Anteile für einen Preis kaufen, den Marktbeobachter als lächerlich niedrig ansahen.

Russlands Auftreten ist schizophren. Einerseits wirbt das Land international um dringend benötigte Investitionen, andererseits müssen die ausländischen Firmen damit rechnen, gegängelt zu werden. So auch beim Schtokman-Gasfeld. Hier wird es wahrscheinlich darauf hinauslaufen, dass die Partner Total und StatoilHydro ihre Anteile an der Betreibergesellschaft nach 25 Jahren an Gasprom überschreiben müssen. Trotz dieser für sie sehr unvorteilhaften Bedingungen lassen sich die Firmen aus dem Westen darauf ein. Denn sie sind dringend auf der Suche nach Lagerstätten, um die Produktion der kommenden Jahrzehnte zu sichern. An dieser Konstellation wird sich vermutlich auch bei künftigen Projekten nichts ändern.

Ein spezielles Gesetz sorgt dafür, dass der Kreml bei der Erschließung der arktischen Schätze ein gehöriges Wörtchen mitzureden hat. Die Weichen dafür stellten Präsident Dimitrij Medwedew und Vizepremierminister Igor Setschin im Sommer 2008 bei einem Treffen in Gorki, unmittelbar vor den Toren Moskaus. Im edlen Ambiente der Präsidentenresidenz – feiner Parkettfußboden, honigfarbenes Mobiliar, dekorative Blumengestecke – trafen sich beide zum Gespräch. Mit wenigen Federstrichen wurde dort ein Gesetzentwurf besiegelt, der es in sich hat: Medwedew übergab der Regierung die vollständige Kontrolle über Programme zur Ausbeutung des Kontinentalschelfs. Die Begründung lautete, das Schelf sei das nationale Erbe Russlands und könne nur bei staatlicher Aufsicht vernünftig genutzt werden.

Die Vorschriften sind maßgeschneidert für die Staatskonzerne Rosneft und Gasprom. Pikanterweise hatten in Gorki mit Medwedew und Sechin der frühere Gasprom-Chef und der aktuelle Rosneft-Chef zusammengesessen. Nun dürfen nur Firmen, die zu mehr als 50 Prozent russisch sind, auf dem Schelf operieren. Die Regierung kann entscheiden, welche Offshore-Ölfelder zu

Wer will was? Die Mitspieler beim Arktischen Monopoly

welchem Zeitpunkt geöffnet werden und wer Lizenzen erhält. Rosneft hat bereits eine Wunschliste vorgelegt: Allein bis 2020 möchte die Firma Zugriff auf 29 Gebiete.

Im September 2008 beschloss die russische Regierung einen Entwicklungsplan der Arktis für die Zeit bis zum Jahr 2020. Von deren Nutzung hänge Russlands Konkurrenzfähigkeit auf den Weltmärkten ab, sagte Präsident Medwedew. Der Nationale Sicherheitsrat Russlands, der sich unmittelbar zuvor mit der erwähnten Reise nach Franz-Joseph-Land ein Bild von der Lage gemacht hatte, betonte in einer Erklärung, es gehe nicht zuletzt um »Ziele der nationalen Sicherheit«. Der Plan enthalte unter anderem den Auftrag, wegen der Gebietserweiterung im hohen Norden wieder bei der Uno vorstellig zu werden, verriet Alexander Danilow, der Vizechef des Instituts für Arktis und Antarktis nach dem Treffen. Dabei gehe es darum, zu belegen, dass neben dem Lomonossow-Rücken auch der Mendelejew-Rücken eine natürliche Fortsetzung der sibirischen Kontinentalplatte darstelle.

Ein Punkt des Maßnahmenpaketes stiftete international gehörige Verwirrung: Es ging um die – von Präsident Medwedew angekündigte – »Festlegung der Grenze der arktischen Zone«. Einige Beobachter mutmaßten, das sei der Schritt zu einer einseitigen Grenzfestlegung durch die Russen im Polarmeer. Tatsächlich ging es Moskau darum, die arktische Zone innerhalb Russlands festzulegen. Das bestätigte nach Protest der US-Regierung das russische Außenministerium umgehend. Man habe keine Pläne zu einer einseitigen Aufteilung der Arktis und wolle sich weiter an die internationalen Regeln halten.

Auffällig ist dennoch, dass die Ausgaben für die Kriegsmarine und die Küstenwache des Sicherheitsdienstes FSB in der Arktis steigen. Nach Jahren des Niedergangs bemüht sich die 1,1 Millionen Mann starke russische Armee, ihre Position wieder zu festigen. Mit 35,4 Milliarden Dollar hat sich der Militäretat im Vergleich zu Mitte der Neunziger mittlerweile fast verdrei-

Kapitel Sechs

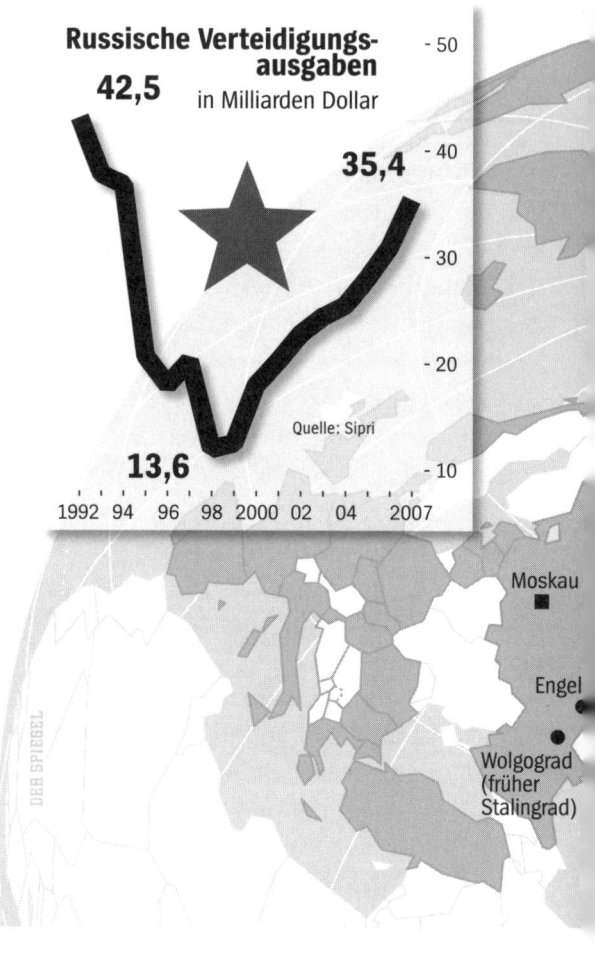

facht – liegt aber immer noch bloß bei einem Zehntel von dem der USA. Gerade die Arktis ist für die russischen Militärs wichtig, um sich zu profilieren. Angekündigt von dem damaligen Präsidenten Putin, brechen seit August 2007 wieder russische Langstreckenbomber der Typen Tu-95 (Nato-Code: »Bear«), Tu-22M (Nato-Code: »Backfire«) und Tu-160 (Nato-Code: »Blackjack«) zu Patrouillenflügen über die Arktis auf, nach fast 20 Jahren

Wer will was? Die Mitspieler beim Arktischen Monopoly

Ruhe. Unterstützt werden die riesigen Bomber auf ihren zum Teil mehr als 12-stündigen Einsätzen von Tankflugzeugen des Typs Il-78 (Nato-Code: »Midas«). Innerhalb des ersten Jahres nach Wiederaufnahme der Flüge habe es immerhin 80 strategische Patrouillenmissionen gegeben, erklärte das russische Militär im Spätsommer 2008. In der nahen Zukunft solle die Zahl der Einsätze weiter steigen, auf 20 bis 30 im Monat.

Kapitel Sechs

Startpunkt der Missionen ist zumeist der Stützpunkt Engels an der Wolga, einer 200 000-Einwohner-Stadt, rund 350 Kilometer entfernt vom früheren Stalingrad. Die Russen erklären stets, die Flüge erfolgten »über neutralen Gewässern in strikter Übereinstimmung mit internationalen Flugregeln«. Doch die Nato ist alarmiert, norwegische F-16-Jets, britische »Tornados« und französische »Mirage«-Flieger erwarten die Maschinen und beäugen kritisch jedes Flugmanöver. Die russischen Bomber können mindestens ein halbes Dutzend Marschflugkörper transportieren, manche Modelle sogar mehr. Immerhin haben Moskauer Militärs versichert, die Flugzeuge würden bei den arktischen Patrouillen normalerweise keine scharfen Waffen tragen. »Es hat niemals den Auftrag gegeben, Flüge mit echten Sprengköpfen durchzuführen«, erklärte Militärsprecher Dimitrij Kostjunin im Sommer 2008, um nachzusetzen, er hoffe, dass auch die Nato-Abfangjäger, die zur Begleitung der russischen Maschinen aufstiegen, unbewaffnet seien. Doch das Spiel mit der Angst des Westens ist durchaus Absicht: »Unsere Aufgabe ist zu zeigen: Wenn wir schon so weit fliegen können, dann sind wir auch in der Lage, Waffen bis dorthin zu bringen«, sagte Generalmajor Pawel Androssow, Kommandeur der strategischen Flieger Russlands. Um das zu demonstrieren, schickten die Russen im Herbst 2008 dann doch Flugzeuge mit Marschflugkörpern auf Langstreckenpatrouille, was den ersten Waffentest dieser Art seit 1984 darstellte.

Auch die russische Marine beteiligt sich an den Machtdemonstrationen. Im Sommer 2008 erklärte das Oberkommando, man werde in Zukunft wieder Patrouillen in den eisigen Gewässern fahren, auch in der Nähe von Spitzbergen. Zu diesem Zeitpunkt befand sich das Anti-U-Boot-Schiff »Seweromorsk« bereits in der Nähe der Inselgruppe. Eigentlich war das Schiff für eine gemeinsame Übung mit der norwegischen und der US-Marine (»Northern Eagle 2008«) in die Barentssee unterwegs, doch der Kreml landete mithilfe des Schiffes einen PR-Coup. Und nur

Wer will was? Die Mitspieler beim Arktischen Monopoly

wenig später ließ Russland den fast 200 Meter langen Raketenkreuzer »Marschal Ustinow« folgen. Der graue Riese, der zur sogenannten Slava-Klasse gehört, hat Platz für 16 Anti-Schiffsraketen des Typs SS-N-12 Sandbox, die auch mit nuklearen Sprengköpfen bestückt werden können. Dazu kommen noch einmal 100 Boden-Luft-Raketen. Die russische Marine gab bekannt, man werde die seit 1991 währende Pause abbrechen und von nun an »mit der nötigen Regelmäßigkeit« arktische Ausflüge unternehmen.

Wenige Wochen später startete das russische Atom-U-Boot »Rjasan« zu einer 30-tägigen Tauchfahrt unter dem Pol. Es war das erste Mal seit zehn Jahren, so jedenfalls die offiziellen Angaben, dass ein Tauchboot auf der polaren Route kreuzte, die einst zum Standardrepertoire von Moskaus Kapitänen gehört hatte. Man habe die wichtigen Kenntnisse und Techniken nicht verloren, erklärte Admiral Wladimir Wyssotzki, Kommandeur der russischen Kriegsmarine. Und der ehemalige Chef des Hauptstabs der Kriegsmarine, Wiktor Krawtschenko, ergänzte, die Fähigkeit der russischen U-Boote zu Tauchfahrten unter dem arktischen Packeis garantiere im Kriegsfall einen Gegenschlag Russlands. Die Boote seien für feindliche Flugzeuge und Satelliten unsichtbar. Dabei können sie jederzeit eine bis zu 4,5 Meter dicke Eisdecke durchstoßen und Interkontinentalraketen abfeuern. Die Marine unterstützte ihre Machtdemonstration auch aus der Luft: Il-38-U-Boot-Jäger und Tu-124-Bomber flogen im Sommer 2008 Manöver in der Nähe des Nordpols. Bei dem Einsatz seien auch neue Waffen getestet worden, erklärte das russische Verteidigungsministerium später. Weitere Details wurden nicht mitgeteilt.

Fakt ist: Viele Nachrichten aus Russlands Militärapparat bleiben sehr vage. Es geht vor allem darum, die eigene Stärke zu behaupten. Die Marine etwa plant, fünf oder sechs Flugzeugträgerverbände ab dem Jahr 2012 zu bauen. Einer davon solle dezidiert in der Arktis operieren. Im Moment verfügen die Russen gerade mal über einen Flugzeugträger, die »Admiral Kusnezow«, die deutlich weniger Platz für Flugzeuge hat als US-Modelle. Neben den Trägerschiffen soll auch Geld in die Modernisierung von U-Booten fließen, heißt es weiter. Davon profitieren sollen aber nicht die maroden Modelle vom Typ der im August 2000 havarierten »Kursk«, sondern eigentlich brandneue Boote der sogenannten Bora-Klasse (»Sturmwind«). Die erste dieser Korvetten in Katamaranbauweise war die im Frühjahr 2008 gestartete »Jurij Dolgoruki«. Die Bora-Boote werden bis ins Jahr 2040 das Rückgrat der russischen Nuklearflotte bleiben und Interkontinentalraketen des Typs Bulawa (»Keule«, Nato Code: SS-N-30) tragen, die jeweils Platz für mehrere Atomsprengköpfe haben. Die Rakete solle auch auf einem weiteren, umgerüsteten U-Boot zum Einsatz kommen: Die bereits 1981 gebaute »Dmitrii Donskoi« ist 172 Meter lang und fast 50 000 Tonnen schwer. Damit ist dies das größte U-Boot der Welt. Sie soll 20 der neuen Raketen tragen – und vor allem in der Arktis operieren. Aufnahmen von westlichen Überwachungssatelliten zeigen auf der russischen Werft Sewerodwinsk, wo die Schiffe der Nordmeerflotte gebaut werden, ein hohes Maß an Aktivität. Besonders sensible Bauprojekte verdecken die Russen sogar mit speziellen Tarngerüsten, damit sie für die Späher aus dem All möglichst schwer zu erkennen sind.

In den Trainings- und Ausbildungsplänen der russischen Armee spielt die Arktis mittlerweile ebenfalls eine wichtige Rolle, jedenfalls wenn man den öffentlichen Ankündigungen Glauben schenkt. »Wir haben eine ganze Reihe von Verbänden und Einheiten, die unter anderem zur Erfüllung von Aufgaben in den nördlichen beziehungsweise arktischen Regionen ausgebildet werden«, sagte Armee-Chefausbilder Wladimir Schamanow im Sommer 2008. Das Verteidigungsministerium in Moskau arbeite daran, Szenarien für einen Krieg in der Arktis zu konkretisieren, zur »Verteidigung nationaler Interessen«. Unmittelbar nachdem »die Chefs mehrerer Staaten den von Russland erhobenen Anspruch auf den ressourcenreichen Schelf des Nordpolarmeers bestritten« hätten, habe man sich an die Arbeit gemacht. Man werde nun am Training der entsprechenden Einheiten arbeiten und Truppenteile zusammenlegen, die für Kampfhandlungen in der Arktis eingesetzt werden könnten. Das Militär, so Schamanow, reagiere mit seinen Plänen auch auf eine zwölftägige Übung des US-Militärs in Alaska (»Northern Eagle«), an der 5000 Soldaten, 120 Flugzeuge und mehrere Kriegsschiffe teilgenommen hätten. Russland könne militärische Kraftdemonstrationen von anderen Ländern in der Arktis nicht länger hinnehmen.

Wie ernst man die Rhetorikspielchen und Ankündigungen des russischen Militärapparats nehmen muss, wird unterschiedlich bewertet. Da sind auf der einen Seite die Warner, die davon profitieren, Russland starkzureden, und darauf hoffen, dass der Westen bei seinen Militärausgaben draufsattelt: Die Kampfbereitschaft des russischen Militärs sei »auf dem höchsten Niveau der gesamten postsowjetischen Zeit«, erklärt etwa Michael Maples, der Chef des US-Militärgeheimdienstes DIA (»Defense Intelligence Agency«). Es gibt aber auch deutlich zurückhaltendere Einschätzungen, wie etwa von Stanislaw Belkowski, dem Chef des unabhängigen Moskauer Instituts für Nationale Strategie. Er sagt, das Gerede von der Wiederherstellung der militärischen Macht auf Niveau der Sowjetzeit habe »nichts mit der Wirklichkeit zu tun. Sie ist Teil jener Propaganda, mit der der Kreml die Öffentlichkeit zu veralbern versucht.« In Wahrheit, so Belkowski, sei es um das russische Militär so schlecht bestellt wie noch nie.

Kapitel Sechs

Die Inuit

»Wir bitten nicht um Hilfe. Wir bitten um Zusammenarbeit.«
*Aleqa Hammond, frühere grönländische Außen-
und Finanzministerin, im September 2008*

Eine Gruppe von Menschen hat ganz andere Interessen als alle bisher vorgestellten Akteure: die Ureinwohner der Arktis. Seit 5000 Jahren wohnen die Inuit in dem Gebiet und haben im Lauf der Zeit ihre Lebensweise perfekt an die widrigen Bedingungen dort angepasst. Die schwierige Jagd sicherte ihren Gemeinschaften lange Zeit das Überleben. Doch nun sind viele traditionelle Volksgruppen bedroht: vom Klimawandel und dem Geschacher um die Rohstoffe in ihrem Lebensraum. Rund 160 000 Angehörige von indigenen Völkern leben heute in der Arktis: in Alaska, Nordkanada, Russland, Grönland und Nordskandinavien. Direkt am Pol gibt es keine Ureinwohner. Die nördlichsten Siedlungen sind die Militärbasen von Alert in Kanada, rund 820 Kilometer vom Pol, oder Nord in Grönland, rund 920 Kilometer vom Pol.

Die traditionellen Bewohner der Arktis haben Angst vor dem Schmelzen des Eises, vor dem Verschwinden von Arten, vor der Errichtung von Militärbasen, vor großflächiger Umweltverschmutzung. Früher konnten erfahrene Inuitjäger riechen, ja spüren, welche Wege sie auf dem Eis einschlagen mussten, ob das Wetter sich ändern würde und wie die Schollen unter ihren Füßen beschaffen waren. Doch der Klimawandel zerstört dieses traditionelle Wissen. Heute, in Zeiten des schwindenden Eises, täuscht das Gefühl oft und verleitet die Jäger immer wieder zu fatalen Fehlentscheidungen. Sie brechen mit Schneemobilen auf dem Eis ein und bezahlen ihren Irrtum mit dem Leben.

Zahlreiche Karibuherden, Nahrungsquelle und kultureller Bezugspunkt vieler indigener Gemeinschaften, werden seit Jahren kleiner. Größere Herden haben einen eigenen Namen und werden so gut es geht aus der Luft gezählt. Ein einheitlicher

Trend lässt sich schwer feststellen, doch in vielen Fällen sprechen die Zahlen eine klare Sprache: Die »Bathurst«-Herde in Kanadas Norden hat seit 1986 drei Viertel ihrer Tiere verloren. Die »Porcupine«-Herde in Alaska schrumpfte seit 1989 um mindestens ein Drittel. Im Fall der »Beverly«-Herde in Kanada fiel der Rückgang besonders dramatisch aus: Über einen Zeitraum von 14 Jahren ging die Zahl der Kühe in der einstmals 276 000 Tiere starken Gruppe um 98 Prozent zurück. Klimawandel und menschlicher Populationsdruck könnten am Rückgang der Karibupopulationen ebenso schuld sein wie neue und effektivere Jagdmethoden. Das Sterben der Karibus ist in jedem Fall verheerend, wirtschaftlich wie spirituell: Denn nach der Vorstellung des in Alaska lebenden Volkes der Gwich´in trägt jedes Karibu einen Teil eines menschlichen Herzens in sich und jeder Mensch einen Teil vom Herzen eines Karibus.

Seit längerer Zeit bestehende soziale Probleme, etwa durch schlechte Ausbildung und unzureichende Sozialsysteme, vertiefen die Krisensituation der einheimischen Bewohner. Zum Beispiel liegt die Tuberkuloserate bei kanadischen Inuit 90-mal höher als der Landesdurchschnitt. Dazu kommen weitere Gefährdungen durch eine langanhaltende Vergiftung der arktischen Lebenswelt: »Mittlerweile ist der Arktische Ozean so weit verschmutzt, dass es für die indigenen Völker gefährlich geworden ist, zum Beispiel rohes Fleisch zu essen, was sie früher ohne Bedenken tun konnten. Über die Muttermilch werden die Giftstoffe an die nächste Generation weitergegeben und von Generation zu Generation angereichert«, warnt die Gesellschaft für bedrohte Völker in einem Bericht aus dem Jahr 2006. »Folgen sind eine sinkende Lebenserwartung und ein insgesamt katastrophaler Gesundheitszustand der indigenen Bevölkerung.« Doch in den weit, weit südlich gelegenen Hauptstädten haben die Inuit nur selten eine Lobby, denn sie befinden sich – auch rein physisch – sehr weit ab vom Tagesgeschehen. Welcher Politiker in Kopenhagen, Ottawa, Moskau oder gar Washington befasst

Kapitel Sechs

sich schon mit den Problemen der Ureinwohner des Tausende Kilometer entfernten Nordens? Seit 1977 gibt es deswegen ein Forum, in dem sich die Arktisbewohner zusammengeschlossen haben: der Inuit Circumpolar Council (ICC). Im Rahmen des ICC setzen sich Inuit seit den achtziger Jahren dafür ein, dass die Arktis – ähnlich wie die Antarktis – zur demilitarisierten Zone erklärt wird. Und dafür, dass sich die verschiedenen Volksgruppen visafrei besuchen können, egal wo sie leben. Bislang sind größere Erfolge zwar ausgeblieben, doch den Inuit ist es auf diese Weise gelungen, einige profilierte Interessenvertreter aufzubauen, die auf internationalen Konferenzen drängende Anliegen aus dem Norden als eloquente und gleichzeitig standfeste Anwälte vertreten.

Einer dieser kämpferischen Köpfe ist Aqqaluk Lynge, der Präsident des grönländischen Arms des ICC. Auf öffentlichen Terminen trägt der Hobbypoet gern selbstbewusst seine Seehundweste, wohl wissend, dass das bei europäischen Politikern in der Regel für wenig Begeisterung sorgt. »Wir müssen einen internationalen Prozess entwickeln, der die Arktis im Blick hat und bei dem indigene Einwohner eine wichtige Stimme haben – zum Wohle meines Volkes und der gesamten Welt«, sagt Lynge. »Andernfalls werden wir vom schmelzenden Eis der Arktis davongewaschen.« Ein Aspekt liegt Lynge dabei besonders am Herzen: »Eine der Aufgaben des ICC ist es, das Militär aus der Arktis herauszuhalten und für eine friedliche Nutzung des Nordpols zu werben«, sagt der studierte Sozialarbeiter. »Vielleicht sollten wir über ein ›Friedensreservat‹ rund um den Nordpol nachdenken, von dem wir alle profitieren können.«

Eine weitere entscheidende Figur für den Kampf ihres Volkes gegen den Klimawandel ist die Kanadierin Sheila Watt-Cloutier. Sie ist in Kuujjuaq, einem kanadischen Inuit-Dorf im äußersten Norden von Quebec, aufgewachsen und hat ihre Mutter, die als Heilerin tätig war, als Kind mit dem Hundeschlitten begleitet. Nach Studium und Jobs im Bildungs- und Gesundheitssektor

Wer will was? Die Mitspieler beim Arktischen Monopoly

war sie lange Jahre Chefin des Inuit-Rates. Sie flog zu den wichtigen Uno-Klimakonferenzen und redete – und zwar nicht von technischen Dingen, wie die meisten Klimadiplomaten, sondern von der menschlichen Seite des Klimawandels in der Arktis. »Der größere Zusammenhang, die menschliche und kulturelle Dimension, geht in den Debatten der internationalen Klimakonferenzen um technische Details zumeist verloren.« Und so sprach Watt-Cloutier von diesen vergessenen Dimensionen. In einer ebenso ruhigen wie charismatischen Art und Weise berichtete sie von den dramatischen Folgen der Eisschmelze, von bedrohten Robben und Eisbären und vom Überleben ihrer Angehörigen. Und sie klagte, und zwar im Dezember 2005 vor der Inter-Amerikanischen Kommission für Menschenrechte. Ihre Beschwerde, vorgebracht gemeinsam mit 62 anderen Inuit, richtete sich gegen die USA, die mit ihrer Weigerung, die Produktion von Treibhausgasen zu senken, den arktischen Lebensraum zerstörten. Die Kommission brauchte gerade einmal zwei Monate, um Watt-Cloutiers Antrag abzuweisen. Immerhin lud dieselbe Kommission sie und ihr Team anderthalb Jahre später, im März 2007, zu einer Debatte über den Einfluss des Treibhauseffekts auf die Menschenrechte ein – ein kleiner Erfolg. Im selben Jahr war Watt-Cloutier sogar für den Friedensnobelpreis nominiert. »Für ein Volk, dessen Kultur auf Kälte beruht, ist Klimawandel ein Menschenrechtsthema«, sagt die Inuit-Aktivistin.

Je länger das Gezerre um die Arktis dauert, desto mehr nehmen die Ureinwohner rhetorisch Fahrt auf. »Wir lehnen das System der Vergangenheit ab, in dem wir unseren Mund nicht aufmachen durften«, sagte etwa Inuit-Vertreter Lynge im Sommer 2008 in aller Klarheit: »Die Isolation und der harsche Umgang, mit dem wir in der Vergangenheit behandelt worden sind, wollen wir nicht mehr.« Im 17. Jahrhundert hätten fremde Mächte die Walbestände der Inuit dezimiert, im 18. Jahrhundert ihre Religion geändert und ihnen anschließend künstlich gezogene Grenzen auferlegt. Viele wurden damals im Namen der Sou-

Kapitel Sechs

veränität mit Gewalt umgesiedelt. Heute müssten die Inuit, so forderte Lynge, mit am Tisch sitzen, wenn die Reichtümer ihrer Heimat verteilt würden: »Es muss uns wie jedem anderen Land der Welt erlaubt sein, zu produzieren und zu exportieren, aber bisher dürfen wir von dem Reichtum unter unseren Füßen nicht profitieren.« Die Inuit wollen ernst genommen und nicht von den Politikern und Medien im Süden als folkloristische Dekoration der Arktis betrachtet werden. Der Däne Rasmus Ole Rasmussen hat Arktisklischees untersucht. Demnach werden die traditionellen Bewohner noch viel zu oft als Teil eines passiven Erbes angesehen – »so wie Comic-Eisbären auf den kleiner werdenden Schollen«, wie die »Frankfurter Allgemeine Zeitung« bissig kommentierte. Damit soll es nun vorbei sein. Die Inuit fordern, im Streit um Souveränitätsansprüche in der Arktis mitzureden. Im November 2008 gab es dazu einen Gipfel mit hochrangigen Inuitvertretern aus Alaska, Kanada und Grönland im 500 Menschen fassenden Saal des »Kaittitavik Community Centre« im nordkanadischen Kuujjuaq. Die verschiedenen Volksgruppen wollten eine Strategie für das weitere Vorgehen in der politischen Diskussion um die Arktis festlegen. Bei allen Diskussionen war eines klar: Die Inuit behaupten nicht, die einzigen Eigentümer der Arktis zu sein, erklärte Kanadas ICC-Chef Duane Smith auf dem zweitägigen Treffen. Doch die traditionellen Einwohner wollen in Zukunft als vollwertige Gesprächspartner bei allen internationalen Diskussionen über Souveränitätsfragen mit am Tisch sitzen. Als Beispiele nannten die Inuit unter anderem den Uno-Klimagipfel im Dezember 2009 in Kopenhagen und das G-8-Treffen, das 2010 im kanadischen Huntsville stattfinden soll. Auch im Arktischen Rat wolle man die gemeinsame Inuit-Position vortragen.

Den Inuit geht es nach eigenem Bekunden nicht um zusätzliche Unterstützung, sondern um Eigenständigkeit und eine ehrliche Partnerschaft: »Wir bitten nicht um Hilfe. Wir bitten um Zusammenarbeit«, sagt Grönlands frühere Außen- und Finanzministerin Aleqa Hammond. Ob sie dafür tatsächlich Partner in den Hauptstädten der Polarstaaten finden, bleibt abzuwarten. Erste Ansätze gibt es immerhin. So formulierte die kanadische Regierung bereits im Jahr 2000 die »Nördliche Dimension der kanadischen Außenpolitik«. Danach bedeutet Souveränität in der Arktis eine besondere Verantwortung der Regierung für das Gebiet und die Menschen, die dort leben. Eine sozial und ökologisch nachhaltige Nutzung der Ressourcen in der Arktis sei deshalb besonders wichtig. Vor allem die in dem Gebiet lebenden Ureinwohner müssten profitieren.

Der Arktische Rat

> »In den Arktischen Rat ist ein Keil getrieben.«
> Stiftung Wissenschaft und Politik, im Juni 2008

Die gute Nachricht zuerst: Im Prinzip gibt es ein internationales Forum, in dem sich alle Probleme der Arktis besprechen ließen. Es ist der 1996 in der kanadischen Hauptstadt Ottawa gegründete Arktische Rat. In diesem Gremium sitzen die fünf Arktisanrainer Russland, Norwegen, Dänemark, Kanada und die USA. Dazu kommen Finnland, Schweden, Island und einige Nicht-Regierungsorganisationen. Die Inuit sind mit sechs Verbänden ständige Teilnehmer, haben aber nicht denselben Status wie die Mitgliedstaaten. Außerdem gibt es noch ein halbes Dutzend ständiger Beobachter, zu denen auch Deutschland gehört.

Doch nun die schlechte Nachricht: Der Rat ist eine weitgehend machtlose Institution. Das hat nicht zuletzt mit seiner Geschichte zu tun. Hervorgegangen ist das Gremium aus der Arctic Environmental Protection Strategy (AEPS), die im Jahr 1989 von Finnland auf den Weg gebracht wurde. Der Rat beschäftigt sich deswegen vorrangig mit ökologischen Fragen, er ist keine Internationale Organisation im herkömmlichen Sinne.

Kapitel Sechs

Am deutlichsten fehlen ihm Organe, die Entscheidungen tatsächlich durchsetzen können. Und so wird in den Sitzungen des Rates vor allem viel geredet: Arbeitsgruppen beschäftigen sich mit der Entwicklung der Arktis, der Bewahrung von Flora und Fauna, der Vermeidung von Schiffsunfällen und dem Schutz der arktischen Gewässer. Aber niemals werden völkerrechtlich bindende Beschlüsse getroffen. Denn das darf der Rat nicht. Das Gremium wurde von den Mitgliedstaaten bewusst ohne weiterführende Kompetenzen ausgestaltet. Insbesondere die USA drängten darauf, dass sich der Rat nicht mit Sicherheitsfragen beschäftigen darf. Deswegen ist das Gremium – bei allem guten Willen – beim Arktischen Monopoly eigentlich nur Zuschauer.

In den Jahren 2006 bis 2008 lobten Beobachter den norwegischen Ratsvorsitz immerhin dafür, dass Ökologie und nachhaltige Entwicklung auf der Agenda für den Norden nach oben gerückt seien. Doch im Gebietsstreit um den Nordpol hat der Rat nichts zu sagen. Das zeigte sich auch im Mai 2008, als Dänemark wie oben geschildert die vier anderen Polarstaaten zu einem Gipfeltreffen nach Grönland einlud und mit diesem Vorstoß den Arktischen Rat absichtlich umging. Die nicht berücksichtigten Mitglieder wie Finnland und Island waren wütend; der Rat wurde zusätzlich geschwächt. Nun, so schien es, sollte die Gruppe noch nicht einmal mehr zum Debattieren taugen. Denn auch bei dem Mini-Gipfel kam nur eine unverbindliche Abschlusserklärung heraus. Kein Wunder: »Die Arktis ist zu kompliziert, um heutzutage in solcher Weise vorzugehen«, kritisierte der kanadische Politologe Rob Huebert den Hauruck-Charakter des Treffens. Stattdessen müsse es einen Arktischen Rat »mit Zähnen« geben, da sonst die Probleme nicht gelöst werden könnten. Doch der Rat wurde in der Abschlusserklärung von Ilulissat nur ein einziges Mal erwähnt, im allerletzten Absatz. Die arktischen G-5 haben ganz offensichtlich kein Interesse an einer Organisation, die ihre Ambitionen in irgendeiner Form begrenzen könnte. »In den Arktischen Rat ist ein Keil getrieben«, bilanzierten die Analysten der Stiftung Wissenschaft und Politik nach dem Treffen. »Offen ist, ob dieser Riss Bestand haben oder sich künftig sogar noch vertiefen wird.«

Wie machtlos der Arktische Rat tatsächlich ist, zeigt sich auch an dem Umstand, dass das Gremium noch nicht einmal eine permanente Postadresse hat: Das Sekretariat des Rates wechselt regelmäßig, je nachdem welches Land gerade den Vorsitz hat. Als Norwegen den Chefposten besetzte, waren eine Handvoll Mitarbeiter im Polarforschungszentrum in Tromsö untergebracht. Im März 2009 übernahmen die Dänen die Führung.

Im wissenschaftlichen Bereich hat der Arktische Rat einige Meriten erworben: Seine großen Gutachten wie das »Arctic Climate Impact Assessment« (ACIA) zu den Folgen des Klimawandels in der Arktis, das »Arctic Monitoring and Assessment Programme« (AMAP) zu den Chancen und Risiken bei der Öl- und Gasproduktion im hohen Norden oder das Arctic Marine Shipping Assessment (AMSA) zur Zukunft der arktischen Schifffahrt sind wegweisend und haben die internationale Diskussion vorangebracht. Trotzdem fallen politische Entscheidungen weiterhin woanders. »Der Arktische Rat wird auch in Zukunft nicht zu einem Gremium werden, das verbindliche Regeln setzen kann«, ist sich der US-Politologe Oran Young von der University of California in Santa Barbara sicher. »Doch vielleicht gelingt es ihm, sich wenigstens auf einen Satz von grundlegenden Regeln und Prinzipien zu einigen, die in der Arktis gelten sollen.«

Deutschland hat im Rat nur wenig Einfluss: »Die Bundesrepublik, die im Arktischen Rat Beobachterstatus hat, ist in Fragen der Arktisnutzung geografisch zu weit entfernt und politisch nicht relevant genug, um Gewicht in diesem Gremium zu entfalten«, resümiert die Stiftung Wissenschaft und Politik. Trotz eines wissenschaftlichen Topstatus in der Arktis kann oder will Deutschland politisch kaum Einfluss in jener Region nehmen. Dafür drängen andere in das Gremium. Die EU strebt einen Beobachterstatus an; Italien, bisher als Beobachter ver-

Kapitel Sechs

treten, möchte Vollmitglied werden, wegen der »geopolitischen und strategischen Wichtigkeit« der Region, wie Außenminister Franco Frattini formulierte. Nach Angaben der norwegischen Ratspräsidentschaft interessieren sich auch China, Großbritannien, Spanien und Frankreich, bislang ebenfalls allesamt Beobachter, für eine Vollmitgliedschaft. Auf all diese Staaten wirkt die Arktis anziehend – auch wenn sie ihren Einfluss nur über ein machtloses Plaudergrüppchen wie den Arktischen Rat ausüben können.

Deutschland

> »Wir haben einen Kalten Krieg am Nordpol zu vermeiden.«
> Frank-Walter Steinmeier, Bundesaußenminister,
> im Oktober 2007

Nur wenige Tage nach der russischen Tauchfahrt im August 2007 griff der Chef persönlich zur Feder, um Deutschlands diplomatische Position im Arktisstreit zu skizzieren: »Unsere Botschaft ist: Nicht der Vorsprung des Schnelleren oder das Recht des Stärkeren darf hier entscheiden, sondern allein die Stärke des internationalen Rechts. Es gibt anerkannte Mechanismen zur Klärung strittiger Ansprüche, die allen Beteiligten offenstehen. Arktis und Polarmeer müssen eine Region der wissenschaftlichen und wirtschaftlichen Kooperation bleiben.« Diese ausgleichenden Worte schrieb Bundesaußenminister Frank-Walter Steinmeier in seinem Gastbeitrag in der Zeitung »Die Welt«, kurz bevor er nach Spitzbergen aufbrach, um mit guten Freunden über die friedliche Nutzung der kostbaren arktischen Rohstoffe zu sprechen. Eingeladen hatte die norwegische Regierung, namentlich Außenminister Jonas Gahr Støre und Ölminister Odd Roger Enoksen. Deutschland brauche unter anderem »die Vertiefung bewährter Partnerschaften« bei der globalen Klima- und Ener-

Wer will was? Die Mitspieler beim Arktischen Monopoly

giepolitik, hatte Steinmeier in seinem Zeitungsbeitrag geschrieben. Dies kam seinen norwegischen Gastgebern sehr entgegen, die gern ihr arktisches Öl und Gas an die Deutschen verkaufen, um dem norwegischen Wohlfahrtssystem noch ein paar fette Jahre zu bescheren. Deutschland seinerseits will bis zum Jahr 2010 ein Drittel des Bedarfs durch Lieferungen aus Norwegen bestreiten. Damit würde das Land Russland von seinem Posten als wichtigster deutscher Gaslieferant verdrängen, und Berlin, so das deutsche Kalkül, könnte etwas mehr Unabhängigkeit gegenüber dem Kreml und seinen undurchschaubaren Staatsunternehmen gewinnen.

»Die Arktis mit ihren gewaltigen Erdöl- und Erdgasvorkommen sowie Bodenschätzen kann einen zentralen Beitrag zur Energieversorgungssicherheit in Europa liefern«, erklärt auch Jochen Homann, Staatssekretär im Bundeswirtschaftsministerium. Doch die Stiftung Wissenschaft und Politik (SWP), eine der größten europäischen Politik-Denkfabriken mit Sitz in Berlin, die unter anderem Bundestag und Bundesregierung berät, dämpft überzogene Erwartungen: »Öl und Erdgasimporte aus der arktischen Region werden kein Allheilmittel zur Minderung deutscher Energieabhängigkeit werden.« Dafür lägen schlicht zu viele der vermuteten Rohstofflager im russischen Bereich der Arktis. Und doch hofft Berlin, dass die Norweger wenigstens teilweise behilflich sein können. Auf seiner Reise nach Spitzbergen gab sich Außenminister Steinmeier Mühe, den norwegischen Gesprächspartnern demonstrativ den Rücken gegenüber Russland zu stärken. Angesichts des kecken Manövers der beiden Tauchboote am Pol empfahl der Minister abermals eine Politik der ruhigen Hand. »Wir sind in keinem rechtsfreien Raum hier am Nordpol, sondern es gibt internationale Vereinbarungen, die alle Staaten, die hier Interessen haben, berücksichtigen müssen«, dozierte der deutsche Chefdiplomat, als er an Bord des norwegischen Forschungsschiffes »Lance« über den Kongsfjord im Norden von Spitzbergen tuckerte. »Wenn alle das tun, dann wird es

Kapitel Sechs

auch konfliktfreie Lösungen geben.« Der norwegische Außenminister Gahr Støre bemühte sich nach Kräften, seinem Gast aus Berlin die Sorgenfalten von der Stirn zu zaubern. Natürlich setze man sich für die Einhaltung des internationalen Seerechts ein, und natürlich fördere man hohe Umweltstandards. Steinmeiers Reise verlief harmonisch, egal ob beim dreistündigen Treffen mit deutschen und norwegischen Energiebossen in Tromsö, einem Besuch der Forschungsstation in Ny Ålesund auf Spitzbergen oder dem Abendessen mit Nachwuchswissenschaftlern aus beiden Ländern.

Auch wenn Deutschland die Gefahr eines Konflikts am Nordpol als durchaus real einschätzt, politisch hat es in der Region nur wenig zu sagen. Zudem sitzt die Bundesregierung zwischen den Stühlen: Einerseits müsste Berlin im Fall von Spannungen in der Arktis Nato-Partnern wie Norwegen zu Hilfe kommen, wobei der Gegner im Zweifelsfall Russland wäre. Andererseits ist Berlin von den großen Energielieferungen aus Russland abhängig; immerhin kommt derzeit rund ein Drittel des deutschen Öls von dort. Zur Sicherung der Energielieferungen sind stabile politische Verhältnisse in der gesamten Arktis nötig. Darüber hinaus ist Deutschland Mitunterzeichner des Spitzbergenvertrages. Der Ausgang des Streits um die genauen Rechte dort, der vor allem zwischen Norwegern und Russen geführt wird, beeinflusst also auch uns.

Deutschland hat noch ein anderes wichtiges Interesse an der Arktis: Die deutsche Meeresforschung ist hoch angesehen, die Forscher gehören zu den Topvertretern ihrer Fachrichtungen. Das liegt unter anderem daran, dass sich die Wissenschaftler über einen langen Zeitraum den Luxus leisten konnten, Grundlagenforschung zu betreiben. Das Alfred-Wegener-Institut und das französische Polarinstitut Paul Emile Victor arbeiten in Ny Ålesund auf Spitzbergen ganzjährig in der gemeinsamen Forschungsstation AWIPEV. Außerdem schippern die AWI-Forscher mit der »Polarstern« und möglicherweise auch bald mit dem Bohrschiff »Aurora Borealis« durch das Nordmeer. Für diese, nicht zuletzt zum Verständnis des Klimawandels wichtigen Arbeiten braucht es in der Arktis einen Geist der Kooperation und keinen zähnefletschenden Wettbewerb. »Deutschland könnte eine größere Rolle spielen«, ärgert sich der AWI-Polarforscher Winfried Jokat mit Blick auf das Wettrennen am Nordpol, »zum Beispiel die eines ehrlichen Maklers.« Doch stattdessen verharrt Berlin als passiver Beobachter, von sporadischen Aktionen wie der Berliner Arktiskonferenz im März 2009 einmal abgesehen. Deutschland hat weder eine geografische Anbindung an die Polarregion noch geopolitisch genügend Einfluss.

Wie umgehen mit diesem Dilemma? In einem kurzen Gutachten hat die Stiftung Wissenschaft und Politik »grundlegende Interessen allgemeiner Art« ausgemacht, die »Kernbestandteil einer deutschen Arktis-Agenda« sein könnten. Da wären zunächst allgemeine Punkte wie der Kampf gegen den Klimawandel. »Schon ein Hinauszögern der Eisschmelze und verbindliche Vereinbarungen zum allenfalls behutsamen, in jedem Fall besonders umsichtigen Abbau von Bodenschätzen wären ein Erfolg.« Deutschland müsse vor allem ein Interesse daran haben, dass die Fragen, die »das ›gemeinsame Erbe der Menschheit‹ (»common heritage of mankind«) betreffen, so multilateral wie möglich entschieden werden.« Auch um die Stabilität der arktischen Region müsse sich Berlin sorgen, schon allein wegen der Versorgungssicherheit mit Öl und Gas aus dem hohen Norden.

Das Gutachten berücksichtigt zudem konkrete Auswirkungen auf deutsche Interessen, um die sich Berlin kümmern sollte. So seien deutsche Häfen und Reedereien von den Änderungen in der arktischen Schifffahrt direkt betroffen. Des Weiteren gelte es, die bereits bestehende Abhängigkeit vom Öl und Gas, etwa aus Norwegen und Russland, zu bedenken. Als Handlungsempfehlung machen die SWP-Experten unter anderem den Vorschlag, dass Deutschland ausloten solle, ob sich ein umfassender internationaler Schutzvertrag für die Arktis realisieren lasse – angesichts der Abwehrhaltung der Polarstaaten wohl kaum mehr als ein frommer Wunsch. Außerdem, so die SWP, solle Berlin seine Diplomaten besser als bisher in die Gremienarbeit in der Festlandsockelkommission und bei der Meeresbodenbehörde einbinden. Auch das ist angesichts der gescheiterten Kandidatur des Geologen Christian Reichert für den bis zum Jahr 2012 geltenden Arbeitsturnus der Festlandsockelkommission leichter gesagt als getan. Als dritten Punkt schlagen die Politikberater einen größeren Einsatz der deutschen Seite für die Stärkung des Arktischen Rates vor: »Die vom Rat erarbeiteten Guidelines müssen verbindlich werden.« Deutschland solle sich außerdem im Rahmen von EU und Uno für den Schutz der Arktis einsetzen – insbesondere für den Schutz der arktischen Seewege. In einem weiteren Papier schreiben die SWP-Analysten aber auch klar, dass Deutschlands Rolle in der Region nur schwach ist: »Alle auf eine aktive deutsche Arktispolitik gerichteten Überlegungen müssen daher in europäische Bestrebungen eingebettet werden.«

Die Europäische Union

> »Wir müssen das Rad nicht neu erfinden.«
> Joe Borg, EU-Fischereikommissar, im Januar 2009

Lange Zeit befasste sich fast niemand in Brüssel mit der Arktis. Das sei »kein Thema«, war bei Hintergrundgesprächen aus der EU-Kommission zu hören. Selbst nachdem Tschilingarow und seine Mannen in die Finsternis am Pol hinabgetaucht waren, sah sich niemand am EU-Sitz zu einem offiziellen Statement genötigt. Motto: »Wir halten uns zurück.« Vom Herzen Flanderns aus war der Pol einfach zu weit weg, und die ohnehin nicht immer glücklich agierende EU-Diplomatie musste sich zur gleichen Zeit an anderen Schauplätzen engagieren: Balkan, Nahost, Russland.

Wer will was? Die Mitspieler beim Arktischen Monopoly

Bestenfalls politische Splittergruppen wie der Westnordische Rat, der die geopolitischen Fliegengewichte Island, die Färöer-Inseln und Grönland vereinigt, forderten die EU dazu auf, sich in Zukunft mehr nach Norden zu orientieren. Auch der Arktische Rat riet den Europäern, sich endlich mehr um die Region zu kümmern, die EU habe ihre »nördliche Dimension« bisher weitgehend vernachlässigt. Doch die Entscheidungsträger der Union scherten sich lange Zeit nur wenig um Forderungen dieser Art. Vielleicht steckte gekränkte Eitelkeit hinter dem Desinteresse der Europäer, schließlich hatte der Arktisanlieger Grönland den Staatenclub im Jahr 1985 verlassen, als bisher einziges Land überhaupt. Damals ging es um die Fischereirechte; die Grönländer wollten sich nicht von den Flotten der anderen europäischen Staaten ihre Küstenmeere leer fischen lassen.

Nur langsam schlich sich die Arktis auf die politische Agenda in Brüssel: Die Europäer begannen sich nach Norden zu orientieren. Kürzere, sichere Transportrouten für die exportorientierte Industrie und vor allem die so dringend benötigten Energielieferungen aus der tauenden Arktis waren einfach zu wichtig für die Union. Im März 2008 erstellten der EU-Außenbeauftragte Javier Solana und die Kommissarin für Außenbeziehungen, Benita Ferrero-Waldner, ein elfseitiges internes Positionspapier für die 27 EU-Staaten. Unmittelbar vor dem EU-Gipfel in Brüssel warnten sie darin vor sicherheitspolitischen Folgen des Klimawandels. Die These der beiden Spitzendiplomaten lautete vereinfacht: Der Klimawandel wird die existierenden Bedrohungen für Europa multiplizieren. Um ihre Botschaft an den Mann zu bringen, wählten die Autoren überaus drastische Formulierungen. Die globale Erwärmung, so schrieben sie, berge »gravierende Sicherheitsrisiken«, die bei einem Fortschreiten zu »Sicherheitsszenarien ohne Präzedenzfall« führen könnten. Die Europäer müssten sich auf Konflikte um Wasser, Lebensmittel und Energieressourcen in verschiedenen Teilen der Welt ebenso einstellen wie auf drohende Überschwemmungen von Küstenmetropolen und Inseln,

Kapitel Sechs

Grenzkonflikte und Flüchtlingswellen aus Entwicklungsländern. Einer der Schwerpunkte des Papiers war tatsächlich die bis dahin so wenig beachtete Arktis. Hier warnten die EU-Außenpolitiker vor Konflikten um Öl- und Gasvorkommen, und sie nahmen eindeutig Bezug auf die russischen Ambitionen. »Mit steigenden Wasserständen und schmelzendem Seeeis gibt es eine wachsende Notwendigkeit, sich in die Diskussion um Gebietsansprüche, Ausschließliche Wirtschaftszonen und den Zugang zu neuen Handelsrouten einzumischen«, erklärte Javier Solana. Und setzte dann, ganz Diplomat, vorsichtig hinzu: »Es könnte eine Notwendigkeit geben, die existierenden Regeln des Völkerrechts zu stärken, wie zum Beispiel das Seerecht.« Mögliche Streitigkeiten mit »wichtigen Partnern« – also Russland – seien ansonsten nicht ausgeschlossen. Solana und Ferrero-Waldner machten insgesamt deutlich, dass es für die 27 EU-Staaten höchste Zeit sei zu handeln. Eine einheitliche Arktispolitik der Union müsse her.

Die möglichen Vorteile für Europa sind immens. Diese Ansicht vertritt auch EU-Energiekommissar Andris Piebalgs, ein Physiker aus Lettland. Unter dem programmatischen Titel »Café Crossfire«, also Café Kreuzfeuer, hatte der Brüsseler Thinktank »Friends of Europe« im September 2008 zusammen mit dem norwegischen Energieriesen StatoilHydro in die dunkel getäfelte Bibliothèque Solvay in Brüssel eingeladen. Die Union, so gab der Kommissar seinen Zuhörern zu verstehen, braucht Treibstoff aus dem Norden für ihre energiehungrige Industrie. Strategische Entscheidungen für Öl und Gas aus der Arktis seien höchst wichtig, man könne das Gebiet nicht per se als Schutzgebiet ansehen. Das funktioniere einfach nicht: »Wo bekommen wir andernfalls unsere Energie her?« Die Arktis sei nicht die »magische Lösung«, gestand Piebalgs ein. »Aber die Energiesicherheit Europas rechtfertigt die Suche in den widrigsten Umgebungen, um weitere Öl- und Gaslager zu finden.«

Einen anderen Redner auf dem Podium versetzte der Kommissar damit in Verzückung. Es war der Norweger Helge Lund. Der

Chef von StatoilHydro erklärte, Europa habe als Energieimporteur »gar keine andere Wahl«, als sich für die Arktis zu interessieren. Doch das Öl und Gas aus dem hohen Norden ist mit einem Makel behaftet, wie Stephan Singer von der Umweltschutzorganisation WWF erklärte: Es sei »pervers«, in der Arktis diejenigen Ressourcen zu suchen, deren bisherige Verbrennung für das Sterben der dortigen Ökosysteme gesorgt habe. Das Gebiet sei viel zu verwundbar, um dort Rohstoffe auszubeuten. Piebalgs konterte, natürlich müssten »alle Vorsichtsmaßnahmen für die Umwelt« getroffen werden, mit klaren Regeln, klaren Gefährdungsanalysen und einer vorsichtigen Umsetzung. Und doch: »Ich glaube, die Kommission sollte den Ländern, die diese Ressourcen unter ihrer Jurisdiktion haben, dabei helfen, die nötige Technik zu entwickeln oder sie auf eine angemessene Weise zu nutzen.«

Im Oktober 2008 befasste sich auch das Europäische Parlament mit der Arktis. Interessant dabei: Mit breiter Mehrheit sprachen sich die Parlamentarier für einen internationalen Vertrag zum Schutz des Gebietes aus. Außerdem forderten sie, die EU solle einen Beobachterstatus im Arktischen Rat anstreben und ein eigenes Arktisbüro einrichten. Bei der Abstimmung votierten 597 Abgeordnete für den Antrag, nur 64 waren dagegen oder enthielten sich. Der Vorstoß für einen Vertrag wird jedoch wenig Erfolg haben: Norwegen lehnte den Plan gleich rundheraus ab. Die anderen Polarstaaten hatten sich in der Vergangenheit ebenfalls klar gegen ein Abkommen zum Schutz der Arktis ausgesprochen. Auch die EU-Kommission legt wenig Elan an den Tag und verweist auf die existierenden Regeln des Uno-Seerechtsübereinkommens. Das sei zwar nicht perfekt, beantworte aber schon viele Fragen. Schließlich will man dem Mitgliedsstaat Dänemark und dem Beinahe-Mitglied Norwegen, das beim Umsetzen europäischer Richtlinien fleißiger ist als so mancher EU-Staat, nicht in die Parade fahren.

Im November 2008 stellte die EU-Kommission ein eigenes Strategiepapier vor, das den Nukleus für die zukünftige europäi-

Kapitel Sechs

sche Arktispolitik bilden soll. In dieser »einzigartigen Region mit strategischer Wichtigkeit« will die Union die eigenen Interessen in Zukunft offensiv vertreten. »Die Arktis ist eine einzigartige und verwundbare Region in Europas unmittelbarer Nachbarschaft«, sagte EU-Außenkommissarin Ferrero-Waldner bei der Vorstellung der Strategie. »Ihre künftige Entwicklung wird sich über Generationen erheblich auf das Leben der Bürger Europas auswirken.« Die Europäer können selbstverständlich im Gegensatz zu den direkten Arktisanrainern keine Gebietsforderungen im Norden stellen. Sie müssen ihre Ziele auf politischem Weg erreichen. Drei zukünftige Schwerpunkte formuliert das Papier der EU-Kommission:

- Schutz und Erhalt der Arktis und ihrer Bevölkerung
- Nachhaltige Ressourcenausbeutung
- Verbesserung der multilateralen Herrschaft über die Arktis

Hinsichtlich der Umsetzung dieser Ziele steckt die EU allerdings in einem Zwiespalt. Einerseits formuliert sie eine »klare Priorität für den Schutz der arktischen Umwelt«, andererseits interessiert sie sich für die arktischen Ressourcen, allen voran Öl und Gas. Die britische Europaparlamentarierin Diana Wallis, die in Brüssel in der Fraktion der Liberalen sitzt, moniert entsprechend, dass die Kommission sich nicht wie vom Parlament gefordert für einen Arktis-Schutzvertrag einsetze. Diesen Zielkonflikt zwischen Ökologie und Ökonomie müssen die Europäer nun in langwierigen Gesprächen lösen.

Bevor sie sich stärker im Norden engagieren, müssen die Europäer also eine Grundsatzentscheidung fällen: Wollen sie als Gutmenschen auftreten, die sich vehement für einen – schwer durchsetzbaren – Schutzvertrag für die Arktis einsetzen, so wie es der Beschluss des EU-Parlaments fordert? In diesem Fall müsste die EU die Meldungen von der schmelzenden Eiskappe, dem tauenden Permafrost und der bedrohten Tierwelt noch ernster nehmen als ohnehin schon. Das würde aber auch heißen, dass sich die Europäer für besonders radikale Klimaziele einsetzen müssen, die unweigerlich den Widerstand der einheimischen Industrie provozieren. Oder wollen sie, wie nun die Arktisstrategie der Kommission und der Parlamentsbeschluss paradoxerweise fordern, auf eine Ausbeutung der arktischen Rohstoffe drängen? Einstweilen will man in Brüssel beides – und das ist nur schwierig zu erreichen.

Die Herausforderungen der Arktis machten »breit angelegte internationale Bemühungen und enge Kooperation« nötig, hieß es bei der Vorstellung der EU-Strategie. Doch wie die neue Form der Kooperation aussehen könnte, ist noch nicht recht klar. Einstweilen möchte die EU-Kommission immerhin Beobachter im Arktischen Rat werden. Doch was will Brüssel noch? Der Arktisfachmann Gunnar Sander von der Europäischen Umweltagentur erklärte, der Arktische Rat reiche als Kooperationsforum nicht aus. Weil dieser zu wenig Einfluss habe, müsse aus Sicht der Europäer ein neues Gremium her. In ihrer Strategie schlagen sie zumindest vorsichtige Änderungen der politischen Architektur in der Arktis vor. Die Formulierung, die arktische Kooperation müsste an die sich ändernden Umstände angepasst werden, dürfte in den Polarstaaten wenig Begeisterung auslösen, denn dort möchte man die Arktis am liebsten unter sich aufteilen. Prompt war aus Kanada nach der Vorstellung des EU-Papiers ein deutliches Murren zu vernehmen.

Sicher ist: Die EU kann vom Wandel in der Arktis wirtschaftlich profitieren. Und weil sich diese Erkenntnis nach Jahren des Desinteresses in Brüssel durchgesetzt hat, will Europa nun beim Arktischen Monopoly mitspielen. Wenn dann noch, wie es etwa der finnische Ministerpräsident Matti Vanhanen vermutet, Norwegen und Island eines Tages Mitglieder des Staatenverbundes sind, wird sich Europa noch viel akuter mit dem hohen Norden befassen müssen.

Kapitel Sechs

China

»Es ist wichtig zu untersuchen, wie die Veränderungen des arktischen Meereises das Klima unseres Landes beeinflussen.«

Zhang Haisheng, chinesischer Polarforscher, im Juni 2008

Als der nordische Ministerrat im September 2008 zur Konferenz »Common Concern for the Arctic«, also »gemeinsame Sorge um die Arktis«, nach Grönland lud, saßen neben Vertretern fast aller EU-Staaten auch zwei exotische Gäste mit am Tisch: chinesische Diplomaten, die nicht nur für die Räucherfischbrötchen und das Besuchsprogramm Interesse zeigten, sondern auch für die politischen Diskussionen in der zum Tagungszentrum umgebauten Sporthalle Ilulissats. Auch auf der Berliner Arktiskonferenz im März 2009 griff ein chinesischer Diplomat munter zum Mikrofon.

Peking hat seit einiger Zeit die Arktis im Blick. Das boomende Land will wegen der geopolitisch enorm gestiegenen Bedeutung der Polregion dort seinerseits mitmischen. Als Vehikel dient die Wissenschaft: Seit 2004 betreiben die Chinesen eine eigene Arktisdependance, die Yellow River Station in Ny-Ålesund auf Spitzbergen. Unter der Hand berichten ausländische Polarforscher, Peking habe ursprünglich 400 Menschen dorthin schicken wollen. Nachdem die norwegischen Gastgeber das rundheraus ablehnten, karrten die Chinesen 20 Abgesandte heran. Was die Forscher aus dem Reich der Mitte seither in ihrer 500 Quadratmeter großen Außenstelle auf Spitzbergen tun, weiß niemand so recht. Vor der Tür ihres rostroten Domizils stehen gut sichtbar zwei chinesische Löwen. Vor allem, so scheint es, zeigen die Chinesen Präsenz.

Dazu trägt ein weiteres Element von Pekings Arktispolitik bei, ein eigener Eisbrecher, bei dem es sich um die Anfang der Neunziger in der Ukraine gebaute »Xue Long« handelt. Eigentlich

Wer will was? Die Mitspieler beim Arktischen Monopoly

ist das 170 Meter lange Schiff, das früher »Schneedrache« hieß, mit der Versorgung der chinesischen Antarktisstationen betraut. Doch mehrere Male sind Pekings Seeleute damit ebenfalls in die Arktis gefahren. Das erste Mal, im Sommer 1999, kam der Besuch aus dem Reich der Mitte ganz besonders überraschend – und zwar für die Kanadier. Von einem Tag auf den anderen tauchte der chinesische Eisbrecher im kanadischen Städtchen Tuktoyaktuk auf. Der Wetterdienst hatte der Besatzung zuvor noch Navigationstipps gegeben, aber niemand hätte gedacht, dass es sich bei dem Schiff um ein derart großes Vehikel aus einem fremden Land handeln könnte. Innerhalb Kanadas schlugen die Wogen hoch: Die Schlafmützigkeit der Behörden beweise, dass Ottawa im Ernstfall nicht in der Lage sei, seine Souveränität im hohen Norden zu sichern.

Zu einer zweiten Arktisreise unter dem Missionsnamen »Chinare 2003« (»Chinese National Arctic Research Expedition«) brach die »Xue Long« von Juli bis September 2003 auf. Im Sommer 2008 erkundete der Eisbrecher 75 Tage lang vor allem die Tschuktschensee. Neben der Erforschung der marinen Tierwelt und der Luftqualität, so hieß es damals offiziell, gehe es auch um die Gewinnung geologischer und seismischer Daten.

Zusätzlich zu den wissenschaftlichen Vorstößen ist Peking auch diplomatisch aktiv, um sich in der Arktis besser zu etablieren. China strebt eine Vollmitgliedschaft im Arktischen Rat an, wo das Land bereits jetzt den Status eines Beobachters hat. Angesichts dessen geringer politischer Schlagkraft wäre das vor allem ein Achtungszeichen. Aber die Führung in Peking will unbedingt signalisieren, dass beim Machtpoker in der Arktis in Zukunft ein wichtiger Mitspieler mehr am Tisch sitzt.

Kapitel Sieben
Wie geht das Arktische Monopoly aus?

»Von Norden her ergießt sich das Unheil.«
Jeremia 1, Vers 14

Monopoly ist ein Spiel, bei dem die Teilnehmer versuchen, möglichst viel Besitz anzuhäufen. Die Wertung dabei ist klar: Wem die Schlossallee gehört, der steht auf der Siegerseite, die Eigentümer der Badstraße haben das Nachsehen. Und Geld ist das Mittel, um das Ziel zu erreichen. Doch mittlerweile dürfte deutlich geworden sein, dass die Dinge in der Arktis nicht so einfach liegen. Geografische Befunde werden von den Mitspielern ins Feld geführt, ergänzt durch völkerrechtliche und historische Überlegungen. Gebietszuwächse versprechen Prestigegewinne und sollen gleichzeitig der nationalen Rohstoffsicherheit dienen. Auch gilt es, den Umweltrisiken Rechnung zu tragen, die sich letzten Endes auf alle Länder der Erde auswirken. Bleibt also die Frage, welcher der Polarstaaten aus dem Arktischen Monopoly als Gewinner hervorgeht. Falls es so etwas in diesem Fall überhaupt gibt.

Für die USA sieht es einstweilen wenig erbaulich aus. Das Land hat in der Arktis lange Jahre zu schlafmützig agiert, um kurzfristig eine führende Rolle in der Region einzunehmen. »Wenn es ein Fünfnationenrennen um den Nordpol gibt«, warnt Küstenwachen-Admiral Gene Brooks, »dann sind wir gerade mal Fünfter.« Vor rund hundert Jahren hatte zwar der US-Bürger Peary das Gebiet »im Namen des Präsidenten der Vereinigten Staaten von Amerika« förmlich in Besitz genommen, aber dann passierte lange nichts, insbesondere nach dem Niedergang der Sowjetunion. Nun reibt man sich in Washington verwundert die Augen, weil die anderen Polarstaaten Fakten schaffen. »Ich glaube, das Ganze ist ein Wettrennen«, sagt Mead Treadwell.

»Jetzt ist der Zeitpunkt in der Menschheitsgeschichte, an dem die Regeln und Praktiken für die Arktis festgelegt werden. Wenn wir diese Chance nicht nutzen, könnten wir mit dem Ergebnis unzufrieden sein.« Politikberater Scott Borgerson fordert deswegen von seiner Regierung schnelles Handeln: »An dieser wichtigen Kreuzung werden Entscheidungen über den Umgang mit dieser sich schnell verändernden Region wahrscheinlich in einem diplomatischen und rechtlichen Vakuum getroffen, wenn die USA nicht voranschreiten, um die internationale Gemeinschaft zu einer multilateralen Lösung zu führen.«

Doch davon ist man in Washington weit entfernt: »In den oberen Etagen des State Department und des US-amerikanischen Nationalen Sicherheitsrates ist das Thema Arktis – trotz der ungeheuren Auswirkungen auf den weltweiten Schiffsverkehr und die Energiemärkte – weitgehend ignoriert worden«, beklagt Borgerson. »Wir sind noch immer nicht aufgewacht. Wir drücken beim Wecker auf die Schlummertaste und drehen uns nochmal im Bett herum.« Die USA werden also im polaren Wettrennen weiterhin noch einige Zeit an der Seitenlinie stehen. Mit Blick auf die politische Rhetorik in der Region, die dadurch insgesamt etwas weniger aufgeladen ist, mag man das begrüßen. Allerdings fällt damit Washington auch als möglicher stabilisierender Faktor in der Arktis aus.

Öl und Gas aus dem hohen Norden könnten den USA ein Stück jener ökonomischen Unabhängigkeit sichern, nach der sie sich so sehnen. Doch Washington darf vorerst keine Gebietsansprüche stellen. Entscheidend ist, wie schnell die neue Regierung das Uno-Seerechtsübereinkommen ratifiziert. Bei der Drucklegung dieses Buches gab es nur die Ankündigung, dies tun zu wollen. Doch selbst wenn Washington die Arktis in Zukunft priorisiert: Der Bau neuer Eisbrecher ist zeitaufwändig; die Errichtung arktischer Öl- und Gasförderanlagen erst recht. Das heißt, die Erfolge einer aktiveren Arktispolitik wären erst in zehn oder fünfzehn Jahren greifbar.

Kapitel Sieben

Ebenfalls wenig präsent ist Kanada – und das, obwohl die Perspektiven des Landes durchaus positiv sein könnten. Der Klimawandel erlaubt den Abbau von Rohstoffen in immer nördlicheren Regionen. Davon könnte gerade Kanada profitieren, wäre die arktische Infrastruktur des Landes nicht so dünn. Kanadas Politiker haben im hohen Norden jahrzehntelang vornehmlich rhetorisch geglänzt, aber kaum Geld in die Hand genommen. Eine der wenigen Ausnahmen war John Diefenbaker, der mit seiner Vision vom »Canada of the North« vor rund 50 Jahren zwei Wahlen gewann. Doch seine Nachfolger ließen eine vergleichbare Begeisterung vermissen. Ihre Aussagen zum Norden blieben stets Lippenbekenntnisse. Der kanadische Sicherheitsexperte Rob Huebert beklagt, die kanadischen Aktionen in der Arktis seien nie mehr als Ad-hoc-Reaktionen auf externe Ereignisse. Auch die Ankündigungen von Ministerpräsident Harper nach dem russischen Tauchgang im Sommer 2007 scheinen in diese Kategorie zu fallen. Denn die von Ottawa anschließend versprochenen Investitionen lassen auf sich warten. Und selbst wenn die Versprechen eines Tages erfüllt sind: Ein neuer Tiefwasserhafen, ein Militärtrainingszentrum, einige Patrouillenboote oder sogar der neue große Eisbrecher »John G. Diefenbaker«, den die Regierung bauen möchte – all diese Projekte reichen noch nicht aus. Kanada wird in der Arktis weiterhin viel von seinem Potenzial verschenken.

Wie fromm der Wunsch nach effektiv ausgeübter kanadischer Souveränität im hohen Norden ist, kann ein Beispiel verdeutlichen: Von Alert, dem nördlichsten kanadischen Stützpunkt auf der Ellesmere-Insel, ist es näher nach Moskau als nach Ottawa. Das allein mag noch nicht dramatisch klingen. Doch wenn man diese Information mit der Tatsache kombiniert, dass jener Außenposten zur Verteidigung der kanadischen Souveränität bei der letzten Volkszählung im Jahr 2006 mit nur fünf Menschen besetzt war, dann wird klar, dass sich die kanadische Regierung einigermaßen anstrengen muss, wenn sie sich tatsächlich als arktische

Macht positionieren will. Im juristischen Streit um den Status der sich öffnenden Nordwestpassage wird sich die kanadische Position auf längere Sicht eher verschlechtern. Kanadas Argumentation, bei dem Schifffahrtsweg handele es sich um ein Binnengewässer, löst sich in nichts auf, wenn mehrere ausländische Kapitäne die Passage ohne Erlaubnis nutzen – und sie dabei nicht von den Kanadiern gestoppt werden können. Und dieses Szenario erscheint durchaus realistisch, wenn man sich vor Augen führt, dass die von der Regierung versprochenen Patrouillenboote noch mehrere Jahre auf sich warten lassen werden. Die Zeit arbeitet gegen Kanada. Apropos Zeit: Die kanadische Regierung wird ihre Gebietsforderung bei der Uno noch mehrere Jahre vorbereiten und wendet dabei insgesamt 109 Millionen Dollar für die Vermessung des arktischen Meeresbodens auf. Wenn die Uno-Festlandsockelkommission bei der Interpretation der Daten, wie im Fall der Australier, etwas Milde walten lässt, kann Kanada wie auch die anderen Polarstaaten auf größere Zugewinne hoffen. Doch Ungemach droht: Ottawas Antrag könnte durchaus Gebiete umfassen, auf die auch Moskau Anspruch erhebt.

Die Perspektiven von Grönland sind gemischt. Die dänische Arktispolitik ist von einem Widerspruch geprägt: Einerseits hat sich das Land ganz besonders für eine politische Lösung des Wettrennens im hohen Norden stark gemacht. So berief die Regierung den Arktisgipfel in Ilulissat ein, der als Minimalergebnis das Bekenntnis der Anrainerstaaten erbrachte, sich auch weiterhin an die völkerrechtlichen Regeln halten zu wollen. Andererseits betreibt Kopenhagen ein großes Forschungsprogramm, um eine möglichst ausgedehnte Gebietsforderung vorzubereiten. Bis heute ist nicht klar, ob der dänische Claim tatsächlich auch den Nordpol umfassen wird. Wenn es aber so wäre, dann würde das zu Problemen mit den Russen und gegebenenfalls mit den Kanadiern führen.

Klar ist: Dänemark spielt beim Arktischen Monopoly nur im Auftrag mit. Kopenhagen hat versprochen, die Grönländer in

Kapitel Sieben

die Freiheit zu entlassen, sollten diese eines Tages darum bitten und in der Lage sein, finanziell auf eigenen Beinen zu stehen. »Wir stellen einen polaren Gebietsanspruch nur im Namen der Grönländer«, erklärte der frühere dänische Energieminister Svend Auken. Im Falle einer Unabhängigkeit würde Grönland selbstverständlich alle dänischen Arktisgebiete mit übernehmen. Wann das passieren könnte, weiß niemand. In der grönländischen Regierung ist frühestens vom Jahr 2020 die Rede.

Für die Grönländer ist der sich abzeichnende Rohstoffboom Fluch und Segen zugleich: Einerseits drohen Schäden an der fragilen Umwelt, andererseits bietet sich dem Land die Chance zur kompletten Eigenständigkeit nach Jahrhunderten der Fremdherrschaft. Einige warnen vor dem Traum vom schnellen Reichtum: »Wenn wir unsere Umwelt im Namen der Unabhängigkeit zerstören, dann ist der Preis zu hoch«, mahnt etwa Aqqaluk Lynge, Chef des grönländischen Arms des Inuit Circumpolar Council. »Manche Leute denken, der Klimawandel sei etwas Schlechtes. Wir Grönländer sagen: Wenn das Eis sich zurückzieht, müssen wir etwas tun. Wir wollen einen Gewinn daraus ziehen«, hält Aleqa Hammond dagegen. Sie war lange Zeit Finanz- und Außenministerin in der grönländischen Selbstverwaltung. In jedem Fall hat die Regierung Grönlands viele soziale Probleme zu lösen, die sich durch eine unkontrollierte Flut an Öleinnahmen noch verschärfen könnten. Der oft schlechte Bildungsstandard der Bevölkerung und der hohe Alkoholkonsum müssen langfristig bekämpft werden, wenn das Land stabil wachsen will.

Für Norwegen hängt viel vom zukünftigen Verhalten Russlands ab. Wenn Moskau friedlich und kooperativ auftritt, könnten auch seine Nachbarn im Westen zu Gewinnern im Wettrennen um die Bodenschätze der Polarregion werden, jedenfalls solange der Boom nicht mit schweren Umweltkatastrophen erkauft wird. Norwegen hofft auf große Mengen von Öl und Gas in der Arktis und darauf, dass der aktuelle Wohlstand noch für ein paar Jahre anhalten wird. Oslo hat bereits eine gut vorbereitete Gebietsforderung bei der Uno gestellt, die auf absehbare Zeit positiv beschieden werden dürfte. Der Umstand, dass sich der norwegische Festlandsockel nicht bis zum Nordpol zu erstrecken scheint, ist im Zweifelsfall eher von Vorteil. So gibt es weniger Streit. Vor allem sind die von Norwegen beantragten Gebiete wirtschaftlich wahrscheinlich deutlich attraktiver als die direkte Umgebung des Pols.

In einer politisch stabilen Arktis könnten die Norweger die zur Sicherung des eigenen Wohlstandes so dringend nötige Ausweitung der Öl- und Gasproduktion nach Norden vorbereiten und durchführen. Außerdem werden die technologisch exzellent aufgestellten norwegischen Öl- und Meerestechnikfirmen von einem möglichen Arktisboom in Russland mit profitieren. Der Streit um die Grenzziehung in der Barentssee und die unterschiedliche Auslegung des Spitzbergenvertrages belasten allerdings die Beziehungen Norwegens und Russlands. Solange diese Fragen nicht geklärt sind, wird Norwegen wohl weiterhin russische Machtspiele fürchten müssen. Und für den Fall, dass Russland gar einen harten, antiwestlichen Kurs im hohen Norden einschlagen sollte, wären die Norweger vermutlich die Hauptleidtragenden, denn die Rückendeckung durch Nato und EU dürfte sich eher in Grenzen halten. Auf mittlere Sicht würden solche Streitigkeiten zur Importabhängigkeit Norwegens und zu hohen Treibstoffpreisen führen, weil die Lagerstätten in der nördlichen Barentssee wegen politischer Probleme mit den Russen nicht ausgebeutet werden könnten. Norwegen hat ohnehin das Problem, dass es seine Wirtschaft langfristig umstellen muss: weg von der Abhängigkeit von Öl und Gas, hin zu alternativen Einnahmequellen. Denn auch die arktischen Ressourcen sind endlich. Immerhin denkt die Regierung bereits jetzt an die Zeit nach dem Öl und hat dafür spezielle Programme zur Innovationsförderung aufgelegt. Wenn dem Land aber wegen der Umstellung von der Petroökonomie auf die Wissensökonomie

Kapitel Sieben

wertvolle Zeit durch politische Probleme in der Arktis fehlen würde, könnte das zu schweren Krisen führen.

Russland hat alle Trümpfe in der Hand – und ist der entscheidende Mitspieler im Hinblick auf das Schicksal der Arktis. In gewisser Weise sind die Russen für einen Wettlauf in der Arktis gut gerüstet. Sie verfügen nicht nur über die beiden Mir-Tauchboote, sondern vor allem über eine Flotte von einem halben Dutzend Mega-Eisbrechern, die jederzeit auf arktische Patrouillenfahrt gehen können. In den kommenden Jahren sollen drei bis vier Atomschiffe gebaut werden. Die staatliche Atomholding Rosatom arbeitet bereits an einem Konzept für einen neuen Eisbrecher. Er soll sowohl auf Flüssen als auch auf hoher See eingesetzt werden und spätestens im Jahr 2015 fertig sein. Auch ist die russische Infrastruktur in der Arktis, allen nach der Wende aufgetretenen Problemen mit Abwanderung und Finanzschwäche zum Trotz, vergleichsweise gut ausgebaut. Während im kanadischen Hafenstädtchen Churchill, dem man einiges Wachstumspotenzial durch einen arktischen Boom zutrauen darf, nur 1000 Menschen leben, hat das russische Murmansk noch immer rund 300 000 Einwohner. Dazu kommen weitere Hafenstädte entlang der nördlichen Küste, die zum Teil per Eisenbahn, zum Teil über schiffbare Flüsse mit dem Binnenland verbunden sind. Russland muss gewiss einen großen Teil seiner Infrastruktur im Norden wieder in Schuss bringen, doch Kanada zum Beispiel muss sie überhaupt erst aufbauen.

Wie für die anderen Staaten hat der Klimawandel in der Arktis auch für Russland sehr ambivalente Folgen. Wenn technische und finanzielle Probleme einmal gelöst sind, dann können bisher ungenutzte Naturressourcen abgebaut werden. Eine Studie des »National Intelligence Council« (NIC), des Zentrums der US-Geheimdienste für mittel- und langfristige strategische Prognosen, betrachtet Moskau deswegen als Gewinner des Klimawandels. Gleichzeitig gibt es aber auch Gefahren, weil in Russland besonders viel Infrastruktur jenseits des Polarkreises liegt. Große Teile davon sind durch den Klimawandel bedroht. Das russische Zivilschutzministerium schätzt, dass mehr als ein Viertel aller Wohnungen im Norden durch tauenden Permafrost beschädigt werden könnten. Auch Flughäfen und Erdölanlagen sind gefährdet.

Das Gutachten der NIC-Geheimdienstexperten weist außerdem auf zögernde Investitionen im Energiesektor, anhaltende Kriminalität und politische Korruption hin. Sie könnten der russischen Rückkehr zum Weltmachtstatus mithilfe der Arktis entgegenstehen. Klar ist nämlich auch, dass Moskau im hohen Norden nur dann gewinnen kann, wenn die Regierung ausländische Investoren für Großprojekte wie Schtokman begeistern kann. Denn die Staatskonzerne Rosneft und Gasprom haben massive Defizite bei der Gas- und Ölfördertechnik. Durch die internationale Finanzkrise sind Kapitalprobleme hinzugekommen. Doch Investoren müssen Rechtssicherheit genießen, einmal geschlossene Verträge dürfen nicht durch die Willkür russischer Behörden ihre Gültigkeit verlieren. Und auf internationaler Ebene muss der Kreml militärische Aspekte wieder weniger stark betonen als derzeit. Doch im Moment scheint oft genau das Gegenteil der Fall: Der außenpolitische Stil Russlands habe sich »weg von der Kooperation hin zur Konfrontation verändert«, schrieb Deutschlands früherer Außenminister Joschka Fischer schon im Spätsommer 2007, also noch weit vor dem Georgienkonflikt, der diese Tendenz in furchterregendem Maße verstärkte. Zwar versicherte Ministerpräsident Wladimir Putin inmitten der Weltfinanzkrise, die Probleme würden Russland nicht in Protektionismus und Isolationismus treiben. Doch Exminister Fischer hatte seinerzeit auch Warnungen parat: In der Außenpolitik könne »aus einem Stilwechsel schnell ein Strategiewechsel werden«.

Die russische Regierung spielt mit dem Feuer, wenn sie gesteigerte militärische Aktivität im hohen Norden zur Kompensation ihrer verlorenen Großmachtstellung nutzt. Immer öfter schram-

Kapitel Sieben

men russische Jets knapp am Nato-Luftraum vorbei. Im Jahr 2007 registrierte das norwegische Militär insgesamt 88 russische Flüge entlang der norwegischen Küste, im Jahr 2006 waren es nur 14. Sogar ein Scheinbombardement auf Norwegens nördliches Kommandozentrum in Bodø wurde bereits abgehalten. Das ist alles nicht unzulässig, stellt aber einen Bruch der diplomatischen Etikette dar.

Dabei würden in einer aufgeheizten politischen Situation in der Arktis vor allem die Russen selbst verlieren, könnten sie doch ihre Rohstoffvorkommen dann nicht ohne weiteres abbauen und international vermarkten. Doch Moskaus Absagen an militärische Mittel wirken mehr als halbherzig: »Viele Medienkommentare über eine mögliche Konfrontation in der Arktis bis hin zum dritten Weltkrieg erscheinen zu alarmistisch und provokativ. Aus meiner Sicht gibt es aber keinen Grund für einen solchen Alarmismus«, erklärte Anton Wassiljew, der Sonderbeauftragte des russischen Außenministeriums. Was er dann sagte, ließ Beobachter aufhorchen: »Wir verfolgen die Situation in der Region, das betrifft auch Militäraktivitäten anderer Staaten. Wir rechnen aber damit, dass die Kooperation den wichtigsten Faktor ausmachen wird.« Den wichtigsten Faktor? Man könnte meinen, wer sich von Herzen zu friedlichen Mitteln bekennt, der klänge etwas weniger zurückhaltend. Und auch in der neuen russischen Arktisstrategie heißt es: »Es ist nicht ausgeschlossen, dass der Kampf um Rohstoffe mit militärischen Mitteln geführt wird.«

Die nächsten Jahre werden zeigen, ob das Land zum autokratisch regierten Raubein in der Arktis wird, das mögliche Kooperationspartner verprellt und politische Unsicherheit sät, oder ob es Moskau gelingt, sein Potenzial mit ausreichend Ruhe und Stabilität zu nutzen. Eine wichtige Zäsur wird die neuerliche Entscheidung über den russischen Gebietsantrag bei der Uno darstellen. Den Uno-Experten dürfte es sehr schwer fallen, Moskaus Diplomaten noch einmal zurückzuweisen. Der politische

So geht das Arktische Monopoly aus

Druck ist immens: Wenn die russischen Forderungen diesmal nicht anerkannt werden, dann trete sein Land aus dem Uno-Seerechtsübereinkommen aus, so die Drohung von Artur Tschilingarow. Dazu wird es wohl nicht kommen, da die von den Russen gesammelten Daten voraussichtlich um einiges besser sind als beim letzten Anlauf. Russlands Chancen auf Gebiets- und damit auch Prestigegewinne stehen also gut. Was die Führung im Kreml daraus macht, bleibt abzuwarten.

Was heißt das nun für die Zukunft der Arktis? Das »Time«-Magazine befürchtet Schlimmes: Das gegenwärtige Interesse an der Arktis könne sich zum »perfekten Sturm« auswachsen, »angetrieben von politischem Opportunismus, Nationalstolz, militärischem Muskelspiel, hohen Energiepreisen und den obskuren Anforderungen des Völkerrechts«.

Wagen wir, nachdem wir viel über die Geschichte und die Gegenwart der Arktis gelernt haben, doch auch einmal einen Blick in die Zukunft, sagen wir ins Jahr 2030. Die Welt, so scheint es, ist zu dieser Zeit ein ungemütlicher Ort geworden. Auf der politischen Bühne stehen sich drei große Handelsblöcke feindselig gegenüber: Die Nordamerikanische Union unter Führung der Vereinigten Staaten von Amerika, eine noch vergrößerte Europäische Union und die von China dominierte Zone des Asiatischen Handelsvertrages belauern sich gegenseitig. U-Boote jagen durch das mittlerweile fast eisfreie Nordpolarmeer, zwischen den Inseln Nordkanadas kreuzen US-Kriegsschiffe. Von

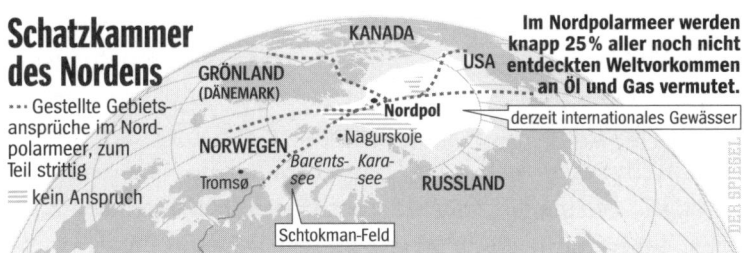

Schatzkammer des Nordens
··· Gestellte Gebietsansprüche im Nordpolarmeer, zum Teil strittig
≡ kein Anspruch

Im Nordpolarmeer werden knapp 25% aller noch nicht entdeckten Weltvorkommen an Öl und Gas vermutet.

263

Kapitel Sieben

Freihandel, Klimaschutz und anderen lang debattierten politischen Zielen vom Anfang des Jahrtausends ist kaum mehr etwas zu spüren. Man handelt lieber mit den Nachbarn, bleibt gern unter sich. Das sind die Grundzüge eines möglichen Szenarios, das die norwegische Beratungsfirma Econ Pöyry in ihrem Report »Arctic Shipping 2030« zur Zukunft der Arktis ausgearbeitet hat. Auftraggeber war der Norwegische Schifffahrtsverband.

»Arctic Great Game« hieß das Gedankenspiel, das wie folgt weitergeht: Der Kampf um Ressourcen hat sich in den Jahren bis 2030 massiv verstärkt. Der Nahe Osten ist politisch noch viel instabiler als heute, und die Blöcke haben sich nach alternativen Fördermöglichkeiten in der Arktis umgesehen. Allerdings kann jedes der drei Lager fast nur auf Lieferungen aus dem eigenen Bereich der aufgeteilten Polarregion hoffen. Die EU wird von ihren neuen Mitgliedstaaten Norwegen und Grönland beliefert. Auch aus Russland strömt Gas nach Westen, wenngleich Moskau, das ebenfalls an die Chinesen Energie verkauft, durch seine sprunghafte Politik immer wieder Probleme auslöst. Die USA beuten die Vorkommen in Alaska und Nordkanada aus. Riesige, von der Regierung in Washington bezahlte Pipelines bringen die kostbaren Treibstoffe nach Süden. Der Schiffsverkehr entlang der Nordostpassage ist nach ein paar Boomjahren wegen der Unwägbarkeiten der russischen Politik wieder eingeschlafen. Viel gibt es ohnehin nicht zu transportieren wegen der hohen Zölle zwischen den Handelsblöcken. In vielen Teilen der Arktis hat das Militär das Sagen, Hardliner schlagen Nutzen aus dem Umstand, dass noch längst nicht alle Grenzstreitigkeiten beigelegt sind. So könnte sich zum Beispiel an der noch immer bestehenden »Grauen Zone« zwischen Norwegen und Russland jederzeit ein Konflikt entzünden...

Selbstverständlich ist das »Arctic Great Game«, der Kampf der Großmächte im Norden, nur ein mögliches Szenario. Die Simulationsfirma hat noch alternative Möglichkeiten durchgespielt: Im Szenario »From Russia with oil« versorgt Russland mit

So geht das Arktische Monopoly aus

seinen arktischen Öl- und Gasvorkommen die von multinationalen Konzernen dominierte Welt. Und in der Gedankenwelt »Stormy passage« haben hohe CO_2-Steuern Energierohstoffe aus der Arktis eher uninteressant gemacht. Doch immerhin boomt die arktische Schifffahrt.

Die Wirklichkeit entwickelt sich ohnehin nur selten gemäß Planspielen, aber prognostische Studien zur Arktis sind derzeit im Trend. Auch der Arktische Rat hat für sein Gutachten zur Zukunft der arktischen Schifffahrt insgesamt vier verschiedene Szenarien von einer Expertengruppe unter Leitung der US-Beratungsfirma Global Business Networks ausarbeiten lassen. Und eines der vier betrachteten Szenarien, es heißt »Arctic Race«, arktisches Rennen, verheißt ebenfalls wenig Erbauliches: Im Jahr 2045 steht die Welt kurz vor einem »Great Arctic War«, einem Großen Arktischen Krieg.

Bei der Frage, wie realistisch ein solches Szenario ist, gibt es durchaus zurückhaltende Stimmen. Indra Øverland vom Norwegischen Institut für Außenpolitik (NUPI) findet, das Konfliktpotenzial der Nordpolregion werde aufgeblasen. Die Leute würden es einfach zu sehr mögen, über Spannungen und Krisen in der Arktis zu schreiben und zu reden. Außerdem vermisse vielleicht manch einer bloß den Kalten Krieg. In der Realität sei aber alles längst nicht so schlimm: »Genau genommen gibt es in der Arktis nicht mehr Gebietsstreitigkeiten als in vielen anderen Teilen der Welt. Solche Meinungsunterschiede sind ein normaler Teil der zwischenstaatlichen Beziehungen.« In der Tat ist es so, dass gerade einmal 160 der ungefähr 360 Seegrenzen auf diesem Planeten verbindlich festgelegt sind. Auch Arild Moe vom Fridtjof Nansen Institut aus Norwegen hat nach eigenem Bekunden wenig Angst vor einem bevorstehenden Rohstoffkrieg im Arktischen Ozean. Aus »technischen und wirtschaftlichen Gründen« seien die Ressourcen in der hohen Arktis, um die es derzeit Streit gebe, bestenfalls auf lange Sicht interessant. Außerdem gebe es insgesamt eher wenig zu holen. Das NIC ist da schon kritischer:

Kapitel Sieben

Ein großer bewaffneter Konflikt in der Arktis sei zwar nicht zu erwarten, heißt es in einem Gutachten, das einen Blick auf die Weltlage im Jahr 2025 wirft, doch die Geheimdienstexperten warnen in dem Papier gleichzeitig, dass bereits kurzfristig regional begrenzte Spannungen in der Arktis möglich seien. Schuld daran seien die sich überschneidenden Gebietsansprüche. Zahlreiche Analysten haben einen noch skeptischeren Blick auf die Dinge. Sie sehen ernsthafte Unwetter über dem Nordpolarmeer heraufziehen. Die Militärexperten der britischen Zeitschrift »Jane's Intelligence Review« zum Beispiel warnen vor der Gefahr von militärischen Auseinandersetzungen ab dem Jahr 2020. Die Stiftung Wissenschaft und Politik aus Deutschland hat ähnliche Befürchtungen: »Symbolische Machtdemonstrationen Russlands und anderer Staaten in der Arktis zeigen [...], dass Großmachtkonkurrenz um Rohstoffe und Verkehrswege in den europäischen Raum zurückkehren könnten.« Im schlimmsten Fall könnte ein Gerangel in der Arktis zu einer Situation führen, wie es sie vor Jahrhunderten schon einmal gab: Einem Staat gehört all jenes Meeresgebiet, das seine Kanonen beschießen können. So ist vor langer Zeit die Dreimeilenzone im Seerecht entstanden, die früheste Ausdehnung des staatlichen Einflusses auf das Meer hinaus. Und so könnte es wieder werden: Wer physische Gewalt in der Arktis ausüben kann, der dominiert sie auch.

Zusammenfassend lässt sich sagen, dass aus mindestens vier Gründen die Lage im hohen Norden brandgefährlich ist:
    Erstens ist die Situation in der Arktis bislang ohne historisches Vorbild. Noch nie wurde ein Ozean sozusagen im Zeitraffertempo vor den Augen der Weltöffentlichkeit erschlossen. In der Arktis passiert genau das; die Region ist binnen kürzester Zeit attraktiv geworden. Hatte die Arktis seit Ende des Kalten Krieges keinerlei Rolle in den politischen Planungen mehr gespielt, ist der hohe Norden mit einem Schlag wichtig: »Die Abhängig-

So geht das Arktische Monopoly aus

keit der Welt von diesem Gebiet ist gewachsen«, warnt etwa Jon Bingen, der Chef des Norwegischen Instituts für Strategische Studien. Die Arktis habe auf einmal »enorme strategische und ökonomische Bedeutung. Alle Global Player werden sich auf diese Region konzentrieren, auch militärisch.« Trotz der internationalen Finanzkrise werden die Rohstoffpreise weiter steigen, und da reicht selbst die vage Aussicht auf unterseeische Schätze aus, um die Staaten zum Wettlauf zu treiben. »Die Psychologie ist der gefährlichste Punkt«, bestätigt auch Christian Reichert von der BGR.

Zweitens fehlen für den Streit die passenden Konfliktlöser. Die existierenden völkerrechtlichen und politischen Instrumente stoßen in der tauenden Arktis an ihre Grenzen. Der US-Politikwissenschaftler Scott Borgerson vom Council on Foreign Relations klagt: »Die Situation ist deshalb besonders gefährlich, weil es zurzeit keine länderübergreifende politische oder rechtliche Struktur gibt, die für eine sinn- und planvolle Entwicklung der Region sorgen könnte, oder eine vermittelnde Instanz, die die politischen Streitigkeiten über die arktischen Ressourcen oder Seerouten schlichten könnte.« Die Uno-Festlandsockelkommission, die sich mit den Gebietsansprüchen der Polarstaaten befasst, ist ein inadäquates Instrument zur Lösung des Streits. Eine Welle von Gebietsanträgen wird die Kommission in den kommenden Jahren quasi lahmlegen. Denn rund 120 Staaten müssen bis zum Mai 2009 ihre Unterlagen einreichen oder zumindest eine Erklärung abgeben, warum sie ihre Gebietsforderung nicht rechtzeitig stellen konnten. »Die werden sicher nicht in den nächsten zehn Jahren zu einer Entscheidung kommen«, sagt Jacob Verhoef vom Geologischen Dienst Kanadas. Dänemarks Außenminister Per Stig Møller beurteilt die Lage ähnlich, er geht von einer Einigung ab dem Jahr 2020 aus. In der Zwischenzeit wird sich das politische Klima in der Arktis aufheizen, zumal anderen internationalen Foren wie dem Arktischen Rat Macht und Einflussmöglichkeiten fehlen. Immer wieder kommt bei Beobachtern deswegen

Kapitel Sieben

die Idee auf, die Arktis durch ein ähnliches Vertragssystem – ein sogenanntes Regime – zu schützen wie die Antarktis. Auf diese Weise könnte man die Gegend um den Nordpol zum gemeinsamen Erbe der Menschheit erklären und dort Rohstoffabbau und Militärpräsenz verbieten. Zu den Unterstützern solch eines Vorschlags zählen Umweltschutzorganisationen wie der WWF, aber auch das Europäische Parlament. Doch die Chancen stehen schlecht, die Polarstaaten haben immer wieder betont, dass sie kein Interesse an einem solchen Vertrag haben.»Einstweilen brauchen wir kein neues juristisches Regime in der Arktis«, sagt etwa die norwegische Staatssekretärin im Außenministerium Elisabeth Walaas. Bei mehreren Treffen haben die Arktisanrainer in den vergangenen Jahren geklärt, dass sie in dieser Frage derselben Meinung sind, so bei einem Mini-Gipfel im Oktober 2007 in Oslo und bei der Arktiskonferenz im Mai 2008 in Grönland. Es ist einfach zu verstehen, warum die Polarstaaten einen Schutzvertrag ablehnen: Sie wollen sich nicht durch neue völkerrechtliche Regularien selbst die Hände binden.

Ein Nordpol-Vertrag werde wohl »leider ein Wunschtraum« bleiben, sagt deswegen Polarforscher Heinz Miller vom Alfred-Wegener-Institut in Bremerhaven. »Erstens ist die juristische Lage an den beiden Polen völlig unterschiedlich. Zweitens hat das Nordpolarmeer als Mittelmeer zwischen Großmächten eine enorme strategische Bedeutung. Drittens wecken seine Rohstoffe ungleich höhere Begierden.« Nach Ansicht der Stiftung Wissenschaft und Politik besteht immerhin eine kleine Chance, dass der Druck der Zivilgesellschaft auf die Arktisstaaten, doch noch einen »Schutzraum Arktis« zu schaffen, in Zukunft zunehmen werde. Doch ob dieser Druck ausreichen wird, erscheint mehr als zweifelhaft.

Drittens kämpft jeder für sich alleine. Im Konflikt in der Arktis versagt unser klassisches Weltbild: Staaten, die sich sonst freundlich gegenüberstehen, sind sich im hohen Norden spinnefeind. Man denke nur an den Streit zwischen Kanada und den USA um

So geht das Arktische Monopoly aus

Meeresgebiete in der Beaufortsee und um die Souveränitätsfrage in der Nordwestpassage. Auch Europa stellt sich im Streit um die Passage gegen die sonst befreundeten Kanadier. Die Nato-Partner Dänemark und Kanada beanspruchen beide die Hans-Insel. Die Russen wiederum sind Antagonisten zu allen anderen polaren Wettbewerbern. Im Arktisstreit fehlen weitgehend die klassischen Allianzen, wie man sie aus anderen Teilen der Welt kennt. Solche Allianzen könnten Stabilität bringen; doch kein Duo von Polarstaaten hat bisher die Möglichkeit genutzt, eine gemeinsame Gebietsforderung bei der Uno-Festlandsockelkommission vorzulegen. Kooperation gibt es bestenfalls im wissenschaftlichen Bereich. Jeder Mitspieler im Arktischen Monopoly hat einen eigenen Satz an Problemen: Der Streit um den Lomonosow-Rücken betrifft Kanada, Dänemark und Russland, lässt aber die USA und Norwegen eher kalt. Der Souveränitätskonflikt um die Nordwestpassage ist vor allem für die Kanadier wichtig. Außerdem gibt es bilaterale Grenzstreitigkeiten unter anderem zwischen Norwegen und Russland, Dänemark und Kanada sowie Kanada und den USA. Die Lage in der Arktis ist besonders fragil, weil jeder Staat nicht mehr sicher abschätzen kann, wie ein anderer Staat in einer bestimmten Situation reagieren wird. So wunderten sich Diplomaten der westlichen Welt über das nur knapp unterhalb des Polarkreises gelegene Island, das wegen der Folgen der Finanzkrise eigentlich mit einer EU-Mitgliedschaft liebäugelt: Doch vollkommen überraschend erklärte der Präsident des Landes, Ólafur Ragnar Grímsson, man wolle Russland die Nutzung einer ehemaligen US-Basis auf der Insel anbieten. Schließlich habe Moskau seinem gebeutelten Land in der Finanzkrise mit einem Kredit geholfen. Da der Westen den hoch verschuldeten Inselstaat hängen ließ, habe man sich eben neue Freunde gesucht. In der Realität wird das wundersame Bündnis strategisch kaum wichtig sein, denn selbst Moskau zeigte sich ob der isländischen Ankündigung perplex. Doch klar ist: Das Angebot dürfte kaum zur Vereinfachung der Lage in der

Kapitel Sieben

Region beigetragen haben, und es verdeutlicht noch einmal, wie vertrackt die Situation in der Arktis ist.

Viertens wird der Konflikt durch inadäquate politische Mittel militarisiert. Nato-Generalsekretär Jaap de Hoop Scheffer warnte Ende Januar 2009 bei einem Treffen in Island davor, dass die Militärpräsenz im hohen Norden zunehmen wird. Das bringe neue Herausforderungen für sein Verteidigungsbündnis, das ebenfalls eine Präsenz in der Arktis anstrebe. Die möglichen Bedrohungen sind vielfältig: Der US-Forscher Barry Zellen von der Naval Postgraduate School in Monterey hat verschiedene sicherheitspolitische Szenarien durchgespielt. In einigen davon strahlen zum Beispiel Konflikte in Asien auch auf die Arktis aus. In diesen Szenarien ist es vorstellbar, dass China oder andere Staaten die US-Souveränität in der Arktis testen – um so Ressourcen zu binden, die dann an anderen Konfliktschauplätzen nicht mehr zur Verfügung stehen. Die Militärausgaben in der Arktis, so schreibt Zellen, könnten stark ansteigen und sogar die aus der Zeit des Kalten Krieges überschreiten.

Bisher nutzt vor allem das wieder erstarkende Russland den arktischen Raum zur Profilierung: Patrouillenflüge, Marinemanöver, Raketentests – alles direkt vor den Augen der Nato. Die russische Öffentlichkeit goutiert Kraftmeiereien dieser Art, wird doch die Aktivität im Norden als kleiner Ausgleich für Machtverlust an anderen Orten, wie etwa durch die Nato-Osterweiterung, betrachtet. Außerdem könnte sich Moskau tatsächlich durch die anderen Polarstaaten bedroht fühlen, die allesamt Nato-Mitglieder sind. Zwar liegen die russischen Militärausgaben mit 35,4 Milliarden Dollar (Stand: 2007) immer noch vergleichsweise niedrig, unterhalb denen Deutschlands, doch allein das existierende Drohpotenzial ist enorm. Weil Russland die militärische Komponente des arktischen Wettlaufs betont und neue Eisbrecher, U-Boote und sogar Flugzeugträger in Auftrag gibt, sehen sich auch andere Staaten zu ähnlichen Ankündigungen genötigt. Zum Beispiel wollen die Norweger ihre Küstenwache

So geht das Arktische Monopoly aus

zur modernsten der Welt ausrüsten. Außerdem will das Land seine alternden »F-16«-Jets aussortieren, weil die Militärführung Angst vor Moskaus neuem Jet »Sukhoi PAK FA« hat. Mit dem Kauf von noch in der Planung befindlichen US-Kampfflugzeugen vom Typ »Lockheed Martin F-35 Lightning II« sucht sich Oslo gegen eine mögliche Bedrohung aus Russland zu wappnen. Auch Kanada demonstriert Stärke: Die »Souveränitätsmissionen«, mit denen Ottawas Armee regelmäßig arktische Kampfeinsätze trainiert, die Aufstockung der Ranger-Einheiten und der Kauf neuer Patrouillenboote lassen sich einerseits als Zeichen nach innen deuten, mit denen die Regierung dem Wahlvolk signalisiert, dass sie sich um Kanadas Norden bemüht. Sie senden aber andererseits Zeichen nach außen, mit denen vor allem Russland zu verstehen gegeben wird, dass Kanada nötigenfalls auch den Einsatz militärischer Mittel nicht scheut.

Dabei bilden solche Demonstrationen der Stärke allerdings kein besonders gutes Umfeld für Diplomatie. Und gerade Diplomatie hat die Arktis bitter nötig. »Die kommenden Jahre werden entscheidend sein«, mahnt der US-Politologe Oran Young. »Ein ›Großes Spiel‹ in der Arktis ist eine ernsthafte Möglichkeit – aber nicht die einzige Option.«

Danke...

... möchte ich zunächst einmal Ihnen sagen; zum einen dafür, dass Sie beim nicht immer leicht verdaulichen Stoff bis hierher durchgehalten haben, zum anderen dafür, dass Sie hoffentlich Verständnis dafür haben, dass dieses Buch nicht mehr als eine Momentaufnahme der sich schnell wandelnden Arktis sein kann. Vermutlich wird sich zwischen der Drucklegung und dem Moment, in dem Sie diese Zeilen lesen, Wichtiges zugetragen haben, das leider unerwähnt bleiben muss.

Viele Menschen haben sich Zeit genommen, um mir Dinge zu erklären; in persönlichen Gesprächen, am Telefon und in zahllosen E-Mails. Ohne ihre Expertise und Hilfsbereitschaft würde es dieses Buch nicht geben. Eventuelle Fehler gehen allein auf mein Konto. Mein herzlicher Dank gilt (in alphabetischer Reihenfolge):

Per Berthelsen (Greenland Home Rule, Nuuk), Joe Borg (EU-Kommission, Brüssel), Jörn Brossmann (HSH Nordbank, Hamburg), Trine Dahl-Jensen (Geologischer Dienst von Dänemark, Kopenhagen), Scott Borgerson (Council on Foreign Relations, New York), Andrew Derocher (University of Alberta, Edmonton), Julian Dowdeswell (Scott Polar Research Institute, Cambridge), Don Gaultier (USGS, Menlo Park), Rüdiger Gerdes (Alfred-Wegener-Institut, Bremerhaven), Hannes Grobe (Alfred-Wegener-Institut, Bremerhaven), Christian Haas (University of Alberta, Winnipeg), Neil Hamilton (WWF, Oslo), Henrik Hannus (Aker Solutions, Oslo), Tore Hansen (Fugro, Oslo), Karl Hinz (ehemals UNCLOS, Hannover), Idar Horstad (Fugro, Oslo), Hans Hubberten (Alfred Wegener Institut, Potsdam), Anja Jeffrey (Dänisches Außenministerium, Kopenhagen), Max Johns (Verband Deutscher Reeder, Hamburg), Winfried Jokat (Alfred-Wegener-Institut, Bremerhaven), Kimmo Juurmaa (Deltamarin Contracting, Raisio), Walter Kühnlein (Hamburgische Schiffbau-

Anhang

Versuchsanstalt, Hamburg), Aqqaluk Lyngge (Inuit Circumpolar Council, Nuuk), Sébastien Monger (National Defence and the Canadian Forces, Ottawa), George Newton (ehemals US Arctic Research Commission, Arlington), Michael Ogborn (Omnitrax, Denver), Innuteq Olsen (Grundland Home Rule, Nuuk), Karsten Piepjohn (Bundesanstalt für Geowissenschaften und Rohstoffe, Hannover), Alexander Proelß (Walther-Schücking-Institut, Kiel), Hariharan Pakshi Rajan (United Nations, New York), Christian Reichert (Bundesanstalt für Geowissenschaften und Rohstoffe, Hannover), Pius Rolheiser (Imperial Oil, Calgary), Hans Werner Schenke (Alfred-Wegener-Institut, Bremerhaven), Joachim Schwarz (Gesellschaft für Marine Technik, Hamburg), Robert Scott (Cambridge Arctic Shelf Programme, Cambridge), Mark Serreze (National Snow and Ice Data Center, Boulder), Erling Siggerud (Siggerud GeoServices, Ranheim), Henrik Stendal (Greenland Home Rule, Nuuk), Trude Sundset (StatoilHydro, Stavanger), Jörn Thiede (ERICON, Bremerhaven), Vladimir Vasilyev (Central Marine Research & Design Institute, St. Petersburg), Rüdiger Wolfrum (Max-Planck-Institut für ausländisches öffentliches Recht und Völkerrecht, Heidelberg), Jianguo Xiao (Außenministerium der Volksrepublik China, Peking), Oran Young (University of California, Santa Barbara), außerdem einer Mitarbeiterin der EU-Kommission (Brüssel).

»Arktisches Monopoly« ist mein erstes Buch. Umso mehr war ich auf einen Vertrauensvorschuss angewiesen, den mir die Chefredaktionen von SPIEGEL und SPIEGEL ONLINE ebenso großzügig gewährt haben wie Antje Korsmeier und Julia Hoffmann von der DVA, Angelika Mette vom SPIEGEL-Verlag und Ernst Piper von der Literarischen Agentur Piper & Poppenhusen. Petra Ludwig-Sidow aus der SPIEGEL-Dokumentation hat das Manuskript mit großem Einsatz durchgesehen und verbessert. Um Fotos und Grafiken haben sich Claudia Pichler und Dorothea Graffe vom Alfred-Wegener-Institut, Anna Korolewicz von SPIEGEL ONLINE, Thomas Hammer von der SPIEGEL-Grafik

Dank

und Peter Palm in vorzüglicher Weise gekümmert. Die Friedrich und Isabel Vogel-Stiftung hat das Buchprojekt in seinem Anfangsstadium mit einem Reisestipendium unterstützt. Eine ansehnliche Zahl von lieben Menschen aus meinem Freundes- und Familienkreis hat Teile des Manuskripts Korrektur gelesen und mir wertvolle Hinweise gegeben. Ihnen allen sei von Herzen gedankt – und natürlich meinen Kollegen bei SPIEGEL ONLINE, die durch mein Buchabenteuer noch mehr als ohnehin schon arbeiten mussten.

Vor allem aber danke ich meinen Eltern und Kareen. Für alles.

Die wichtigsten Streitpunkte in der Arktis

Wer streitet mit wem?	Worum geht es?
USA – Russland	Die sogenannte Shewardnadse-Baker-Linie, mit der im Nordpazifik die Grenze zwischen beiden Staaten festgelegt wurde. Dabei gibt es Bereiche, in denen der jeweils andere Staat die rechtliche Hoheit ausübt, auch wenn seine Küste weiter entfernt ist. Das russische Parlament hat diese Regelung zwar nie ratifiziert, trotzdem wird sie einstweilen angewendet.
USA – Kanada	Eine dreieckige Zone in der Beaufortsee nördlich der Landgrenze zwischen Alaska und dem kanadischen Yukon-Territorium. Beobachter sehen kurzfristig kaum Einigungschancen über das rund 24 000 km^2 große Gebiet, weil die Amerikaner wenig Interesse daran zeigen. Bei möglichen Gebietsforderungen weiter im Norden könnten sich weitere konfliktreiche Überschneidungen ergeben.
Kanada – Dänemark / Grönland	Die Hans-Insel, ein 1,3 km^2 großer Felsen in der Naresstraße zwischen Grönland und Ellesmere Island. Je nachdem, wem die Insel zugeschlagen wird, ändert sich auch der Grenzverlauf zwischen den beiden Ländern.

Wer streitet mit wem?	Worum geht es?
Kanada–USA u. a.	Der juristische Status der Nordwestpassage. Kanada sieht sie als internes Gewässer an. Die USA und die EU halten die Strecke hingegen für eine internationale Wasserstraße.
Russland–Norwegen	Größere Meeresbereiche zwischen den beiden Staaten in der Barentssee, unter anderem rund 41 000 km^2 in der »Grey Zone«. Immerhin gab es im Sommer 2007 eine Teileinigung im Grenzstreit im Varangerfjord, direkt an der nordnorwegischen Küste.
Russland–Kanada	Gebietsforderungen beider Länder könnten sich am Nordpol überschneiden.
Russland–Dänemark	Auch hier sind Überschneidungen bei Gebietsforderungen am Nordpol möglich.
Norwegen–Russland u. a.	Die Gewässer um Spitzbergen. Strittig ist die Auslegung des Spitzbergenvertrages aus dem Jahr 1920. Norwegen vertritt die Position, dass die Vertragsstaaten des Abkommens nur in den Küstengewässern der Inselgruppe Fischerei und Ressourcenausbeutung betreiben dürfen – und auch das nur im Rahmen der norwegischen Gesetze. Norwegen hat eine 200-Seemeilen-Zone um die Insel errichtet, in der das Land die Einhaltung von Fischereiregeln kontrolliert und vollständige Souveränität beansprucht. Russland und Großbritannien fordern allerdings uneingeschränkten Zugriff auf diesen Bereich für Fischerei und Ölsuche.

Quellen

Monografien:
1. Amundsen, Roald und Lincoln Ellesworth (1927): The First Flight Across the Polar Sea, Hutchinson.
2. Amundsen, Roald (1912): The South Pole: An Account of the Norwegian Antarctic Expedition in the Fram, 1910-1912, John Murray.
3. Andrée, Salomon August (2002): Mit dem Ballon dem Pol entgegen, Edition Erdmann im K.Thienemanns Verlag.
4. Arctic Climate Impact Assessment (2005): Arctic Climate Impact Assessment – Scientific Report, Cambridge University Press.
5. Arctic Monitoring and Assessment Programme (2008): Arctic Oil and Gas 2007, AMAP.
6. Bomann-Larsen, Tor (2007): Amundsen. Bezwinger beider Pole, Mare Buchverlag.
7. Bryce, George (1910): Siege and Conquest of the North Pole, Gibbings and Company.
8. Bryce, Robert M. (1997): Cook & Peary: The Polar Controversy, Resolved, Stackpole Books.
9. Chaturvedi, Sanjay (1996): The Polar Regions: A Political Geography, John Wiley & Sons.
10. Diubaldo, Richard (1998): Stefanson and the Canadian Arctic, McGill-Queen's University Press.
11. Econ (2007): Arctic Shipping 2030: From Russia with Oil, Stormy Passage, or Arctic Great Game?, Econ.
12. Fleming, Fergus (2004): Neunzig Grad Nord: Der Traum vom Pol, Piper Verlag.
13. Gesellschaft für Bedrohte Völker (2006): Indigene Völker leiden unter Klimawandel und Rohstoffabbau, Menschenrechtsreport Nr. 44 der Gesellschaft für bedrohte Völker.

14. Ginsburgs, George (1988): The Soviet Union and International Cooperation in Legal Matters, Martinus Nijhoff Publishers.
15. Elferink, Alex (2001): The Law of the Sea and Polar Maritime Delimitation and Jurisdiction, Martinus Nijhoff Publishers.
16. Herbert, Wally (1989): The Noose of Laurels: Robert E. Peary and the Race to the North Pole, Atheneum.
17. Horensma, Pier (1991): The Soviet Arctic, Routledge.
18. Intergovernmental Panel on Climate Change (2007): Climate Change 2007: Synthesis Report.
19. Intergovernmental Panel on Climate Change (2007): Climate Change 2007 - The Physical Science Basis: Working Group I Contribution to the Fourth Assessment Report of the IPCC, Cambridge University Press.
20. Intergovernmental Panel on Climate Change (2007): Climate Change 2007 – Impacts, Adaptation and Vulnerability: Working Group II contribution to the Fourth Assessment Report of the IPCC, Cambridge University Press.
21. Jensen, Øystein (2007): The IMO Guidelines for Ships Operating in Arctic Ice-covered Waters, Fridtjof Nansen Institute.
22. Kipling, Rudyard (1946): Kim, Deutsche Buch-Gemeinschaft.
23. McCannon, John (1998): Red Arctic – Polar Exploration and the Myth of the North in the Soviet Union 1932–1939, Oxford University Press.
24. Mulherin, Nathan et al. (1996): Development and Results of a Northern Sea Route Transit Model, US Army Corps of Engineers Cold Regions Research & Engineering Laboratory Reports 96-5.
25. Nansen, Fridtjof (1985): In Nacht und Eis. Die Norwegische Polarexpedition 1893–1896, F. A. Brockhaus Verlag.

Anhang

26. Oeser, Erhard (2008): Die Jagd zum Nordpol, Wissenschaftliche Buchgesellschaft, Darmstadt.
27. Parry, William Edward (1826): Entdeckungsreise nach den nördlichen Polargegenden im Jahr 1818, in dem königl. Schiffe Alexander unter dem Befehle des Lieutenant und Commander W. E. Parry, Anton Strauß.
28. Peary, Robert E. (2002): Die Entdeckung des Nordpols, Edition Erdmann im K.Thienemanns Verlag.
29. Rawlins, Dennis (1973): Peary at the North Pole: Fact or Fiction? Robert B. Luce.
30. Revkin, Andrew C. (2006): The Northpole was here, Kingfisher.
31. Unep (2007): Global Outlook for Ice & Snow, United Nations Publications.
32. Wilkins, Hubert (1931): Under the North Pole, Brewter, Warren and Putnam.
33. WWF (2008): »Arctic Climate Impact Science – An update since ACIA«, WWF International Arctic Programme.
34. WWF (2009): International Governance and Regulation of the Marine Arctic – Overview and Gap Analysis, WWF International Arctic Programme.
35. Zedtwitz, Franz Graf (1938): Im Banne der Pole – Ein Heldenbuch von Polarforschern und ihren Fahrten, Buchmeister Verlag.

Nachrichtenagenturen: Agence France Press, Associated Press, Bloomberg, Canwest News Service, Deutsche Presseagentur, Interfax, ITAR-TASS, RIA-Novosti, Reuters, United Press International

Fachpublikationen: Arctic, Ecological Applications, Environmental Policy and Law, Foreign Affairs, Geophysical Research Letters, Marine and Petroleum Geology, Nature, Polar Record, Science, SWP-Aktuell, SWP Diskusssionspapiere, The Wildlife Professional

Quellen

Zeitungen und Zeitschriften: Berliner Zeitung, Börsen-Zeitung, Calgary Herald, Canadian Military Journal, DER SPIEGEL, DER SPIEGEL Jahreschronik, Der Standard, Die Welt, Die Woche, Die Zeit, Financial Times, Financial Times Deutschland, Fortune, Frankfurter Allgemeine Zeitung, Frankfurter Rundschau, Globe and Mail, Hamburger Abendblatt, Handelsblatt, Harper's Magazine, Helsingin Sanomat, International Herald Tribune, Jane's, Kommersant, Men's Journal, Metalliteknikka, National Geographic, National Post, Neue Zürcher Zeitung, New Scientist, New York Times, NZZ Folio, Ottawa Citizen, Prawda, Rheinischer Merkur, San Francisco Chronicle, Scientific American, Stifterverband W&W, Süddeutsche Zeitung, Sydney Morning Herald, Tagesspiegel, Taz, The Canadian Press, The Chronicle Herald, The Daily Telegraph, The Economist, The Guardian, The Independent, The Rolling Stone, The Times, The Times of India, Toronto Star, Time, Vanity Fair, Washington Post, Wall Street Journal, Wired Magazine

Internetangebote: Aftenposten.no, Alaska Journal of Commerce, Alaska Report, Alaska Science Forum, Anchorage Daily News, al-Dschasira, Arctic Marine Shipping Assesment, Arctic Portal, Arctic Research Consortium of the U.S., Barentsobserver, Bunker World, BBC News, Canadian American Strategic Review, CBC News, CBS News, Center for Coastal & Ocean Mapping Joint Hydrographic Center, Center for Defense Information, Chatham House, CNN, Conference of Defence Associations, Council on Environmental Quality, CTV News, Dot Earth, Dredging News Online, Ecord, einestages, Energy Current, EUobserver, EURactiv, Eurekalert, Explorer's Club, Fathom, FAZ.net, Federation of American Scientists, Geological Survey of Brazil, Grid Arendal, Homeland Security Today,

Anhang

Integrated Ocean Drilling Program, International Society for Photogrammetry and Remote Sensing, KTUU.com, MarineTalk, Moneyhouse.ch, Neurope.eu, Northern News Services, Nuclear Threat Initiative, Nunatsiaq News, OffShore-Technology.com, Petersburcity.com, Petroleumnews.com, PhysOrg.com, Princeton University Library Historic Maps Collection, Rigzone, Russia Today, Russia Profile, Russland Aktuell, Russland. ru, ruvr.ru, ScienceDaily, ScienceDirect, Sermitsiaq, SIPRI, Space.com, SPIEGEL ONLINE, The Canadian Encyclpedia, UN Division for Ocean Affairs and the Law of the Sea, Universitätsbibliothek Bern, University of Montréal, University of Washington Polar Science Center, Upstreamonline.com, U.S. Arctic Research Commission, U.S. Minerals Management Service, usnews.com, Welt online, WorldOil.com, World Nuclear News, ZDF

Pressemitteilungen: Alfred-Wegener-Institut, Alrosa, American Geophysical Union, Arctic Council, Auswärtiges Amt, Bellona, Bureau of Minerals and Petroleum, Greenland, Canadian Environment Assessment Agency, Canadian Rangers, Chinese Arctic and Antarctic Administration, Crew Gold, Danish Continental Shelf Project, Deep Ocean Expeditions, Defence Research and Development Canada, Deutsches Cryosat Projektbüro, Diana Wallis, MdEP, Durham University, ERICON-AB, EU-Kommission, European Science Foundation, European Space Agency, Foreign Affairs and International Trade Canada, Frontier Drilling, Geological Survey of Denmark and Greenland, Government of Canada, Greenpeace, Imperial Oil, Inuit Circumpolar Council, Mackenzie Gas Project, Max-Planck-Institut für marine Mikrobiologie, Ministry of Foreign Affairs of Denmark, Ministry of Foreign Affairs of Norway, MVK, National Defence and the Canadian

Forces, Natural Ressources Canada, Nautilus Minerals, National Snow and Ice Data Center, Nobel Foundation, Norway Trade Fares, Northwest Territories Wildlife Division, Prime Minister of Canada, Rabaska, Schtokman Development AG, Shell, Sovcomflot, United Nations, University Centre in Svalbard, University of Colorado, University of East Anglia, University of Texas at Austin, U.S. Department of State, U.S. Geological Survey, Wärtsilä, Wood Mackenzie, WWF

Dokumente: Commission on the Limits of the Continental Shelf, EU-Kommission, Government of Australia, Government of Canada, Government of Denmark, Government of Norway, Government of the Russian Federation, United States Government, United States Navy, Marine Corps, Coast Guard

Bildnachweis

Bildteil
1. Christoph Seidler
2. NOAA
3. OAR / National Undersea Research Program (NURP)
4. AWI / Christian Haas
5. EPA Scanpix, Bent Petersen/DPA
6. NTV / AFP
7. AWI / Roland Neuber
8. AWI / Hannes Grobe
9. Christoph Seidler
10. Christoph Seidler
11. AWI / Hans Oerter
12. AWI
13. AWI
14. Christoph Seidler
15. NOAA Climate Program Office, NABOS 2006 Expedition
16. NOAA Climate Program Office, NABOS 2006 Expedition
17. IODP, Martin Jacobssohn
18. AWI / Jan Meier
19. StatoilHydro
20. StatoilHydro / Even Edland
21. Henry Dick Woods Hole Oceanographic Institution / NSF
22. UNH / NOAA
23. USGS EROS Data Center Satellite Systems Branch
24. AP Photo / John McConnico
25. Reuters / Francois Lenoir
26. AWI / Jens Kube
27. AWI / Jens Kube
28. AWI

Grafiken

SPIEGEL-Grafik, Thomas Hammer und Gernot Matzke, Hamburg: S. 54, 69, 81, 92, 105, 108, 109, 113, 128, 132, 146, 178, 186, 193, 211, 224, 228, 229, 263
Peter Palm, Berlin: S. 83, 107, 148

Kartografie

Vorsatz vorne: Kartografie: D. Graffe, Alfred-Wegener-Institut. Modifiziert nach: Jakobsson, M., R. Macnab, L. Mayer, R. Anderson, M. Edwards, J. Hatzky, H. W. Schenke, and P. Johnson (2008), An improved bathymetric portrayal of the Arctic Ocean: Implications for ocean modeling and geological, geophysical and oceanographic analyses, Geophysical Research Letters, DOI: doi: 10.1029/2008g/033520.

Vorsatz hinten: SPIEGEL ONLINE-Grafik, Anna Korolewicz, Hamburg, Quelle: International Boundaries Research Unit/Durham Universitiy

FSC
Mix
Produktgruppe aus vorbildlich
bewirtschafteten Wäldern und
anderen kontrollierten Herkünften
Zert.-Nr. SGS-COC-1940
www.fsc.org
© 1996 Forest Stewardship Council

Verlagsgruppe Random House FSC-DEU-0100
Das für dieses Buch verwendete FSC-zertifizierte Papier *Munken Premium*
liefert Arctic Paper Munkedals AB, Schweden.

1. Auflage
Copyright © 2009 Deutsche Verlags-Anstalt, München,
in der Verlagsgruppe Random House GmbH
und SPIEGEL-Verlag, Hamburg
Alle Rechte vorbehalten
Gestaltung und Satz: DVA/Brigitte Müller
Gesetzt aus der Minion und der Syntax
Druck und Bindung: GGP Media GmbH, Pößneck
Printed in Germany
ISBN 978-3-421-04415-0

www.dva.de

Mögliche Aufteilung der Arktis

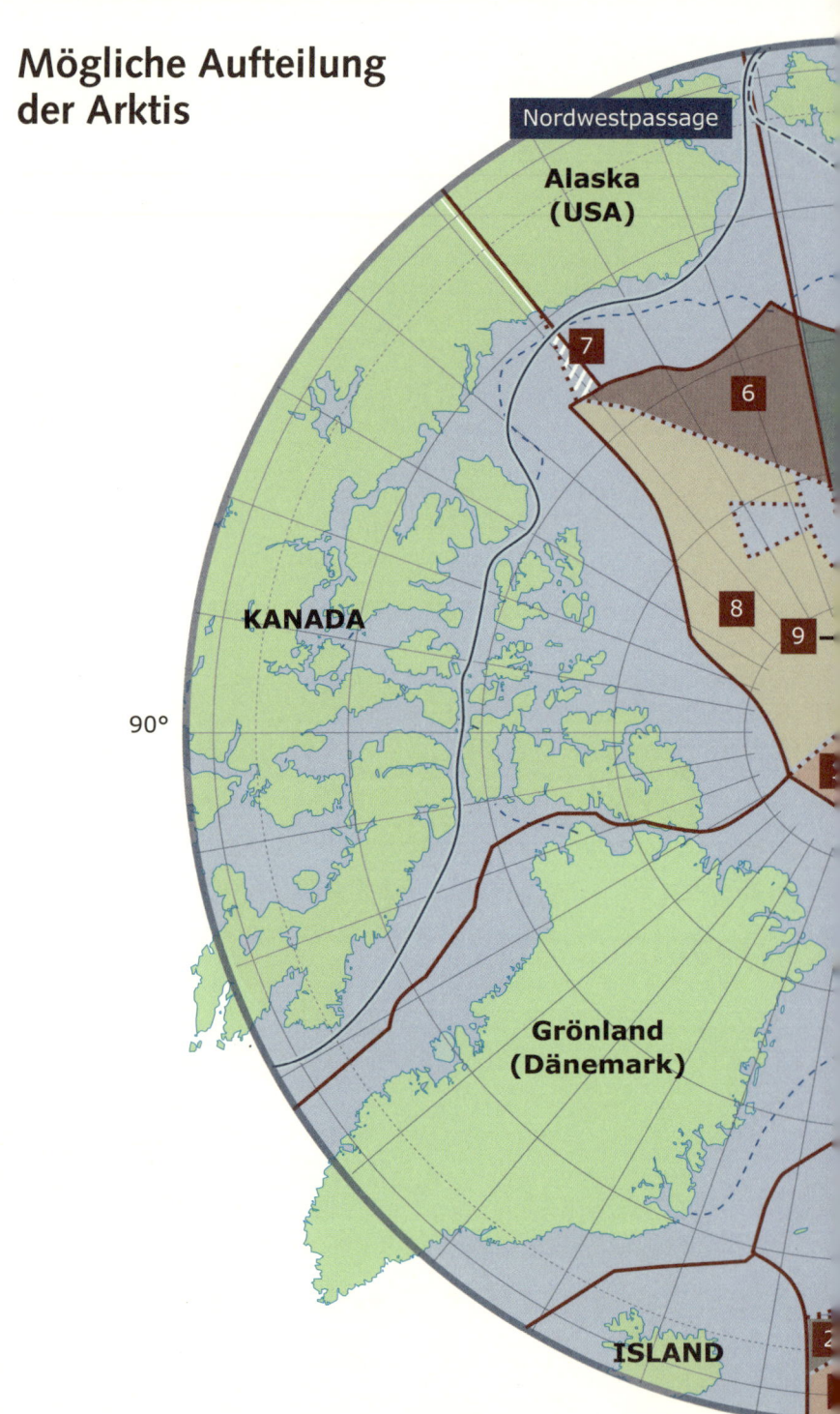